4·16구술증언록 단원고 2학년 1반 제8권

# 그날을 말하다

## 수진 아빠 김종기

이 도서의 국립중앙도서관 출판예정도서목록(CIP)은 서지정보유통지원시스템 홈페이지(http://seoji.nl.go.kr)와
국가자료공동목록시스템(http://www.nl.go.kr/kolisnet)에서 이용하실 수 있습니다.
CIP제어번호: CIP2019008052

4·16구술증언록 단원고 2학년 1반 제8권

# 그날을 말하다

## 수진 아빠 김종기

4·16기억저장소 기획 편집
(사) 4·16세월호참사가족협의회 지원 협조

일러두기

1. 음절로 식별 가능한 소리를 들리는 대로 전사하는 것을 원칙으로 한다.

2. 의미를 파악하기 위해 추가 설명이 필요할 경우 [ ]로 표시한다.

3. 몸짓, 어조 등 비언어적 행위는 ( )로 표시한다.

4. 구술자가 말을 잇지 못해 말줄임표를 사용하는 경우 ……, …로 길고 짧음을 표시한다.

5. 비공개 영역은 〈비공개〉로 표시한다.

6. 비공개해야 하는 희생자 형제자매의 이름은 ○○, △△ 등의 도형기호로, 생존자의 이름은 A, B, C 등 알파
   벳 대문자로 표시한다.

7. 비공개해야 하는 제3자는 직분이나 소속, 성만 공개하고, 이름은 ××로 표시한다. 비공개해야 하는 숫자는
   자릿수에 상관없이 □로 표시하며, 지명은 □□로 표시한다.

4·16기억저장소에서는 세월호 참사 5주기를 맞아 구술증언 수집 사업의 결과물 일부를 100권의 책으로 발간하게 되었습니다. 이 사업은 2015년 6월부터 다양한 학문 분야 구술 연구자들의 자발적인 참여로 진행되어 왔으며, 세월호 참사를 좀 더 정확하고 다각적으로 기록하고 기억하고자 하는 노력의 일환으로 수행되었습니다.

2014년 참사 발생 이후, 참사 피해자들의 목격담과 경험은 안타깝게도 공식적인 국가기관과 언론의 기록 속에서 철저히 소외되거나 왜곡되었습니다. 그것은 세월호 참사가 우리에게 안긴 죽음과 고통의 충격만큼이나 우리 사회의 끔찍한 비극이었습니다. 따라서 사업을 진행하면서 세월호 참사 희생자 가족, 생존자, 생존자 가족, 어민, 잠수사, 활동가, 기자 등등, 참사의 초기 과정을 직접 경험한 분들의 증언을 우선적으로 수집했습니다. 구술자는 이 사업의 취지와 방식에 개인적으로 동의한 분 중에서 선정했으며, 참여 과정에 어떠한 금전적 보상이나 이익이 제공되지 않았습니다. 또한 구술증언 수집 사업을 진행하는 동안, 면담자는 연구자이자 참사를 겪은 공동체 시민으로서 최대한 윤리적이고자 노력했습니다.

구술자마다 매회 약 2시간씩 3회를 원칙으로 음성 녹취와 영상 촬영을 하는 방식으로 진행되었고, 증언의 일관성을 확보하기 위해 면담자는 큰 틀에서 공통 질문지를 사용했습니다. 공통 질문지의 내용은 참사와 구술자 간의 관계성에 따라 차이가 있지만, 유가족 구술의 경우 1회차 '참사 이전의 삶, 팽목항과 진도에서의 경험, 자녀에 대한 기억'을, 2회차 '참사 이후 투쟁과 공동체 활동 경험'을, 3회차 '참사 이후 개인 및 가족이 경험한 삶의 변화와 깨달음, 자녀의 현재적 의미'를 중심으로 했습니다. 이처럼 증언 내용은 참사 이전에서 시작해 참사 발생 당시의 경험과 이후의 변화 과정까지 폭넓게 수집했고, 면담자는 구술 채록 과정에서 구술자의 발화를 최대한 존중하고자 했으며, 무엇보다 각자의 특수한 경험과 다른 시각을 충실히 반영하고자 했습니다.

이 구술증언록의 발간을 위해, 채록된 음성 자료는 문서로 변환해 구술자와 함께 검토했고, 현재 시점에서 공개할 수 있는 영역과 할 수 없는 영역으로 구별했습니다. 따라서 책에 실린 내용은 모두 구술자로부터 공개를 허락받은 부분입니다. 비공개 영역은 추후 구술자의 동의를 받아 적절한 절차를 거쳐 추가로 공개될 수 있으리라 생각합니다.

이 구술증언록 100권에는 그동안 우리 사회에 왜곡되어 알려지거나 잘 알려지지 않았던, 참사 발생 직후 팽목항과 진도 혹은 바다에서의 초기 상황에 관한 중요한 증언이 포함되어 있습니다. 또한, 자녀를 잃는 잔인하고 애통한 상황을 겪으면서도 그 누구보다 강인한 정치적 주체로 성장할 수밖에 없었던 유가족의 마음과 경험을 구체적으로, 그리고 여러 각도에서 살펴볼 수 있습니다. 그 외에도, 이 구술증언록은 2014년을 전후한 한국 사회의 여러 측면을 드러내는 귀중한 자료가 되리라고 생각합니다. 무엇보다 국내외의 많은 분이 이 책을 읽어, 장차 세월호 참사의 진상 규명과 역사 서술에 기여할 수 있기를 바랍니다.

구술증언 수집 사업이 진행되고, 책으로 출간되기까지 많은 분의 도움과 지지가 있었습니다. 이 지면을 빌려 부족하나마 감사의 말씀을 전하고자 합니다.

먼저 (사)4·16세월호참사가족협의회와 4·16기억저장소에 감사를 드립니다. 이분들의 신뢰와 적극적인 협조가 없었다면, 이 사업은 처음부터 시작할 수조차 없었을 것입니다. 또한 어려운 정치 환경 속에서도 사업의 취지에 공감해 재정 지원을 결정해 준 아름다운가게와 역사문제연구소에 감사드립니다. 두 단체 덕분에, 이 사업을 4년 동안 계속해 올 수 있었습니다. 그리고 구술증언록 100권의 발간에 동의하고, 바쁜 일정에도 출판 실무를 기꺼이 맡아주신 한울엠플러스(주)에도 감사를 드립니다. 이 외에도 많은 개인과 단체가 직간접적으로 많은 도움을 주시고 격려해 주셨습니다. 여기에 모두 밝히지 못하는 것을 죄송하게 생각합니다.

　말할 필요도 없이, 가장 크고 또 가슴 아픈 감사는 구술자 한 분 한 분께 드리고자 합니다. 이 책이 발간될 수 있었던 것은, 무엇보다 용기를 내어 아픔과 고통의 기억을 다시 떠올리고 장시간 진심으로 이야기를 해주신 구술자가 있었기 때문입니다. 오랜 시간 이야기를 나누며 함께 공감하기도 했지만, 그 아픔과 고통을 어떻게 가늠할 수 있을까 싶습니다. 더 큰 도움이 되지 못함을 안타까워하며, 이 구술증언록 100권의 발간이 피해자분들에게 조금이라도 위로가 될 수 있기를 기원합니다.


2019년 4월

4·16기억저장소 구술팀 책임자
서울대학교 인류학과 교수 이현정

# 차례

## ■ 1회차 ■

■ 3회차 ■

# ■ 5회차 ■

■ 6회차 ■

# 수진 아빠 김종기

구술자 김종기는 단원고 2학년 1반 고 김수진의 아빠다. 수진이는 심부름도 곧잘 하고 착하고 섬세한 막내딸이었다. 세 자매가 똘똘 뭉쳐 자랐지만 그중에도 키 크고 예쁜 수진이를 아빠는 멋지게 키워보고 싶었다. 요즘도 수진이가 살아 있는 것만 같아 곁에 없다는 사실을 더러 잊곤 하는 아빠는 4·16가족협의회에서 오랫동안 사무처 일을 도맡아 왔다.

김종기의 구술 면담은 2018년 9월 28일, 10월 4일, 18일, 11월 1일, 12월 13일, 27일, 6회에 걸쳐 총 10시간 50분 동안 진행되었다. 면담자는 이봉규, 촬영자는 문향기였다.

구술자 본인의 프라이버시나 제3자의 프라이버시를 보호해야 할 부분을 제외하고는 구술자의 발화를 있는 그대로 전사했다.

# 1회차

2018년 9월 28일

# 1
## 시작 인사말

**면담자**      본 구술증언은 4·16 사건에 대한 참여자들의 경험과 기억을 기록으로 남김으로써 이후 진상 규명 및 역사 기술에 기여하고자 합니다. 지금부터 김종기 씨의 증언을 시작하겠습니다. 오늘은 2018년 9월 28일이며, 장소는 안산시 단원구 4·16기억저장소입니다. 면담자는 이봉규이며, 촬영자는 문향기입니다.


# 2
## 구술증언 참여 동기

**면담자**      먼저 아버님께서 이 구술에 응하신 동기에 대해서 얘기해 주시면 좋겠습니다.

**수진 아빠**      사실은 이런 구술이 몇 번 있었어요. 초창기 때에는 변호사를 중심으로 해가지고 당시 4·16 때 있었던 일들을 쭉 그렇게, 그것도 구술 형식으로 했었거든요. 한 4시간 정도 했던 기억이 있고, 이런 패턴들이 좀 있어서 '구술은 그만해도 되지 않을까' 이렇게 생각하고 있었거든요. 근데 다른 구술한 사람들의 얘기도 들어보고, 또 '꼭 필요한 작업이면은 당연히 해야 되지 않나' 그런 생각이 들어서 하게 됐죠.

면담자        처음에 누가 추천하시던가요?

수진 아빠       추천은 아니고 제가 생각을 했어요. 주변에 아까 말씀드린 대로 위원장도 구술을 하고 여러 사람들이 구술을 하는 걸 봤고. 또 수진이 엄마, 집사람이 구술을 했는데 그거 정리 작업을 힘들어서 못 하겠다고 그래서 '그럼 나라도 해야겠다' 해서 하게 되었습니다.

면담자        감사합니다. 기록이 나중에 어떤 목적으로 사용되기를 원하시는지, 막연하게나마 생각하신 것이 있으시다면요.

수진 아빠       막연하게나마 이 기록이… 사실 사람은 이제 망각의 동물이기 때문에 기록을 하지 않으면 어느 시점에 가서는 잊어버리게 되거든요. 물론 저희들은 자식을 잃은 거는 잊어버릴 수가 없지만 '그다음에 일어났던 여러 가지 사건들을 정확하게 기억할 수 없는 상황이 올 때가 분명히 있을 거'란 생각이 들어서 '기록으로 남겨놓는 게 나중을 위해서라도 필요하겠다'는 생각을 하게 되었죠.

# 3
## 4·16 이전의 삶

면담자        네. 잠깐 안내 말씀 드렸다시피 오늘은 4·16 이전의 삶에 대해서 여쭤보도록 하겠습니다. 편하게 얘기해 주시면 될 거 같아요. 나고 자라신 과정도 좋고 언제부터 안산에 사시게 되었는지, 일단 이 두 가지부터 먼저 이야기해 주실 수 있을까요?

수진 아빠    저는 2남 4녀 중에 막내로 태어났거든요. 위로 제일 큰형 있고 둘째부터 다섯째까지가 누나였어요. 그리고 제가 여섯째 막내였는데 어렸을 적부터 누나한테 사랑을 많이 받고 자랐죠, 귀여움도 많이 받고. 누나들이 못 받은 혜택을 부모님들이 나한테 다 주셨기 때문에 그런 점에서는 어려움 없이 컸어요. 그러다가 중학교 때 아버님 돌아가시고 조금 어려워지면서 그런 계기는 있었지만 그래도 평범하게 일반 사람들처럼 컸고.

군대도 갔다 오고 직장생활 하면서 수진이 엄마를 만났고, 회사 커플로 지내다가 결혼을 했죠. 제가 막내라서 우리 어머님한테는, 어머님도 돌아가셨지만 몇 년 전에, 농담 반 진담 반으로 그랬거든요, 난 결혼 안 할 거라고, 혼자 재밌게 살 거라고. 그렇게 이야기했는데 이것도 운명이니까 수진이 엄마 만나가지고, 어떻게 보면 첫사랑은 안 이루어진다는데 나는 그 처음이었거든요. 처음 사귄 여자였고 결혼까지 했는데, 연애 경험도 없었을 당시에 회사생활 하면서 만나서 결혼까지 하게 됐는데 그러면서도 크게 '아, 내가 괜히 결혼했나' 그런 생각해 본 적도 없고 신혼생활도 잘 했었고.

인제 애들도 세 명 낳았거든요. 사실은 둘 낳고 부천으로 이사 갔었어요. 제가 중학교 3학년 무렵에 서울로 이사 갔었거든요, 우리 집이 전부 다. 그때 형님이 서울에서 자리를 잡고 계셨기 때문에 같이 합쳤는데, 그리고 서울 생활 하다가 제대하고 회사 들어가서 수진이 엄마를 만나가지고 결혼까지 하게 되면서 서울에서 한

10년 이상 살았죠. 결혼하면서 답십리에서 좀 살다가 부천으로 이사 갔어요. 부천으로 이사 가서 처남, 처제들 다 데리고 살았거든요. 수진이 엄마가 장녀인데 처남, 처제들이 아직 총각, 처녀고 해서 흩어져서 사는 것보다는 같이 사는 게 경제적으로 좋겠다 싶어 가지고 같이 살았었어요. 그러다가 집 계약 문제도 있고 내 직장 문제도 있어 가지고 97년도에, 97년도 4월 달에 아파트로 이사를 오게 되었거든요. 처남, 처제들하고 따로 떨어져서 안산으로 오게 된 거예요. 그때가 수진이 낳고 한 두 달 만에. 수진이가 음력으로 1월 1일 날 태어났거든요, 설날에. 태어나서 한 두 달 만에, 4월 달에 이사 와가지고 그때부터 안산에서 생활을 시작했죠.

면담자    안산으로 오신 후에도 이전에 다니던 회사는 계속 다니신 건가요?

수진 아빠    그렇죠. 안산에 있었으니까요. 회사가 반월공단에 있어 가지고 부천하고 거리가 너무 멀어서, 물론 자가용을 타고 다녔지만 시간도 많이 걸리고 차량 주유비도 많이 들고 해서 '아예 이사 가자. 어차피 계속 회사를 다닐 건데 멀리 있으면 뭐 하냐' 해가지고 이사를 오게 된 거죠. 그래서 97년도 4월 달에 안산으로 이사를 온 거예요.

면담자    그럼 어떤 일들을 하셨는지요?

수진 아빠    그때는 회사는 일반적인 회사였고요. 국내에서 그런 시스템 창호를 만드는 게 그 회사밖에 없었거든요. 지금이야 대기업 LG에서도 만들고 하지만 옛날에는 이건창호라고 해가지고 시스템 창호를 거기밖에 못 만들었어요, 국내에서. 그래서 부품은 전량 독일 슈코(Schüco)사에서 수입해 가지고 쓰고 그런 회사여서 조금 비전이 있어서 아예 이사를 온 거죠, 부천에서 안산으로.

**면담자** 안산으로 이사 오시고 나서 특별히 하신 종교활동이나 지역사회 활동이 있을까요?

**수진 아빠** 사실은 종교는 저 결혼하고 답십리 살 때… 사실은 막내 매형이 목사시거든요. 항상 절 보면 "교회를 나가라, 교회를 나가라" 이렇게 말씀을 하셨어요. 그런데 그다지 나가고 싶은 마음이 안 들어서 안 나가고 있다가 계속적으로 "한번 나가보면 달라질 거다" 해서 나가본 경험이 좀 있어요, 집사람하고 둘이 답십리에서. 몇 달 다녔는데 또 안 나가지게 되더라고요. 그러면서 부천으로 이사 왔거든요. 그러다 보니까 아예 종교를 안 가지게 되었고, 지금까지도 무교예요. 그래서 종교활동 같은 건 크게 해본 적은 없고, 사회봉사 활동이라든가 사회적인 활동을 당시에는 뭐라 그럴까, 생각을 할 수 있는 그런 분위기라든가 때가 아니어서, 먹고살기 바쁘니까 일단 직장생활만 충실히 했었죠.

**면담자** 수진이와 함께한 삶이 제법 되는 기간인데, 그중에 가장 기억에 남는 일화라 할까요, 어떤 것들이 있을까요?

**수진 아빠** 글쎄요. 제 생각은 제법이 아니라 아주 짧은 것 같아요. 왜냐면 애기 때 부천에서 낳고 두 달 만에 안산으로 이사 와서,

위로 언니들이 둘 있으니까 애는 좀 치이잖아요. 물론 큰언니랑은 6년 차이 나고 둘째 언니하고는 4년 차이 나지만 그래도 둘째 언니가 좀 어리니까 많이 치였거든요. 그러면서도 수진이는 굉장히 있는 듯 없는 듯 순하게 착하게 잘 컸어요. 학교, 초등학교 들어가서도, 중학교 다니면서도 크게 말썽 부린 적 없고, 언니들이나 엄마, 아빠 말을 잘 들었었거든요. 약간 성격이 내성적이긴 하지만은 그래도 언니들이랑 하는 얘기 잘 들어주고 심부름 잘하고 엄마, 아빠가 하는 얘기는 한 번도 싫다는 일 없이, 있는 듯 없는 듯 그렇게 잘 컸어요, 수진이가. 그래서 특별하게 사고 친다든가 이런 게 없어서 키우면서 어떤 큰 기억은 없는 것 같아요. 참사 일어나기 전까지는 그렇게 평범한 생활을 했었고.

대신 수진이가 키가 크다 보니까 그런 건 조금 기특하기도 하더라고요. 언니도 조그맣게 낳아서 인큐베이터 들어가네 마네 이렇게 했었거든요, 큰언니가 첫 애였으니까. 수진이는 그래도 정상적인 킬로 수로 나오고 해서 많이 크겠지 했는데 언니도 170이고, 둘째 언니도 164고 수진이도 170이고 그래 가지고 "조금 더 커라. 그럼 아빠가 빚을 내서라도 모델 시켜줄게" 이렇게 농담 삼아 한 적도 있어요. 그런데 그렇게 되어버렸죠. 조금 더 컸으면, 컸을 수도 있고, 수진이한테 많은 걸 해줄 수 있었을 텐데. 왜 그냐면 지 엄마나 나 그다음에 언니들도 다 벌고 있었거든요. 그러니까 수진이가 뭘 하고 싶다 하면 못 해줄 게 없었어요, 사실은. 네 명이서 버는데 한 명도 못 해줄 게 뭐 있어요? 하고 싶은 거 다 해줄 수 있는데 상황에서 그렇게 된 거죠.

**면담자**　　　다섯 가족의 여가생활이랄까요, 주말에 특별히 하신 게 있었는지 혹은 기억나는 여행지에서의 추억은 어떠세요?

**수진 아빠**　　　집이 서울로 이사 오다 보니까 명절 때 시골에 가는 게 없었어요. 어머님이 형님하고 큰형님하고 서울에 살고 계시니까 서울에만 갔다 오면 되거든요. 그러면 남은 연휴는 다 집에서 보내는 건데, 그래서 명절이나 연휴, 길게 쉬는 날이 겹치는 날은 놀러를 갔었거든요. 추석 때 2박 3일로 펜션을 잡아가지고 놀러 간다든가 남이산 근처로, 이런 식으로 놀러는 많이 다녔어요. 토요일, 일요일에도 놀러 참 많이 다녔고.

　　저는 애들한테 "공부해라, 공부해라" 그런 얘기는 안 했어요. 기본적인 정도만 하면 공부는 되고, 대신에 자기가 하고 싶은 걸 해야 한다는 그런 주의였거든요. 굳이 공부하라고 닦달을 하진 않았었고 "학교에 충실하고 기본적인 정도만 하면 된다" 그렇게 이야기를 했었고, 여가생활을 좀 많이 했던 거 같아요. 수진이 있을 때도 놀러를 많이 다녔죠, 여기저기 있는 것도 먹으러 다니고. 한번 연휴 때는, 여름휴가 때는 오토캠프장 가서 놀고 그다음의 연휴 때는 서해안 일주하고, 그다음 여름휴가 때는 동해안 일주하고 이렇게 했었거든요. 놀러는 잘 다녔어요. 그 부분에 관해서는 다른 부모들은 그러더라고요, 참사가 일어나고 애가 가고 나니까 너무 공부만 닦달한 부모들은 후회를 많이 하시더라고요. 이럴 줄 알았으면, 물론 그런 짐작은 감히 하지도 못했겠지만 "이럴 줄 알았으면 왜 그렇게 닦달을 했을까. 차라리 놀러나 갈걸, 놀러 다닐걸". 저 같은 경우는 '그래도 나는 수진이 살아 있을 때 많이 놀러 다녀서 그나마 좀 다행이다' 그런 위안도 되더라고요, 제 스스로가. 놀러 다닌 것도 많고 그런데 사진을 좀 안 찍으려고 해서 애가. (면담자 : 왜?) 그렇게 사진을 안 찍으려고 해요. 다른 부모들 이야기 들어보면 다 그렇더라고요. 사진 잘 안 찍으려고 하고 그래서 사진이 별로 없어요. 놀러 가서도 언니들하고 엄마하고만 찍으면 됐어가지고, 주로 제가 찍어주다 보니까 저도 없지만은 수진이도 잘 안 찍으려 그래 가지고 몇 개밖에 없어요. 놀러 다녔던 건 많은데, 어릴 때부터. 그런 생각도 있고 하여튼 그런 생각이 나네요, 생각해 보니까.

**면담자**　　아무래도 직장생활에 가장 많은 시간을 보내셨을 텐데, 그 외에 세상 돌아가는 일이나 아이를 키우는 데 필요한 교육 정보 등을 얻기 위해 특별히 하신 게 있으신가요?

**수진 아빠**　　특별하게 교육에 대해서 하는 건 없었어요. 얘기했다시피 공부는 기본적인 정도만 하면 되지 특별나게 서울대, 연대, 고대, 명문 대학 들어갈 것 아니면 본인이 원하는 대로 해주고 싶었거든요. 제가 어릴 적 경험이 그림에 소질이 있어 가지고 학교 다닐 때도 미술반에 들었었거든요. 그래서 "너는 미대 가면 딱 좋겠다" 했는데 집안 사정이 아버님이 돌아가시면서 어려워지다 보니까는 저 스스로가 포기하게 됐거든요. 왜냐면 미대 같은 경우엔 돈이 많이 든다는 얘기도 있고 해서 집안 형편 생각도 드니까 포기하게 되더라고요, 제 스스로. 그런데 '우리 애들만큼은 그렇게 안 해야겠다' 싶어 가지고 생각을 하고 있었던 건데 그런 일이 일어나서 그렇게 해보지도 못하게 됐었고. 뭐 특별한 정보보다는 우선은 애들이 하고 싶은 거는 해줄려고 많이 생각을 했었죠. 본인이 학원 다니고 싶다 하면 학원 보내주고, 다니기 싫다 하면 "그래, 대신에 네가 기본적으로 학교는 충실하고 공부는 알아서 잘 챙기는 걸로 해라" 하는 정도였어요.

면담자      세상 돌아가는 정보는 아무래도 TV 같은 거 보면서 많이들 얻는데, 아버님은 특별히 선호하거나 멀리하는 미디어가 있으셨어요? 혹은 투표나 한국 사회 정치적인 이슈들에 평소 관심을 두신 편이셨는지… 어떠세요?

수진 아빠      크게 관심이 있는 것도, 그렇다고 아주 관심 없는 것도 아니었어요. 그냥 일반적으로 보통 사람들이 생각할 때 투표 시기 다가오면 저 사람이 어떤 사람이고 이런 정도고, 그런 시기가 지나가면 관심 안 두고. 직장생활 하다 보니까 다 그렇잖아요. '어떤 당이 어떻네, 누가 어떻네' 그런 생각은 안 했었거든요. 특별하게 잘못된 정치인이라든가 지도자들, 예를 들어 박정희라든가 전두환, 이런 식으로 뭔가 한국사에 잘못된 짓을 저지른 사람들 외에는 평범하게 '그렇고 그렇겠지' 이 정도였었거든요. 크게 관심을 안 됐었는데, 안 됐었죠 사실은. 생활에 열중하다 보니까, 애 키우고 먹고사는 거에 신경 쓰다 보니까 많은 관심을 안 됐죠.

면담자　　　그럼 선거 때는 어떠셨어요? 이 정당을 찍어줬다가 다른 정당을 찍기도 하고, 일반적으로 이렇게 하셨던 건가요?

수진 아빠　　　그렇죠. 주로 대부분이 당시에는 야당이었었고. 왜냐면은 여당이, 전부터 박정희 때부터 내려오던 당이 계속 집권을 하다 보니까 '바뀌어야 되는데, 바뀌어야 되는데' 그런 생각도 쪼금씩은 했었어요. '너무 한쪽만 하는 것도 안 좋은 거 아닌가' 해서 야당에다가 투표를 한 적도 있었고. 그렇지만은 지역적으로 봐서는 '당을 떠나서 더 일할 사람이 해야 하는 거 아닌가?' 그런 생각을 하기도 했었어요. 그때 당시의 여당이든 야당이든 '지역에 과연 얼마만큼 활동을 할 수 있는지 제대로……'. 지역 의원들은 그런 사람들을 생각했었고, 국회의원이나 대통령 같은 경우는 그 이전에 좀 바뀌어야 되는 부분도 생각을 하면서 관심을 갖고 투표를 했죠.

면담자　　　회사생활을 하시면서 노조활동은 하셨어요?

수진 아빠　　　노조는 기본 가입만 했었고요. 노조활동의 대회라든가 이런 거는 생각도 안 해봤어요. 그쪽으로 크게 관심이 없었고, 기본적인 회사생활만 하는 정도였으니까 그런 쪽으로도 크게 눈 뜬 것도 없었고, 노조활동은. 평범했었죠, 회사생활은.

면담자　　　안산에 97년도에 내려오신 후부터 친하게 지낸 분들이나 친구분들은 주로 안산에 계시는 분들인가요?

**수진 아빠**    그렇죠. 안산에 있는 사람들이 대부분이죠. 저 같은 경우에는 서울에 살았어도 직장을 외부로 다녔었기 때문에 서울 쪽에는 거의 친구가 없었죠. 어렸을 적 올라와 가지고 군대생활 하고 회사 동료들 정도 외에는 지역에서, 동네에서 사귄 친구가 없었거든요. 학원 다니면서 같이 다니던 친구, 그다음에 군대 선후배, 안산의 회사 동료들, 이런 식으로 형성이 되더라고요, 친구나 선후배들이.

**면담자**    주로 어울리는 분들도 회사 분들?

**수진 아빠**    그렇죠. 왜 그냐면은 어릴 적에 목포에서 서울로 이사 오다 보니까 옛날 동네 친구들은 목포에 다 있고, 그 이후로 올라와서는 군대 갔다 오고 직장 다니다 보니까 동네 친구들이 없게 된 거죠.

**면담자**    목포가 고향이시네요?

**수진 아빠**    네.

**면담자**    가족이 다 서울에 계시니까 명절 때도 서울에만 다녀오시는 거고.

**수진 아빠**    그렇죠. 어머님이 서울에 계시기 때문에 그 당시에 목포로 내려갈 일이 없잖아요, 어머님이 목포에 계실 때는 목포에 내려가는데. 서울은 금방 갔다 오잖아요, 평상시에도 볼 수 있고.

# 4
## 수학여행 준비와 출발 당일의 상황

**면담자**　　네, 기본적인 걸 좀 여쭈었습니다. 고등학교 진학을 하고 수학여행, 2학년 때죠. 출발 전에 수학여행 관련해서 따로 수진이랑 이야기하신 게 있으셨는지요.

**수진 아빠**　　한번은 학교 안내문을 갖고 왔어요. 설문조사가 두 가지더라고요. 수학여행지를 그때 당시에 장소를 제주도, 다른 데 해가지고 한두 군덴가, 세 군덴가 갖고 왔는데 설문조사를 한대요. 표시해 주고 그다음에는 비행기로 갈 거냐 배로 갈 거냐 그걸 설문조사를 하더라고요. 그래서 배로 가면 시간 많이 걸리니까, 비행기로 후딱 갔다 후딱 오면 아무래도 시간이 여유가 있잖아요. 비행기로 가는 게 좋을 것 같아 가지고 비행기에 표시를 해주고 그랬었어요. 근데 갈 때는 또 배를 타고 가더라고요. 그 내용은 제가 '그런가 보다' 했죠. 처음 설문지에는 그 내용이 없었으니까.

**면담자**　　따로 준비를 하신 게 있나요? 같이 수진이랑 별도로.

**수진 아빠**　　수진이가 막내다 보니까 언니들 옷을 많이 물려 입었어요. 큰언니하고 키가 똑같으니까, 둘째 언니는 좀 작고 그래서 큰언니 걸 좀 많이 입었거든요. 그래서 새 옷을 사준 기억이 별로 없어요, 다 물려 입다 보니까. 본인도, 수진이도 사달라고 한 적도 딱히 없고, 그렇게 착했거든요. 그런데 수학여행 가기 전에는 웬일로 머뭇머뭇거리면서 나한테 할 말이 있는 눈치인데 안 하는 거예요. '왜 그럴까' 하다가 내가 물어봤거든요. 그랬더니 자기가 사고 싶은 신발이 있다는 거예요. 그때 애들이 한창 아디다스 그걸 많이 샀거든요. "사줄까?" 그랬더니 신발은 됐고 옷을 사달라는 거예요, 추리닝 한 벌을 아디다스로. 한창 입고 다녔었거든요, 애들이요. "그래, 사줄게". 오래간만에, 처음, 거의 처음이죠. 자기도 수학여행 가서 입으려고, '친구들도 입고 그러니까 같이 입으려고 생각을 했나 보다' [했지요]. 처음으로 아디다스 메이커를 사달라고 그러더라고요. "알았어, 사줄게". 그게 나도 내심으로는 기뻤고, 생전 그런 일도 없던 애가 사달라 하니까는 제가 같이 가서 사줬거든요.

**면담자**     어머니와 보내신 게 아니라?

**수진 아빠**     네, 나하고 둘이, 엄마는 일하고 있었으니까. 갔더니 한 벌은 또 없어요, 매장에. 그래서 "그러면은 일단 윗도리만 사고 바지는 니가 좀 이쁜 걸로 맞춰서 다른 거 사면 더 괜찮을 거 같은데" 했더니 수긍을 하더라고요. 그래서 바지랑 사줬어요. 처음에는 한 벌 원하다가 이렇게 설명하고 하니까 자기도 받아들이고. 사갔고 나갔는데 다른 학생 애들이 윗도리는 아디다스고 밑에는 바지 이쁜 걸로, 반바지 이쁜 걸로 입고 지나가니까 "저렇게 입으면 예쁘잖아, 봐봐" 그랬더니 자기도 그렇다고 고개 끄덕끄덕하면서 그러더라고요. 그날 처음으로 제가 같이 쇼핑하고 와서 며칠 있다가 엄마하고도 뭘 사러 갔어요. 엄마한테도 뭘 사달라고 그랬나 보더라고요. 지 엄마하고도 나가서 옷이랑 사고 냉면집 가서 냉면도 먹었다고 그러더라고, "잘했다" 그랬거든요. 그리고 나서 수학여행 가게 된 거죠.

면담자    '갈 때는 배 타고 간다' 이런 얘기를 별도로 들으셨거나 추가로 알게 된 내용들이 있으셨어요?

수진 아빠    그때 알았어요. 배 타고 갔다가 올 때는 비행기 타고 온다는 걸 그때 알았어요.

면담자    같이 쇼핑을 하다가?

수진 아빠    아뇨, 가기 전전날. "그래? 왜 그러지? 그냥 갈 때도 비행기, 올 때도 비행기 하면 좋은데" 그랬거든요. 그 말한 기억이 있어요. "뭐, 배에서 가는 추억도 있으면 좋겠지" 그러고 말았거든요. 그런데 15일 날? 수업을 한다는 거예요. "아니, 수학여행 가는데 무슨 수업이냐. 그냥 가면 되지". 저희 때는 안 그랬거든요. 수학여행 당일부터 수업 안 하고 갔거든요. 그래서 교복을 입고 가야 된다는 거예요. "참 별나다. 그냥 가면 되지" 그러고는 "알았어" 하고 제가 태워다 줬어요, 아침에, 15일 날 아침에. 수진이하고 수진이 친구 소정이가 있거든요, 2반에. 수진이 태우고 다른 친구 소정이를 태우러 와동으로 갔다가 소정이가 늦게 나오는 바람에 좀 기달리다가 태우고 가서 단원고에다가 내려주는 게 마지막이었어요. 15일 날 아침 등굣길에 캐리어랑 다 실어다 주고, 내려주고 "잘 갔다 와" 한 게 마지막으로 본 거죠.

32

수진 아빠 김종기

면담자    2반 소정이라고 하는 친구는 꽤 단짝이었던 모양이
네요.

수진 아빠    1학년 때 단짝이었다가 2학년 때 헤어졌어요. 수진
이는 1반으로 가고 소정이는 2반으로 가게 된.

면담자    집에도 놀러 오고?

수진 아빠    놀러 왔는데 제가 없을 때 놀러 오고 그래 가지고 그
때는 누가 소정인지 누가 수빈인지 몰랐죠. 그냥 '친구들 놀러 왔나
보다' 하고 말았지 일대일로 물어보진 않았거든요. 놀러 왔으니까
"놀다 가" 그러고는 말았지.

면담자    혹시 아버님네도 가족끼리 카톡방 만들고 이렇게 하
셨습니까?

수진 아빠    그렇죠. 우리 다섯 명이 카톡방 만들고, 그래서 카톡
방에서 나온 어떤 대화가 참사 당시 아침 9시 36분까진가 있어요.
"배가 기울었다"든가, "TV에 속보 나오는데 우리 같다"든가, "헬기
소리가 들린다"든가, "캐리어가 좀 저기 하고 배가 기울어가지고
멀리 있다"든가 그런 카톡은 다 했거든요. 지금도 캡처해 놓은 게
있어요.

면담자    평소 가족끼리 카톡방에서 얘기 나눌 때 수진이도
적극적이었나요?

수진 아빠    그렇진 않아요. 애가 내성적이다 보니까 지 언니들

하고는 몰라도 전체 같이 있는 카톡방에서는 할 말만 하고. 아주 활발한 것도 아니고 아주 안 하는 것도 아니고 그랬었거든요. 주로 언니들이 많이 얘기하고, 그렇게 있는 듯 없는 듯한 애였어요. 근데 그날 그렇게…… 난 못 봤었거든요, 사실은. 10시, 그날은 회사를 조금 늦게 나가는 날이어 가지고 10시 알람을 맞춰놓고 자고 있는데 전화 들어온지도 몰랐죠, 집사람이 전화했는데. 알람 소리 듣고 일어나서 폰을 확인해 보니까는 전화가 들어와 있고, 카톡도 들어와 있고 그러더라고요. 잽싸게 TV를 켜본 거죠. 그때는 이미 배가 기울고 있었고.

면담자    그때 어머님은 출근하셨던 상태셨고요?

수진 아빠    네. 카톡방, 뭐 보통처럼 막 수다 떠는 정도는 아니었고 그랬었죠, 가족 카톡방.

면담자    아침에 나누셨던 카톡은 주로 어떤 내용이었을까요?

수진 아빠    전화를 못 받고 카톡을 보니까는 TV를 좀 보라고 그러더라고요, 집사람 카톡이. 그래서 뭔가 하고 켜봤더니 그 보도가 나온 거예요, YTN에. 배가 기울어져 있고, 완전히 침몰은 안 됐었거든요, 그때. 이게 뭔 일인가 싶었죠. 실시간으로 나는 생방송이니까 그걸 보면서 수진이 엄마나 언니들한테 "걱정 마라. 내가 지금 TV로 실시간으로 확인하고 있으니까 진도 내려가는 것보다 일단 이게 더 빠르다, 소식이. 좀 기달려봐라" 안심시키고 TV를 보고 있었거든요. 11시 안 돼서 집사람이 조퇴하고 온 거예요, 부랴부랴. 그리고 얼마 안 있다가 11시 5분쯤엔가 학교에서 인제 단체 문자가 온 거예요, 전원 구조됐다고. 그래서 "잘 됐다. 다행이다" 그러고 막 집사람하고 둘이 TV 보면서 박수쳤거든요.

그런데 2, 30분, 3, 40분 뒤에 점점 보도가 전원 구조가 아니고 구조자가 몇 명 안 되는 거예요. 그러면서 '방송이 이상하게 나와서 안 되겠다' 싶어 가지고 단원고로 달려간 거죠, 그때. 3층인가 행정실에, 행정실인가 어디에 올라갔죠. 1차, 2차 생존자 명단에 수진이가 없어서, "3차로 조금 있음 들어올 거니까 기달려보시라"고 그래요. 3차 기달리다가, "1차로 버스가 내려갔고 2차 버스로 오후에 2시쯤엔가 버스가 내려간다"고 그러더라고요. 그래서 '그거라도 타고 일단 내려가 봐야겠다' 하고 버스를 기다리는데 버스가 1시간 넘게 안 왔어요, 늦게 왔어요. 정문에선 기달리고 있고, 그사이에 3차 생존자 명단이 들어올까 싶어 가지고 나는 정문하고 행정실하고 계속 뛰어서 왔다 갔다 했죠. 버스 올까 봐 갔다가 명단 확인하고 없으면 다시 왔다가 그걸 몇 번 했었어요. 그랬다가 '안 되겠다' 싶어 가지고 언니들도 조퇴하고 집에 와 있길래 "학교 가봐라. 엄마, 아빠는 진도 내려갈 거니까" 그렇게 된 거였어요.


5
**진도와 팽목에서의 상황**

면담자         진도 내려가시는 길, 혹은 진도에 도착한 이후에 첫 장면에 대한 기억이랄까요, 그 부분 좀 얘기해 주실 수 있을까요?

**수진 아빠**　　　내려갈 때 '구조될 거야. 구조되겠지' 그런 생각밖에 없었죠. 내려가면서는 다른 사람들, 그때는 누구 엄만지도 몰랐었고 그랬기 때문에 전부 낯선 모르는 사람들이었고, 그 사람들 통화하는 내용 듣고 내려가는 상황이었었고. 그러다가 '누가, 누구 애가 한 명 죽었는데 (면담자 : 차웅이) 발견했다더라' 이 소식 듣고 굉장히 '아휴, 어떡허냐. 안타깝다' 그런 생각을 했었죠. 차웅이, 그때 차웅인지는 몰랐었고. 그때 당시에도 '구조될 거다. 구조됐겠지?' 이런 생각으로 내려가고 있었으니까 죽었다는 얘기 듣고 '진짜 안 됐다' 이런 생각을 했었거든요. 그러면서 내려갔었던 기억이 있고.

**면담자**　　　그때까지는 수진이는 별일 없을 거라고?

**수진 아빠**　　　그렇죠. '나중에라도 구조됐을 거다. 많이 구조됐다 하니까' 그런 생각으로 내려갔었고, 깜깜했을 때 진도체육관에를 도착을 했거든요. 내리자마자 마당에 생존자 명단이 있더라고요. 거기를 찾아봤는데 없어요, 수진이 이름이. 그래서 부랴부랴 체육관 안으로 들어가 보니까 체육관 벽면에 생존자 명단이 또 있는 거예요. 거기라도 혹시 있을까 가봤더니 없더라고요. '또 생존자 명단이 들어오겠지' 하고 기다리고 있었죠, 그때 당시 체육관에서. 그때 아비규환이었어요. 완전히 도깨비시장도 그런 도깨비시장도 없고, 사람이 엄청 많으니까, 몇백 명 되니까. 또 가만히 있는 게 아니고 생존자 명단 둘러보고 이리저리 돌아다니고 하다 보니까 정신이 없더라고요, 체육관 안에가. 그러는 과정에서 사람들은 여기 저기 항의하고 있고 해경에서 나온 사람인지 몰라도 그런 사람한테 물어보고 있고 굉장히 어수선했었어요, 그때 당시.

면담자　그때 정보가 시시각각 반영이 잘 안 돼서 그런 항의들이 있었을 텐데, 아버님도 그때 항의를 많이 하셨나요?

수진 아빠　당시에는 늦게 도착해서 1차로 먼저 도착한 사람들이 기다려도 그런 정보가 안 들어오니까 많이 했던 것 같고, 저희들 같은 경우는 도착하자마자 생존자 명단 확인하고 그러느라고 항의나 그런 거 할 정신도 없었어요, 일단 명단부터 확인해야 되니까. 없어서 '기다려보자' 하고 기다리고 있다가, "각 반마다 대표자를 뽑아야 할 것 같다"고 그런 얘기를 해가지고….

면담자　그날 바로 있었던 이야깁니까?

수진 아빠　네, 4월 16일[17일] 새벽에. 그때 무대에 올라오신 분이 송정근 목사님이신가? 그 이름이… 그분이 자기가 목사고 공부방을 운영하고 있는데, "공부방에 다니는 아이들이 단원고 아이들이 몇 명 있는데 그 애들 부모님들 요청으로 자기가 왔다" 이렇게 이야기하면서 "너무 어수선하니까 여기저기 떠드는 것보다는 반별로 대표자를 뽑아가지고 한번 이렇게 해보자" 그래 가지고 반별로 대표자를 뽑았어요. 제가 1반 대표로 나가서 전화번호를 적고 뭘 좀 할려다가 그때 기자회견을 한다고 또 하더라고요, 외국, 외신 언론하고.

그래서 진도체육관 마당으로 나가서 기자회견 하고 다시 들어올려다가 버스가 팽목항으로 간대요. "팽목항으로 가실 분은 타세요" 이러더라고요. 가만히 생각해 보니까는 소식을 제일 빨리 접할 수 있는 게 팽목항 같더라고요, 진도체육관보다는. 그래서 집사람한테 "아, 우리 팽목으로 가자. 여기 있으면 뭐 하냐. 쪼끔이라도 더 빨리 소식을 접할 수 있는 데가 거기 같은데 더 가까우니까 글로 가자" 해가지고 글로 가게 된 거죠. 그날 저녁 밤 10시 즈음, 10시 넘어서인가 시간은 확실하게 잘 모르겠는데 그래서 팽목으로 넘어갔었어요, 16일 날 저녁에. 가보니까 이미 텐트는 다 꽉꽉 차 있고, 구호 텐트마다 잠잘 데도 없고 그러는데 당시에 팽목항 그 도로변에 상황실인가, 가족 피해자 상황실 비슷하게 천막을 쳐놨더라고요. 그 옆에 목포119 큰 텐트가 있었는데 거기서 끼어서 잤죠, 그날 하루는.

그날 저녁엔 비도 오고 파도도 엄청 쳤거든요. 그 파도가 천막에 닿는 것 같아요. 그래서 여기서는 안 되겠다 싶어 가지고 다음 날 옮겼죠, 그 서망항 방파제, 서망항 쪽에 있는 방파제 저 뒤쪽으로. 그날 저녁은 그렇게 해가지고 정보도 들은 것도 없고, 아무튼 새벽까지 있다가 거기서 끼어서 잤어요, 집사람하고 둘이. 그다음 날 너무 비좁고 기다릴 만한 장소가 안 되는 것 같아서, 새로 천막을 저 뒤쪽으로 친다고 그러[데]라고요, 방파제 그 뒤쪽 주차장 쪽으로. "일단 글로 가자" 해가지고 그쪽으로 옮겼죠, 새로 친 천막으로. 거기서 팽목항까지는 걸어서 삼사 분, 사오 분 정도 걸리니까 왔다 갔다 하면서 상황 파악하고 그랬었어요. 17일 날 아침까지도 거기 있었거든요. 제가 아침에 '아무도 우리 얘길 안 들어주니까 하소연이라도 해보자' 그래 가지고 "엄마들 좀 나와라" 해서 엄마들 죽 앉아가지고 빨리 좀 찾아달라고 막 울면서 하소연 했거든요 엄마들이, 아빠들은 저 옆에 있고 그런 상황이 있었고, 17일 날 아침에. 그러다가 뒤쪽 천막으로 옮겼어요, 낮에.

면담자      팽목으로 옮기셨는데, 1반 대표로 진도체육관에서 선출이 되셨기에 대표로서 따로 활동은 하셨는지요?

수진 아빠      활동은 안 했었죠. 활동은 안 하고 활동할 생각도 없었어요, 애 찾는 게 급한데. 이름하고 전화번호만 적어놓고 몇 시간 있다가 외신 기자회견 하고 버스 타고 바로 넘어와서 팽목에서 돌아가는 사태 파악을 하고.

면담자      이튿날 오전까지 얘기를 해주셨는데 계속 얘기를 이어주실 수 있을까요?

수진 아빠      17일 날 비가 왔었거든요. 그때는 우산도 없었고 그래서 우비 입고 돌아다니고 상황 파악하고 [했지만] 거의 들어오는 정보가 없었어요, 어떻게 구조가 될지 그런 것도 없었고. 16일 날 딱 가니까 밤새 조명탄을 터뜨렸거든요. 근데 뭐 조명탄만 터뜨리고 있지 구조했다 뭐 했다 소식이 아무것도 없었어요. 팽목에서는 그게 보였거든요, 조명탄 불빛이.

면담자          그 정도만 보이셨습니까? 실제로는 거리가 꽤 머니까.

수진 아빠        그렇죠. 그래서 '아, 열심히 구조하고 있구나' 그런데 구조했단 소식은 더 안 들리고, 좀 답답했는가 보더라고요. 몇몇 부모님들이 낚싯배를 빌려가지고 나갔었어요, [저는] 그런 사실은 몰랐었는데. 그러고 해경 경비정이 한 차례 나가고. 그때 정원이 꽉 차는 바람에 저는 못 타고 수진이 엄마만 타고 사고 해역을 나갔어요. 그다음은 12시 넘어서 있다고 하더라고요, 다음 배는. '그때 나가자' 하고 기다리고 있는데 갔다 오더니 "아무것도 없다"는 거예요, "선수만 나와 있고 아무것도 없다"고. 뭔 소리냐 그랬더니, "나가보니깐 구조도 안 하고 있고 아무것도 없다"고. 그 전에 낚싯배 타고 나갔다 온 사람들도 그렇게 얘기하고 그러더라고요. 12시 넘어서 해경 경비정 타고 나갈 이유가 없는 거예요, 아무것도 안 하고 있다는데. 그래서 안 나가고 집사람하고 같이 천막에 꼽사리 껴가지고 잤죠. 자고 그다음 날 '안 되겠다' 싶어 가지고 있을 만한 장소를, 제대로 된 장소를 잡고 있어야지 애를 찾을 때라도 기다리니까. 그래서 그 뒤쪽으로 옮겼었고. 그때는 팽목항 대합실이 상황실이었거든요, 정부에서 꾸린 상황실. 그 앞에 부둣가는 피해자들이 꾸민 상황실 천막이 있었고, 수시로 왔다 갔다 했었죠, '무슨 소식이 없는가' 하고. 너무 아무런 대책도 없고 소식도 없으니까 자꾸 싸우게 된 거예요. (면담자 : 아버님이?) 정부 관계자들하고. (면담자 : 아버님께서?) 여러 사람이니까 거기에 나도 같이 목소리를 낸 거죠.

그러다가 언론들이 계속 이상한 소리나 떠들고, 17일 날 저녁에 보니까는 뉴스에 그렇게 나오는 거예요. 팽목항 대합실 안에 상황실에 TV가 있는데 배가 몇백 척이 가 있고 잠수사가 몇백 명 동원됐고, 비행기 몇십 대 떠 있고, 그렇게 얘기를 하는 거예요, 우리는 나가보니까 그런 거 하나도 없는데. '그게 뭔 소리냐. 왜 이렇게 거짓말로 내보내냐' 이런 생각을 해가지고 엄청나게 열받았었거든요. 그런 와중에 배에서 애들한테서 카톡이 왔다고 소문이 딱 돈 거예요. "좀 전에 애들한테서 식당에 모여 있는데, 한 30명 넘게 모여 있다고 하더라. 카톡이 왔다더라, 부모한테", '그럼 애들 살아 있는데 왜 빨리빨리 안 구하냐' 이렇게 생각을 했었거든요. 방송에서는 연일 에어포켓 얘기만 하고 있었고. "최대 72시간까지는 생존 가능하다" 그러니까 거기에 매달린 거예요. "72시간 안에만 구해줘라, 구해줘라" 그랬는데, 그렇게 17일 저녁 지나고 18일 날 배가 이제 완전히 침몰했거든요, 가라앉았거든요. 그 전까지는 언니들은 회사도 안 나가고 둘이 집 지키고 있고, 집사람하고 팽목에서 그러고 있고. 그래서 애들한테 그랬어요. "수진이 데리고 갈 거니까 걱정하지 말고 기다리고 있어라" 그랬었거든요. 주변 친척들한테도 그런 식으로 이야기했었고 물어오면, 일부러 연락은 안 했지만. 그랬었는데 18일 날 배가 오전에 그렇게 가라앉고 나니까는… 반은 포기가 됐어요. 반은 '희망이 없다'. 반은 '그래도 희망이 있다'. 이 반으로 나뉘더라고요 생각이, 배가 침몰되는 순간에.

면담자　　　그 마음이 갈라진다는 걸 느끼셨어요?

수진 아빠    네. 그래서 "내려와라" 연락을 했어요. (면담자 : 애들한테?) 네, 큰언니한테. 둘째는 집 지키고 큰애는 "내려와라" 했는데 처제하고 동서하고 셋이서 내려왔더라고요. 반 포기 마음이 있었고 반은 또 희망의 마음이 있었고, 그런 상황에서 내려오라고 했었고, 막내 누나가 해남 쪽에 살고 있어가지고 왔었고. 그래서 18일 날 저녁에 내려오게 된 거예요, 초저녁에, 처남이랑 동서랑 큰애랑 처제랑 이렇게 얘기해서…. 그날이 진도체육관에서 학생들 부모들한테 명찰을 만들어준 날이거든요. 워낙에 많은 사람들이 있다 보니까 누가 누군지도 모르고, 아무래도 정보기관에서 많이 나와 있는 것 같다는 낌새를 거기 체육관에 있는 사람들이 많이 느꼈나 봐요.

면담자    아버님은 팽목에 계시지만.

수진 아빠    팽목에도 많이 있었지만 팽목은 그렇게 티가 안 났거든요.

면담자    아버님은 그때 눈치를 못 채셨습니까?

수진 아빠    이상한 사람 본 적은 있어요. 그때 16일 날 저녁에 목포119 텐트에 끼어서 잘 때 옆에 한 사람 있었거든요, 남자가. 등을 보이고 누워 있었어요. 그랬다가 등을 뒤집으면서 얼굴을 봤는데 며칠 있다 보니까는 해경, 경찰인 거예요. 경찰이 그 텐트에 누워 있을 이유가 없잖아요. 그래서 '어, 이거 뭐지?' 그런 생각은 한 적이 있었어요. 나중에 알고 보니 그 사람이 해경 정보관이더라고요. 그렇게 사람들 얘기를 들은 거예요, 들어와 가지고. 대놓고 들어올 수는 없잖아요. 피해자 가족인 것처럼 하고 들어와서 동태를 살핀 거죠, 정보관이니까. 그런 걸 그때 느꼈었고.

면담자       명찰 이야기로 돌아가시면.

수진 아빠       네, 그때 "피해자, 피해 학생 부모님들은 확인을 하고 명찰을 받아 가라" 그래 가지고 그때 팽목에서 처남 차를 타고 넘어갔었죠, 체육관으로. 그래서 명찰 받고 다시 왔었거든요. 그 명찰을 나눠준 뒤로 인제 싹 없어졌죠, 정보관들이. 그때는 기무사도 있었고 국정원도 있었을 테지만 그것까지 우리는 모르겠고, 사복경찰이 있었다는 건 알고 있었거든요. 그때 그 사람들 싹 없어졌어요. 이거 안 찾아간 분은 피해자 가족이 아니니까. 그래서 "한 반은 없어졌다"고 그렇게 얘기를 하더라고요, 그 당시에. "피해자라고 와글와글하던 사람들이 명찰 나눠주고 난 뒤로 한 반은 없어졌다"고, 진도체육관에서. 우리도 식별하기는 편했죠, 그거 차고 다니니까. 그래서 '아, 저 아빠가 누구네, 누구누구 엄마, 아빠구나. 누구누구 엄마구나' 그때 안 거예요. (면담자 : 그때까지도 아직은) 몰랐죠, 누군지도 모르고.

# 6

## 비상전화와 무전기 사용, 희생자 정보 안내 등 요구

**면담자**　　반 대표로서 하시거나 이런 거는?

**수진 아빠**　　없었어요. 팽목 넘어가서는 그런 것도 없었어요. 반 대표도 없었고, 그냥 조금 목소리 높인 사람 몇몇 있었고, 그러다가 배가 완전히 가라앉고 그러면서 구조했다는, 구조가 아니고 이제 시신을 건져 올렸다는 이야기가 하나씩 들리면서, 18일 날 배가 가라앉고 나서 그날 오후에 아무런 구조 대책도 없고 소식도 없고. 그래 가지고 [해경]서해지방청장 김수현 청장이죠, 그때 당시. 끌고 갔어요, 사고 현장으로. "경비정 불러라. 들어가 봐야 되겠다" 그래 가지고 학부모들 그때 당시 20명, 그다음에 서해지방해경청장, 관계자들 뭐 과장이든 국장이든, 그다음에 정보관들 해가지고 타고 들어갔죠. 들어갔더니 부표만 띄워놓은 거예요. 침몰 지점에 큰 부표만 그것만 보이고, 가보니까. 지금 저 동영상 있거든요, 그때 당시에 해경 조타실에서 찍어논 게 있으니까, 부표만 있고 주변으로 해경 단정만 뺑뺑 돌고 있고. 그러던 차에 해경 경비정으로, 정동남[대한구조연합회 회장, 탤런트] 씨인가 있잖아요?

**면담자**　　민간 잠수사로도 활동한?

**수진 아빠**　　네, 점백이, 탤런트도 했었고. 그 사람이 보고하러 올라온 거예요, 해경 경비정으로. "지금 상황이 세이프티바[로프]가

두 개 있는데 하나가 끊어져 가지고 그것 때문에 못 내려가고 있다" 이런 정도 설명만 하고 "이어지면 또 내려가겠다" 이 말만 듣고 있다가, 그 주변에 해군 함정이 있었거든요. 거기서 상황실이 꾸려졌다고 그러더라고요. 해경청장을 주축으로 해가지고 정보기관에서 나온 국장들, 관계기관 국장들 해가지고 지휘함이 꾸려졌다고. 그러면 더 높은 해경청장이 있는데 서해지방해경청장은 있을 필요가 없잖아요? "우리 다시 나가자. 나가가지고 지원 요청 하면은 빨리빨리 팽목에서 지원을 해주게끔 우린 나가자" 그래 가지고 다시 나왔거든요.

그러면서 해경청장한테 요구한 게 뭐냐면 "현장에 긴급 전화가 없다. 유선으로 된 긴급 전화 설치해 줘라". 그다음에 "왜 자꾸 무선으로 안 하고 휴대폰으로 하냐", 군대든 경찰이든 공용 무선이 있잖아요. 그걸로 하면 다 되잖아요, 금방금방. 근데 자꾸 폰으로 하는 거예요. 폰으로 하면은 거기는 수신도 잘 안 될뿐더러 하다가 끊기고 하다가 끊기고 그러거든요. 폰으로 하면은 한 30분 정도 걸려요, 통화하는 게. 그거 지시받아 가지고 할려 그러면은 시간이 굉장히 많이 걸리잖아요. 무선은 금방금방 키만 눌르고 하면 되니까, 전부 다 공용이니까 훨씬 더 상황 대응이 빠르잖아요. 그런데 무선으로, 무전기로 안 하더라고요, 이 사람들이. 항상 폰으로 해요, 16일부터 17일까지, 18일도. 그래서 배 타고 나오면서 요구한 게 두 가지였거든요. "공용 무전기로 해라. 비상전화 설치해라". 그랬는데 나와보니까는 전화기만 나중에 설치하고 계속 폰으로만 하는 거예요. 지시를 하든 지시를 받든 모든 사항이 키를 잡음으로써 다 전파가 되잖아요. 그걸 좀 꺼려한 것 같더라고요, 지금 생각하니까. 그때 당시에는 "왜 안 하느냐? 빨리빨리 상황도 파악이 되고 전화를 할 수 있는 무전기로 해야지" 그 요구만 했었죠, 그때 18일까지도.

면담자　　　그때 요구가 아버님을 비롯해서 유가족분들이 공통으로 한 것이지요?

수진 아빠　　네. 당시에 배에 타고 갔던 학부모들이 오면서 그 얘기를 해가지고 전달을 한 거죠. 그런데 비상전화기 그 하나만 시행이 되고 무선은 안 하더라고요, 무슨 이유인지는 모르겠지만.

면담자　　　그날 이후에 따로 반별 회의나 가족회의에 참여하시지는 않았나요?

수진 아빠　　그때는 그런 반별 회의가 없었고요.

면담자　　　그나마 있다 하더라도 팽목에서만 이루어졌고?

수진 아빠　　팽목에서는 이루어졌고 (면담자 : 진도에서) 아니, 진도체육관 안에서 이루어졌고 팽목에서는 그런 게 없었어요. 대신에 상황실을 꾸려놓고 목소리 내는 사람, 아빠들로 주축으로 해서 "구조[를], 뭘로 하면은 구조하는 데 오래 들어가서 할 수 있다더라" [하는] 논의 같은 거는 있었고. 그때 당시에 나온 게 머구리, 산소 공급 줄 해가지고 배에서 산소 공급하고 머구리, "그 우주선같이 생긴 장비 쓰고 들어가서 하면은 최소 1시간은 한다더라", 왜 산소통 하나 메고 들어가면 30분짜리라 "들어갈 때 10분, 나갈 때 10분 하면 10분 동안 뭐 하겠냐" 그래 가지고 "머구리로 해라" 하고 요청한 건 있어요. "여수에 있으니까 빨리 확보해 가지고 투입해라. 그 전화를 빨리해라. 지시를 내려라". 서해지방해경청장 멱살 잡아놓고 전화 통화하는 거까지 시켰거든요 우리가, 또 "알았어요" 하고 안 할까 봐. 그렇게 해가지고 18일 날 진짜 멱살 잡고 시키듯이 하다가, 우리한테 잡혀가지고 어디로 가지도 못하고 그렇게 있었거든요, 지방청장이랑 정보과장 일행이.

그런데 그날 저녁부터 애들이 올라오기 시작한 거예요, 수습돼가지고. 배 나가는 부두 한참 떨어진 데, 해경 부두인지는 몰라도 공용 부두로 해경 경비정이 대고 애들을 내리기 시작한 거예요. 그니까 쫓아간 거죠. 거리가 좀 됐거든요, 몇 분 걸어가야 되니까. 쫓아갔는데 가보니까 하얀 비닐백 있잖아요, 거기에다… 밀차라고 해야 되나? 병원 보내는 거. 거기다가 해가지고 경비정에서 내려가지고 구급차들은 대기하고 있고, 공터에. 끌고 오면 자꾸 열어가지고 얼굴 확인하고, 자기 애 아니면은, 자기 애가 아니더라도 가서 봐야 돼요, 누군지를 모르니까. 남잔지도 모르고 여잔지도 모르거든요, 그때 당시에는. 올라왔다고 소식만, 배만 들어오면 쫓아가는 거예요. 끌러서 확인하고 아니면은 닫고 다시 구급차 싣고. 부모 있으면 같이 구급차 타고 가고. 그다음 날부터는 요구를 했죠. "그렇게 하지 말고 성별이든 여자, 남자, 학생인지 성인인지 그런 거를 미리 알려줘라".

**면담자**　　옷은 뭐 입고 있는지.

**수진 아빠**　　옷은 뭐 입고 있는지 게시판에라도 쓰라고 그랬거든요. 그래서 쓰기 시작한 거예요. 19, 20, 21 며칠 동안 계속 그렇게 하게 된 거죠. 그것도 정보가 확실치는 않았어요. 그래도 저 같은 경우는 남자가 올라와도, 남학생이 올라와도 가서 보고, 성인이 올라와도 가서 보고 다 봤어요.

**면담자**　　왜 그러셨어요?

**수진 아빠**　　상태를 봐야 되니까. 그리고 가봐지게 되더라고요, 내 애가 아니드래도 혹시나 하는 마음에.


# 7
## 아이를 수습하고 안산에서 장례 치른 과정

**수진 아빠**　　그러다가 22일 날도 그걸 막 적었거든요, 해경 관계자가. 근데 하나를 딱, 그때는 처제도 내려와 있었고 18일 날 온 동서들은 올라가 있었는데 처제는 그대로 있었거든요, 막내 누나도 계속 있었고. 큰딸은 올려 보냈어요, "찾으면 연락할게" 그리고. 22일 날 그걸 딱 적는데, 저는 못 봤거든요. "여학생" 적고, "볼에 여드름이 많이 났다"고 이렇게 적고, "쇄골 있는 쪽에 사마귀 같은 거나 점 있고", 그런 걸 적는 거예요. 비슷하긴 한데 옷도 틀리고 그때는 신장도 165로 적었거든요, 키도 틀리고. 그다음에 수진이는 이마에 여드름이 많았지 여기에는 별로 그렇게 없었거든요, 그 것도 틀리고. 〈비공개〉

　　그래도 전체적으로 맞는 게 없으니까 '아닌가 보다' 했는데, 5시 넘어서 6신가 7시쯤에 들어온대요. '아닌가 보다' 했는데 "그래도 한번 가봐라" 그러더라고요. "혹시 모르니까 여태까지 다 봤으니까 한번 가봐라" [해서] "알았다" 하고 갔는데 1시간 지연이 된 거예요, 경비정이 들어온 시간이. 가니까 설명을 다시 해주더라고요. 2차로 인상착의를 설명을 해주는데, 그때는 키가 171인가 하여튼 키가 어느 정도 맞게 나왔어요. 그리고 "시계를 차고 있다" 그러더라고요. 시계를 안 찬 걸로 기억하고 있었거든요. 그래서 "너무 안 맞는데, 아니 왜 이렇게 처음엔 165라고 그랬다가 171인가 바꿨냐" 그랬더니 "1차로 첨에 올리면은 대충해 가지고 먼저 보내고 2차로 는 정밀하게 측정을 한다" 그러더라고요. 그래서 틀려질 수가 있다고, 제일 안 맞는 게 키라 그러더라고요. "그렇냐"고 그러면서, 시계 찬 것도 안 맞고 그래서 '그냥 갈까' 하다가 설명하는 해경 관계자한테, 검시 관계자죠, 물어봤더니 "안 맞는 게 좀 많을 수도 있습니다, 사실은. 그래도 이왕 오셨으니까 한번 보고 가시죠" 이러는 거예요. "그럼 좀 더 기달렸다가… 여태까지 다 봤는데 보고 가죠" 이러고 기달렸거든요. 8시 좀 넘어서 안치소에 쭉 안치가 된 거예요. 그때는 여학생 다섯 명에 남학생 한 명이 올라왔거든요, 여섯 명이, 22일 밤 8시 좀 넘어서. 그래서 인제 시신 확인소에 딱 들어 갔는데 들어가는 입구서부터 가까운 쪽이 쭉 순서대로, 그때는 번호로 매겼거든요, 번호 순서대로, 그다음에 이쪽에 남학생 쪽.

그래 딱 들어갔는데 맨 끝에 있는데 눈에 확 들어오더라고요, 수진이 얼굴이. 처음에는 좀 멍했어요. 아닌 줄 알고 들어갔었는데, 그때 121번이었나 그랬었거든요, 번호도 또 가물가물하네. 그랬는데 딱 들어가니까는 눈에 확 들어오는 거예요, 얼굴이. 순간 멍했다가 쫓아갔죠. 가보니깐 맞는 거예요, 수진이가. 인상착의도 별로 안 맞는 내용인데, 진짜 금방 몇 시간 전에 물에 빠졌다 나온 것처럼 퍼런 데도 없고 불은 데도 없고 얼굴이 딱 그런 거예요. 신발은 없고 청바지에 티. 손끝에만, 목욕탕 가면은 보통 손끝이 쪼글쪼글해지잖아요, 그 정도밖에 안 된 거예요, 불은 것도 없고. 평상시에 똑같애요. 수진이가 맞는데, 안 믿겨지는 거예요, 저는. 그때 당시에도 쇄골에 점이 있다는 건 아는데, 왼쪽인지 오른쪽인지 이상하게 또 확실한 생각이 안 들고. 수진이 엄마도 그렇더라고요, "수진이가 쇄골에 점이 어느 쪽에 있었지?" 그랬더니 "왼쪽인가 오른쪽인가?" 엄마도 또 헷갈려 하는 거예요. 그래서 '참 이상하다' 하면서 갔었던 게 수진이였고.

그래서 전화를 했죠. "수진이 맞다. 빨리 와라" [했더니 다들] 뛰쳐온 거예요, 엄마랑 막내 누나랑 처제랑 해가지고. 손에 사마귀가 좀 있거든요 몇 개, 그거 확인한다고 손가락도 펴보고. 근데 사마귀가 거의 없어졌더라고요, 일주일 동안 있다 보니까, 물속에. 근데 너무 진짜 깔끔하게 있는 거… 그런데도 안 믿겨지니까 자꾸 그런 거 확인하게 되고 한 번 더 봐지게 되고, 얼굴이 진짜 맞는지. 그러고 나서 구급차를 타고 목포에 있는 병원으로 온 거죠. 그때 엄청 많이 올라왔어요. 20일, 21일, 22일 이렇게 하루에 한 3, 40명씩 올라왔으니까, 애들이.

그래서 안산 쪽에 장례식장이 없었어요. 목포에서 검사 입회하에 신원 확인하고 DNA 검사 동의하고, 그러고 인제 구급차 타고 올라오기 전에 장례식장 알아보니까 없더라고요, 장례식장이. (면담자 : 안산에. 꽉 차서) 예. 그래서 "시외로 가야 된다" 그래 갖고 "무슨 소리냐? 왜 시외로 가냐" 해가지고 여기저기 15분, 20분 알아봤는데 마침 한 곳이 비었는데 기달려야 된대요. 장례식장은 없고, 그다음 날 나가는 학생이 있으니까 기달려야 된다고. "그거라도 괜찮다" 그래 가지고 부랴부랴 미리 예약해 놓고 올라오게 된 거죠, 그나마 집 근처 온누리병원에. "냉동고에 들어가도 좋으니까 일단 가겠다" 해가지고 부랴부랴 올라왔어요, 새벽에.

**면담자**     23일 새벽이네요. 그죠?

**수진 아빠**     그죠. 22일에서 23일 날 넘어가는 새벽에 온누리병원에 안치시키고, 그다음 날 학생, 남학생 빈소가 빠지니까 "그거 정리하고 다시 빈소 꾸리면은 연락 주겠다" 해가지고, 일단 거기는 있을 만한 곳이 없으니까 안치시키고 새벽에 집에 왔죠. 그래서 '연락 주겠지, 주겠지' 했는데 안 주더라고요, 12시, 1시까지. 그래서

'안 되겠다. 일단 병원으로 가자' 그래 갖고 다시 병원으로 갔어요. 그 전에 있던 애는 빠졌는데 준비가 안 된 거예요. 거기에 온돌을 깔아야 된다고, 전기 들어오는 온돌을 깔아야 된다고, 좀 쌀쌀하니까 밤에는. 그 온돌 작업이 안 돼가지고 오후 3시에 빈소를 꾸렸어요, 저희 같은 경우는. 23일 그냥 하루 지나갔고 24일 하루, 25일 날 화장을 하게 된 거죠. 하루 빈소 꾸리는 것밖에 안 되는 거예요, 25일 날 새벽에 이제 화장장으로 갔으니까. 하루 빈소에 그렇게 하게 됐는데, 어쨌든 그렇게 해가지고… 장례를 치렀어요.

25일 날, 24일 날인가, 문자가 왔어요. (면담자 : 25일?) 24일 날, 그때가 24일일 거예요, 아마. 25일 날 부모들 회의를 하니까 참석을 해달라고. 그때는 올림픽기념관에 임시분향소가 설치돼 있었을 때고, 올림픽기념관 옆에 2층에서 학부모들 회의가 있으니까 참석을 해달라고 그랬는데 전 참석을 못 했죠, 25일이 발인 날이었으니까. 그날은 못 갔는데 26일 날 또 학부모들 회의가 있다고 참석을 해달라 그러더라고요. 그래서 26일 날은 갔어요, 집사람하고. 그래 갔더니 25일 날 임시대책위 위원장하고, 가족대책위원장하고 총무를 뽑았다는 거예요. 그걸 추인해 달라는 내용인 거였어요, 가보니깐. '아, 뭐 당연히 추인해 줘야지' 하고 사인을 해줬거든요. 그때 당시에 뽑힌 게 김병권 가족대책위원장하고 권오천이 형 권오현 총무하고 그렇게 두 사람이어 가지고 추인을 해준 거예요.

**면담자**　　　26일에 가신 거군요.

수진 아빠     네, 4월 26일 날. 처음 그때 학부모….

면담자     이게 2014년 5월 6일, 가족대책위원회가 발족되기 전에 있었던 임시유가족총회였던 건가요?

수진 아빠     총회라고 하기도 뭐하고, 애를 찾아가지고 서울로 올라온, 아니 안산으로 올라온 부모들 회의였죠. (면담자 : 회의) 네. 그때 당시엔 이미 많은 애들을 찾아가지고 올라온 상황이었으니까. 저는 발인 때문에 26일 갔고 29일 날, 지금 화랑유원지 합동분향소가, 정부합동분향소가 생기면서 29일 날 아침부터 옮겼어요, 애들을. 그때 당시 개인택시조합에서 도움을 주셨죠. 각 애들별로 차 한 대씩 해가지고 이렇게 영정 사진 제가 안고 옮긴 거예요, 그 당시에 위패랑.

면담자     네. 오늘은 일단 여기까지 하고 2차 구술은 김병권 씨와 권오현 씨를 추인해 주셨던 것에 대한 조금 상세한 질문을 다시 드리는 것으로 시작하겠습니다. 수고 많으셨습니다.

수진 아빠     고생하셨습니다.

# 2회차

2018년 10월 4일

# 1
## 시작 인사말

**면담자**　　　본 구술증언은 4·16 사건에 대한 참여자들의 경험과 기억을 기록으로 남김으로써 이후 진상 규명 및 역사 기술에 기여하고자 합니다. 지금부터 김종기 씨의 증언을 시작하겠습니다. 오늘은 2018년 10월 4일이며, 장소는 안산시 단원구 4·16기억저장소입니다. 면담자는 이봉규이며, 촬영자는 문향기입니다.

# 2
## 임시총회와 세월호가족대책위 발족

**면담자**　　　지난 면담에 이어서 말씀해 주셨던 내용을 이어서 갈 건데요. 2014년 5월 6일에 세월호가족대책위가 발족했는데 그에 앞서서 유가족임시총회가 있었습니다. 발족 과정과 논의에 대해서 혹시 기억나시는 게 있으면 거기에 대해서 말씀해 주시면 될 것 같습니다.

**수진 아빠**　　　임시총회라기보다는 임시회의에서, 임시위원장하고 임시총무 둘만 선출이 된 거고요. 그걸 그다음 날, 말씀드리다시피 [그날은] 발인 날이라서 못 갔고 그다음 날 추인을 하는 장소에 가서 추인을 해줬고, 그러고 나서 3일 뒤에 정부합동분향소가 화랑유원지에 세워졌어요. 그래서 29일 날 아침부터 우리 아이들 영정 사진하고 위패를 옮기는 저기를 했죠. 합동분향소로 옮기고 나서 뾰족히…, 임시로 위원장이 뽑히고 총무가 뽑혔지만 사무실 한 개 없었어요. 그래서 저희들이 요구해 가지고 사무실하고 마련한 게 올림픽 와스타디움 3층인가? 층수도 헷갈리네. 거기서 사무실을 꾸리고 그 앞에 큰 회의실을 저희들이, 가족들이 모여서 논의하는 장소로 사용하게 됐죠. 날짜는 기억이 안 나지만 거기서 아마 다 반별로 모였었고 가족들이, 애를 찾아서 안산으로 올라온 가족들이… 거기서 전체 다 모여서 분과라든지 각 반별로 반 대표를 다시 선출하게 된 거예요. 그때 제가 반 대표로 다시 선출이 됐죠.

**면담자**　　　이때 임시회의 당시에는 이미 분과 논의가 있었던 겁니까? 아니면 이후에 논의한 겁니까?

**수진 아빠**　　　이후에 아마 분과 논의를 했었어요. 임시위원장하고 임시총무가 선출될 당시에는 분과 논의는 없었던 것 같애요, 제가 참석을 못 해서 확실하지 않지만. 그 이후에 와스타디움으로 사무실을 만들면서 가족들이 한 번 전부 다 모인 날이 있었거든요. 그때 분과도 만들고 반 대표도 이렇게 선출하게 된 거예요. 그때 장례지도분과라든지 이런 식으로 진상규명분과 뭐 해서 분과가 나뉘게 된 거죠.

**면담자**　　　지금의 분과, 가족협의회 내의 분과와 구성이 동일합니까? 아니면 장례지원분과는 그때만 있었던 것일 테고, 그 외에 다른 건.

수진 아빠   네, 조금씩 달라졌지만 거의 대동소이하죠. 심리생계지원분과라든가 아니면 대외협력은 그때 당시에… 대외협력이 정확하게는 아마 없었던 것 같아요, 대외협력이라는 분과가. (면담자 : 처음에는 없었던 것 같다) 예, 처음에는. 나중에 추가적으로 생긴, 지금 형식의 분과가 생긴 건 아마 [제가] 봤을 때 2015년 1월 25일 날 저희들이 사단법인.

면담자   비영리 사단법인을 만들었죠.

수진 아빠   비영리 사단법인을 만들기 위해서 사단법인 체제로 조직을 구성하는 게 있었어요. 그때 지금의 분과 형태가 됐고, 그전에는 아마 지금하고는 쪼끔 달랐던 걸로 생각하고 있어요.

면담자   임시위원장님을 그때, 수진 아버님은 첫날 회의는 참석 못 하셨고 그다음 날 회의에 가셨기 때문에 이미 추대가 된 상황이었을 텐데요. 그분의 활동이나 이런 것들에 대해서 당시에 어떻게 느끼셨다든지.

수진 아빠   일단 잘 알지는 못했죠. 저뿐만이 아니고 대부분의 유가족들이 누가 누구 엄마고 누가 누구 아빠고 이런 걸 몰랐어요. 물론 학교에 좀 드나드는 어머님들은 서로 알고 있는 사람들은 몇몇 있었겠지만, 대부분 몰랐었거든요. 그 당시에도 몰랐었어요 서로를, 26일 날 추인하는 그 자리에서도. 다만 "누구 엄마다" 하면 '저 사람이 누구 엄마구나' 이런 정도였지, 얼굴도 첨 보는 상태들이었고 전부 다. 그런 상황에서 시작을 하게 된 거죠, 어떻게 보면은 애들 친구 부모라는 그 하나만 가지고. 그래서 5월 달에 분과도 만들고 반 대표도 뽑고 나서부터는 반끼리는 서로 안면을 익히기 시작한 거고, 반별로 저 같은 경우는 부모님 사진을 찍어서 저장을 했어요. 얼굴을 잘 모르니까, 누구의 엄마, 아빠라는 걸 모르니까 사진을 찍어서 저장하고, 그걸 찾아보면은 뜨게끔 만들어 놨었거든요.

**면담자**　　　아버님 핸드폰에요?

**수진 아빠**　　　네, 네. 빨리 파악을 할려고 제가, 우리 1반만큼은. 다른 반은 어쨌든 250명인데 다 할 수는 없으니까 '1반만이라도 좀 파악을 먼저 하자' 해가지고 저 같은 경우 그렇게 일일이 찍었죠, "사진을 보내달라" 해가지고 저장을 해서.

**면담자**　　　그래서 아버님도 저장하시고, 1반 다른 분들에게 공유도 하시고?

**수진 아빠**　　　다른 분들은 모르겠어요. 자주 분향소에 대기실에 나오다 보니까, 또 몰랐다가도 1반 누구 엄마라고 소개를 하게 되거든요, 나오면. 그러다 보니까 자연적으로 또 알게 되고 다른 반들도 자주 나오시는 분들도 알게 되고, 그렇게 된 상황이었죠.

**면담자**　　　초창기에 논의하셨던 것 중에 유독 기억에 남는다 하시거나 조금 나랑 생각이 달랐달까요, 그런 것들이 있었을까요?

**수진 아빠**　　　초창기 때는 딱히 크게 어떤 이슈가 될 만한 사항들을 다루지는 못했어요. 왜냐면은 아시다시피 저희들이 이러한 일을 해본 적도 없고 활동을 해본 적도 없고, 기껏해야 뭐 회사 노조 활동 했던 그런 분들 정도? 사회적인 일이라든가 이런 부분에 대해서는 활동한 부모들이 거의 없었거든요. 그래서 이런 큰 재난의 피해자로서 해야 될 게 어떤 건지도 크게 감이 안 왔어요, 사실은. 다만 우리들이, 저희들이 알고 싶은 거는 '왜 그런 일이 벌어졌으며, 왜 구하지를 못했을까', 그때는 '안 구했나'가 아니고 '왜 못 구했을까'였었거든요. 지금은 '왜 안 구했냐, 왜 죽였냐'지만 그 정도까지는 생각을 못 했기 때문에, '왜 못 구했을까'로 쪼끔은 생각이 있었거든요. '그 이유를 한번 파헤쳐 봐야 되겠다' 하는 생각도 있었고요, 저 같은 경우엔. 그래서 반 대표로서 나가게 된 거고 활동을 하게 된 거죠.

**면담자**　　　아버님은 알려지기로는 사무국장님, 사무처장님으로 많이 알려져 있는데 그 일은 언제부터 시작하셨나요?

**수진 아빠**　　　사무처장은 2016년도 1월 달에 가족총회를, 2015년 1월 25일 날 준비총회를 했었고요. 그때까지만 해도 준비총회 하고 나서 사단법인 신청을 하면 될 줄 알았어요. 순진했던 거죠. 근데 저희 가족협의회 사단 명칭이 '[4·16 세월호] 참사 진상규명 및 안전사회 건설을 위한 피해자 가족협의회' 이거거든요, 책임자 처벌도 들어가 있고. 그러니까 그런 명칭이 아니어도 어차피 박근혜 정부에서는 이걸 숨기고 할려면은 당연히 모이는 걸 싫어했을 거잖아요. 그래서 사단법인 허가를 안 내주려고 작정을 했던 것 같아요. 그래서 1년 넘게 걸렸어요. 사단법인을 신청할려고 [하면] 관련 해수부라든가 아니면은 어차피 경기도는 난색을 표했고, 위에 눈치 보느라고. 관련 부서인 해수부도 "안 된다" 그러고, 사방을 쫓아다녔거든요. '과연 이걸 받아줄 만한 부서가 어디 있을까'. 교육, 우리 애들이 학생이다 보니까 교육부에도 한번 타진을 해보고. 결국은 세종시 가서 마지막으로 확인할 만한 얘기를 들은 게 "어느 부처도 안 해줄 것이다" 그렇게 얘기를 하더라고요, 해수부 고위 관계자가. 그거는 청와대에서 막는다는 얘기잖아요? 부처에 지시를 해서 해주지 말라고. 그래서 결국에는 마지막으로 찾아간 게 박원순 서울시장님. 그래서 저희 가족협의회 주소가 서울로 [되어]있어요, 본거지 주소가, 사무실. 활동은 안산에서 하지만.

면담자 　　　이듬해인 2015년도 초에 있었던 이야기신 거죠?

수진 아빠 　　　그렇죠. 2015년도 1월 25일 날 사단법인 준비총회를 하고 계속적으로 사단법인 등록을 하기 위해서 하다가 2016년도에 비로소 된 거죠.

면담자 　　　그러면 실제 사무처장으로 일을 하신 것은 2015년부터라고 봐야 하는 건가요?

수진 아빠 　　　아뇨, 2016년도요. 1월 22일인가? 그때 총회를 할 때, 날짜도 헷갈리네. 총회를 할 때 사무처장으로 출마를 해서 선출이 됐고요. 그 전까지는 반 대표로, 2014년도부터 5월 달에 와스타디움에서 총회할 때 가족총회 할 때 반 대표로 선출되고, 사무처장 하기 전까지 반 대표 겸 반 대표장을 했었거든요, 제가.

면담자          반 대표장을 하셨습니까? 반 대표장은 언제부터 하신 겁니까?

수진 아빠          반 대표장은 2014년도 국회 농성을 할 때, '그래도 반 대표들이 있지만 반 대표들을 대표할 수 있는 장을 뽑아야겠다' 하는 논의가 있었어요. 그때 당시에 국회에서도 가족대책위 회의를 했었거든요, 거기서 아예 반 대표들 모아놓고. 그때는 분과장이 아니고 부위원장이었으니까 명칭이. 수석부위원장 있고 부위원장 있고 위원장 있고 그다음에 반 대표들 있고. '반 대표장이 있어야 되겠다' 해가지고 각 반 대표들의 추대로 제가 반 대표장이 된 거죠.

면담자          그렇군요. 당시 아버님께서는 유가족임시회의 하고 이후에 추인되는 과정에서 특별히 과제로서 떠올렸던 것은 딱히 없었다는 취지로 지금 얘기를 해주셨는데, 다른 분들이 혹시 두드러지게 주축에 나서서 활동, 이야기하셨던 분들이나, 이런 분들은 어떤 분들이 있었을까요?

수진 아빠          다 그때 뭔가 직책을 맡았던 사람들은 대동소이한 생각을 했었어요. 왜 그냐면 한 가지 과제로 가자는 생각들이 전부 의견들이 있었었거든요. 회의를 할 때면 우리가 뭘 해야 할 것인가를 회의를 하잖아요. 우리가 대책위를 꾸렸지만, '대책위가 무엇을 해서 가족들하고 같이해야 될 것인가'를 얘기할 때, 그거는 인제 그

거죠. 말씀드렸던 대로 우리 아이들이 왜 구하지 못하고 다 죽었는 가에 대한 진실. 그다음에 저희 같은 경우는 그때는 아직도 많은 아이들이 못 올라왔기 때문에 거기에 대한 장례지원이라든가 수색 방법이라든가 수색 진행 상황 같은 거 그런 것도 얼른 해야 됐었고. '세월호 사건에 대한 어떠한 뭔가가 있지 않나' 그런 생각도 쪼금 했었어요, 사실 그때 당시에는. 그때 당시에는 정부가 그렇게 나서서 뭔가 사주를 하고 공작을 하는 정황은 없었거든요, 사실은. 왜냐면 그때는 우리가 활동이 미미했으니까, 거의 없었으니까. 그냥 꾸려만, 가족대책위만 꾸렸지 활동이 그때는 본격적으로 시작이 안 된 때였거든요. 그래서 그런, 정부에 탄압된 움직임도 없었기 때문에 단순히 '왜 그랬을까' 하는 그런 의문점만 가지고 우리들이 '우리 애들이 죽은 이유를 알고 싶다'는 그런 관점에서만 시작을 하게 된 거죠.

## 3
## 천만서명운동 및 특별법 요구에 이르는 과정

면담자　　　초기에 만들어지는 과정을 말씀 들었는데, 그럼 이렇게 말씀 들었던 사항은 세월호가족대책위가 2014년 5월 6일에 만들어지고 그때까지도 계속 유사하게 이어지는 겁니까? 아니면 요 시점을 기점으로 해가지고 달라지는 게 있었던 겁니까?

**수진 아빠**  크게 달라진 건 없는데, 우리가 해야 할 일들을 생각하게 된 시점이죠 그때가. 그래서 생각해 낸 게 옛날 정부합동분향소가 있던 화랑유원지에 몽골텐트를 쭉 쳐놓고 거기서 가족대기실도 운영을 하고 그랬었는데, 얘기가 나온 게 "침묵시위를 하자". 그래서 우리가 마스크를 쓰고 피켓을 들고 시위를 하게 된 거예요. 분향소 정문 입구 양쪽으로 쭉 부모들이 서가지고. 그때 점점 더워지는 날씨니까 1시간씩 돌아가면서 한다든가 그렇게 했었거든요, 나머지 가족들은 대기실에 있고. 아마 5월 달에 침묵시위를 시작했었어요. 5월 1일부턴가 분향소 이전하고, 분향소로 우리 애들 옮기고 나서부터 그다음 하룬가 이틀 뒤서부터 시작을 하게 된 거죠.

**면담자**  그럼 5월 6일 이전부터 이미 시작된 거네요?

**수진 아빠**  그렇죠. 그리고 그때 당시에, 그 뒤에 얘기지만, 5월 달에도 저희들이 서명을 받았어요, 사실은. 그때는 "이 서명을 특별법으로 받아야 되냐 특검으로 받아야 되느냐" 하는 얘기도 있었거든요. 어떤 부모님은 "특검으로 우리 애들이 그렇게 죽어간 걸 밝혀야 된다"고 얘길 하시는 부모님이 있었고, 가족대책위에서는 "특검보다는 특별법이 더 강력하고 광범위하다. 특별법으로 만들어서 밝혀야 된다"는 의견이 좀 있었거든요.

**면담자**  갈렸군요.

**수진 아빠**  갈린 건 아니고, 주장을 했었어요 어떤 부모님들은. 그런데 주변에 지금 박주민 의원이지만은, 박주민 변호사라든가 그런 대한변협에서 세월호특위를 꾸려서 한 10명의 변호사를 지원을 했었거든요, 가족협의회[를]. 그래서 그런 변호사님들의 조언을 구한 결과, 특별법이 더 강력하고 포괄적이고 진상을 밝히는 데 더 저기 하다 그래서 특별법을 해가지고 그때 5월 초에 서명을 받기 시작한 거죠. 순식간에 한 20만 명 이상 받았어요, 며칠 만에. 분향소에 그때는 조문하는 방문객들이 하루에 몇천 명씩 됐거든요. 후문에서 저희들이 받기 시작하면은 거의 10명이면 10명 다 서명을 해주셨어요. 그랬기 때문에 금방 받을 수 있었죠.

그거에 탄력을 받아가지고 6월 달에는 "그럼, 우리 전국적으로 한번 해보자. 분향소에서만 받을 게 아니고". 그래서 이제 각 반별로 제비뽑기를 했죠. 제비뽑기로 해서 공평하게 부산 간다든가 대전 간다든가 대구 간다든가 그렇게 해서 각 지역을 나눈 거예요, 전국[을] 10개 반이, 그리고 주말에. 십시일반 우리들이 돈 내가지고 봉고차를 렌트해 가지고 우리 1반 같으면, 1반이 첨에 대구 지역이 제비뽑기로 걸렸으면, 봉고차 렌트해 가지고 부모님들하고 같이 타고 대구 지역 가서 서명받고 올라오고 그렇게 했었거든요. 그래서 순식간에 100만 넘고. 100만 넘으니까 "아, 이거 최소한 1000만은 해야 되지 않냐 특별법 만들려면". 그렇게 돼서 천만특별법서명운동에 시작이 된 거죠, 계기가.

면담자　　　그럼 지역으로, 각 반마다 지역으로 가기로 이렇게 제비뽑기로 했던 것도 5월 달에 이미 결정돼서 시작됐던 건가요?

수진 아빠　　　그렇죠. 5월 달 중순 지나면서 천만서명운동으로 확대시킬 필요성을 느끼고, 또 외부단체에서 그런 논의를 한 번 하러 왔었어요. 그래서 그런 운동이 천만서명운동으로 발전을 했죠, 저희들이 특별법을 만들기 위해서.

면담자　　　또 하나, 말씀 듣고 보니까 궁금한 점이 특별법이냐 특검이냐와 같은 두 개의 주장이 안에서 제기가 됐다고 말씀을 해주셨는데, 이런 주장이 처음에 나뉘었던 거는 대한변협에서 지원 나온 변호사들의 의견과 무관하게 (수진 아빠 : 그렇죠) 유가족들 사이에서 나왔던 두 개의 안이 이런 얘기들이 나왔던 것이었습니까?

수진 아빠　　　예. 처음에 어떤 부모님이 그런 얘기를 했어요. "특검으로 해야 된다. 특검으로 해서 강력하게 이걸 빨리 밝혀내야 된다. 왜 우리 애들 안 구했는지 아니, 못 구했는지" 그랬는데 "아니다. 특별법이다" 이렇게 얘기가 또 나오고 그래서 이거에 대한 정확한 저희들의 지식이 없다 보니까, 변호사님들한테 자문을 구해서 특별법으로 이제 방향을 잡은 거죠.

## 4
## KBS 보도국장에 항의 및 공무원들의 행정 지원에 대한 인상

면담자　　　그렇게 하고 나서 5월 29일에는 국정조사 계획이 승인이 되고, 6월 30일부터 7월 12일까지는 국회에서 국정조사특위

가 열렸었습니다. 그 경험에 대해서 혹시 기억나시는 게 있으시면
말씀해 주십시오.

**수진 아빠**　　　그 전에 한 가지 사건이 있었어요. 김시곤 KBS 보도
국장. 그때가 아마 5월 8일로 기억되는데 어버이날이기 때문에, 그
때도 저희들이 침묵시위를 하고 있었고, 저도, 마침 김시곤이가 조
문하러 오는 그 시간에 있었어요, 피켓을 들고. 그런데 분향소 그
넓은 광장으로 중간을 가로질러서 오는 사람들이 한 여섯, 일곱 명
있었어요. 맨 앞에는, 그때 당시엔 김시곤인지 몰랐죠. 맨 앞에는
김시곤이가 주변에 부하들 대동하듯이 한 여섯 명 데리고 당당하
게 걸어오더라고요. '저 사람이 누군데 저렇게 걸어오나? 가로지르
면서' 했는데, 그때 우리 침묵시위를 취재하던 프리랜서 기잔지는
몰라도 사진기자가 있었거든요. 그래서 물어봤어요. "저 사람이 누
구요?" 그랬더니 "김시곤 국장 같은데요?" 이러는 거예요.

　　근데 저희 가족들은 김시곤이를 겁나게 저기[나쁘게 생각]했었
죠. "교통사고, 우리나라 한 해에 일어난 교통사고 수가 더 많은데
그깟 삼백몇 명 죽었다고", 이렇게 얘기를 한 놈이었거든요. 그래
서 엄청나게 인식이 안 좋은 놈인데, 그거에 그 발언에 대한 사과
의미로 조문을 온 거였어요, 사실은. 당연히 저희들은 쫓아갔죠,
못 오게. 대기실 가가지고 "김시곤이가 왔는데 쫓아내야 된다". 그
래 가지고 불르러 간 사이에 도망간 거예요 전부 다. 아빠들이 몇
명 따라 들어가서 항의하니까 도망간 거예요, 그런데 그중에 한 명
이 같이 온 사람이 있었어요. 부장인지 누군지는 모르겠는데, 하여

튼 김시곤 국장보다 더 아래 직원인데 저희들이 붙잡고 대기실로 데리고 들어갔죠. 몽골천막으로 데리고 와가지고 "김시곤이 빨리 오라고 그래라". 그랬더니 모른대요, 김시곤이를 아니라 그러고. 처음엔 그러다가 자꾸 추궁을 하니까 "맞다" 그러고 "전화해도 안 받는다" 그러고. 한 몇 시간을 그랬어요. 몇 시간을 그렇게 하다가 잡아놓고. 그때가 문교부 장관이었나 하여튼 장관한테 전화해 가지고, "김시곤 국장 빨리 안 데리고 오면 우리 어떻게 될지 모른다" 그래서 인제 자꾸 연락이 온 게 "알았다, 연락드리겠다" 해가지고 연락 오고, "지금 출발한다" 연락 오고, "차가 막힌다" 연락 오고, 이렇게 몇 시간을 끌었거든요. 결국엔 안 왔어요.

그래서 가족들이 분노를 해가지고 전부 연락을 해가지고 "쫓아 올라가자. KBS로". 그래서 밤에 부랴부랴 가족들이 모이게 된 거고, 그때 영정 사진을 다 내렸죠 분향소에서. 영정 사진 품에 안고 KBS로 쫓아 올라간 거예요, 5월 8일 날 밤에. 그때도 경찰 싸이카가 서부간선도로쯤에 가니까 나오더라고요. 그래 가지고 자기들이 안내한다 그러면서 오히려 더 늦게 가는 거예요, 앞에서. 가보니까 이미 기동대는 벌써 배치를 다 해놓고, 그 시간을 벌기 위해서 안내한다고 하고 오히려 더 천천히 간 거죠. 그래서 가보니까 기동대는 이미 다 배치[돼] 있고 KBS는 셔터 문 내리고 있고.

그래서 그날 저녁에 거의 새벽까지 시위 행위 하다가 KBS 들어오라고, 몇 명만 들어오라고 해가지고 저랑 해가지고 몇 명 들어가려다가 결국에는 못 들어갔어요. "신분증 내놔라" 막 그런 절차를 애네들이 요구를 하더라고요, 우리한테 들어오라고 해놓고. 그래서 우리 결국엔 못 들어가고 거기서 강제로 들어가려고 막 몸싸움하다가 결국에는 못 들어갔죠. 다시 돌아와서, "그럼 우리 청와대로 가자" 그래 가지고 버스 타고 다시 간 거예요 청와대로. 거기서도 경찰이 또 안내한다고 하면서 뺑뺑뺑 돌다가 결국엔 광화문 근처에서, "야! 우리 내려서 걸어가자. 이렇게 언제 가냐", 그래서 버스를 세우고 내려서 걸어간 거예요 청운동까지. 그때 가족들하고 시민들하고 막 몰려갔죠. 청운동사무소, 청와대 들어가는 입구에서 밤을 새게 된 거고. 그때 KBS 사장이 나와서 사과를 하고 김시곤 국장이 인제 저기가 된 거, 경질됐고 그렇게 돼버렸죠, 그때 상황이.

면담자　　　교육부 장관에게 연락을 하셨다고….

수진 아빠　　네. 그때가 누구, 장관은 장관이었을 거예요. 연락을 해서, "김시곤 국장 당장 오라고 해라. 안 오면 어떻게 할지 모른다" 이렇게까지 통화를 했던 것 같애요, 기억에.

면담자　　　그게 유가족 중에서 어떻게 연락처를 알고 계셨던 분이 있으셔서 가능했던 건가요?

수진 아빠　　아마 그때는 관련 부서들이라든가 장례지원단도 있었고. 장례지원단이 나와 있었거든요, 각 부처마다 차출해 가지고. 그리고 그때는 1급인가 2급 국장이 장례지원단장이었어요, 1급이었을 거야. 그렇기 때문에 연락이 가능했죠.

면담자　　　　말씀하시는 중간중간에 추가 질문 여쭙게 되었는데요. 장례지원단장을 비롯해서 고급 공무원들이 나와서 장례지원 서비스를 제공한다거나 아니면 합동분향소 관리 이런 것에 주도적으로 참여를 했는데, 공무원들의 활동이나 이런 것들은 어떻게 접하셨습니까? 어떤 인상이셨습니까? 잘해준다고 느끼셨습니까, 어떠셨습니까?

수진 아빠　　　크게 그 사람들이 활동하는 건 느끼지는 못했어요. 본인들이 서로 간에 부처 간에 협력체로 일을 하는 건 하는 거겠지만, 그걸 우리가 옆에서 본다거나 그런 걸 직접적으로 보면서 하는 걸 느끼진 못했고. 다만 안산시는 세월호대책지원단을 꾸려가지고 직원들을 직접 파견을 했거든요. 가족들하고 같이, 업무라든가 필요한 것이 있으면 지원할 수 있도록 지원단을 세웠기 때문에 안산시 직원들하고는 또 많이 접했었죠. 접촉을 했었죠, 초창기부터.

면담자　　　　안산시청의 직원들은 협조적이었다고 생각하십니까?

수진 아빠　　　그때 당시에는 분위기가 거의 애도 분위기, 추모 분위기였기 때문에 협조하기 싫어도 해야 될 상황이었겠죠, 정부로서는. 그리고 안산시는 재난 해당 도시잖아요 사실은. 단원고가 있고 또 세월호 참사 304명 중에서 250몇 명이 선생님을 포함하면 260몇 명이죠[261명], 참사를 당했기 때문에 당연히 재난지역으로도 선포가 됐었고, 그때 당시. 그래서 당연히 아마 적극적으로 나섰었을 거로 봐요.

면담자    특별히 거기에 대해서 불만을 가지셨다거나 하신 건 없으셨던 거구요?

수진 아빠    그럴 상황도 없었죠 사실은. 다만 뭘 우리가 요청을 할 때, 그때 당시에 저희들은 요청을 하든가 하면은 마음이 급하잖아요. 빨리빨리 진행이 돼야 되는데 공무원 조직이 그게 아니잖아요. 보고가 올라가야 되고 허락이 나와야 되고, 예산이 들어가면 예산이 배정이 되고 해야 하기 때문에 우리가 요구하는 것만큼은 빨리 진행은 안 됐었어요 사실은. 그런 거에 불만이었죠. 안 되진 않았는데 진행하는 사항이 쪼끔씩 시간이 걸린다는 거.

면담자    재난지구 선포가 되고 관련돼서 특별한 기구들이 만들어져서 협의를 지원해 주는 형태였는데도 불구하고, 원하시는 속도만큼 따라오진 못했다는 말씀이신가요?

수진 아빠    그쵸. 재난지역 선포하고 시나 정부의 대책반이 형성되는 거랑은 좀 별개였어요. 재난지역은 진도하고 안산이 지정이 됐었거든요. 근데 재난지역은 말 그대로 법으로 그 지역을 재난지역을 선포하고 거기에 따른 어떤 지원을 해준다는 그런 의미거든요. 근데 그게 뭐 극히 미미하고 사실은. 그래 봤자 TV나 전기세, 수도세 이런 거 감면해 주고 면제해 주고 이런 거지 다른 건 없었거든요, 저희들이 보기에는. 그런데 나중에 일이지만, 그것마저도 보조 단체나 정부에 사주를 받은 사람들이 그것마저도 대단한 혜택인 양 부각을 시켜서 "수십 가지 혜택을 받는다 유가족들은"

수진 아빠 김종기

이렇게 호도를 했거든요. 그거는 유가족만 받는 게 아니고 재난 지역이 선포되면 그 지역에 사는 사람들 모두 적용이 되는 거거든요. 그런데 마치 우리한테만 그런 전기세 몇천 원, 수도세 몇천 원 감면받은 게 대단한 혜택인 양 이렇게 호도를 많이 했었죠, 나중에 16년도 이럴 때.

**면담자**　　　일이 처리를 요청했던 것이 실제로 원하는 것만큼 빨리 되지 않아서 채근을 하신다거나 빨리해 달라고 요구를 했을 때 빨리 되던가요?

**수진 아빠**　　　대답은 하죠. "빨리하도록 하겠습니다" 해도, 어쨌든 자기 공무원 조직 사회의 일정에 맞춰서 하기 때문에… 거의 비슷했죠 뭐.

**면담자**　　　그게 약간 불가피하다는 측면이 있다는 건 아셨던 건가요?

**수진 아빠**　　　알아도 저희들은 그걸 이해를 하나요? 저희들이 공무원도 아니었었고. 다만 이런 참사를 당하고 정신적으로나 육체적으로나 굉장히 힘든 상황이었는데, 정부의 그런 잘못된 점을 우리가 이미 겪었는데, 그걸 이해해 줄 만큼의 마음의 여유는 없었죠, 사실. 그럼에도 불구하고 진행이 안 되는 거에 대해선 저희들이 어떻게 할 부분은 없었고 그래서 굉장히, 담당 직원들을 굉장히 조금 많이 닦달했었죠. "빨리 처리 좀 해달라". 예를 들어서 우리 애들이 태워야 될 것들이 있잖아요. 예를 들어서 찾아갖고 왔는데,

애들하고 같이 올라왔는데, 태워야 될 거는 그때는 당시에는 태우는 게 불법이어 가지고 태울 만한 장소가 없었어요. 그랬을 때 일반 소각로를 이용할 수도 없었고 그래서 "그럼, 소각로를 따로 좀 만들어달라. 지금 태울 게 많이 있는 것 같다, 가족들이". 그런 부분도 진행이 조금은 걸렸었고, 저희들은 급한 부분에 있는 것들은 그런 식이었어요 대부분. 뭔가 빨리빨리 진행된다는 걸 못 느꼈죠, 가족들은.

## 5
### 조사특위 결정부터 국정조사

면담자         유가족들이 KBS 본관 항의 방문했던 김시곤 보도국장 발언과 거기에 대한 이야기들을 좀 해주셨고요. 아까 여쭈었던 내용이 국정조사에 대한 건이었습니다. 거기에 대해 기억나시는 것 말씀해 주십시오.

수진 아빠       국정조사는 사실 국정조사가 시작되는 걸로 알고, "국회를 우리가… 방청을 하자" 그러고 올라온 거였거든요 사실은. 그런데 가보니까 국정조사 하겠다는 논의도 안 됐고 합의도 안 됐고, 간사들끼리 논의한다는 얘기만 하고 하지를 않고 있더라고요. 그러니까 저희들로서는 "어, 이게 뭐야? 우리는 국정조사 방청하러 왔는데". 아직 국정조사 하겠다는 논의도 안 된 거잖아요. 그러니까 어처구니가 없죠. 그래서 "야, 안 되겠다. 우리 안산 가지 말자. 국정조사 한다고 합의할 때까지 있자" 그래서 거기서 있었던 거거든요. 국회의원회관 본 대회의실에서 자리를 잡게 된 거죠. 그리고 나서 자리 잡은 그날 밤에 여당, 야당 간사들 및 국회의원들 뭐 그때 당시에 여당이었죠. 박근혜 정부 여당 새누리당 당대표가 누구였지… 기억이 가물가물해. 그 누구지 국무총리 했다가 사퇴한 사람인데. 그 사람[이완구]이 나와서 인제 최대한도로 빨리하겠단 그런 얘기도 했었고. 자리 지나고 나서, 새벽에 저희들이 얘기했어요. "여당 간사 플러스 한 명, 야당 간사 플러스 한 명 들어와라. 들어와서 우리 있는 데서 논의를 하고 국정조사 한다고 합의를 해라" 해가지고 우리가 그때 의원회관 회의실에 몰아넣고 우리가 밖에서 기다리고 있었어요, 합의할 때까지 나오지 말라고. 그렇게까지 해가지고 결국에는 국정조사 한다는 합의를 하게 된 거죠. 그래서 2박 3일인가 1박 2일 만에 내려왔어요 다시 안산으로, 합의하는 거 보고.

면담자        그때 말하자면 처음 국회에 가신 거죠? (수진 아빠 : 처음이죠) 국회 가셨더니 어떠셨나요?

수진 아빠        살면서 국회를 가리라고는 상상도 못 했었고, 평상시에 가기 어려운 곳이잖아요, 사실은요. 일반 시민들은 갈 일도 없지만은. 그런데 거기 가게 되고, 거기서 농성 아닌 농성도 하게 되고 그래서 "참, 국민이 이렇게까지 해야 되나". 사실은 알아서 해야 되는 부분이잖아요. 국민이, 피해를 입은 가족들이 요구하기 전에 먼저, 국가가 먼저 나서서 국회가 먼저 나서서 해야 되는 일임에도 불구하고, 서로 간에 당리당략 때문에 이렇게 지지부진하고 결론도 도출도 못 하고 시작도 못 하고 있는 것에 대해서 굉장히 분노를 느꼈죠. 그래서 저희들이 거기에 올라오게 된 거고 농성을 하게 된 거죠.

**면담자**　　　국회 들어가실 때 대회의실 처음에 계시다가 나중에 소위를 꾸려서 합의하게끔, 그 과정을 말씀해 주셨는데 국회 들어가는 과정은 순탄하셨습니까?

**수진 아빠**　　　방청하러 간다고 갔으니까 거기서 막을 이유는 없었어요. 그때 당시에 어차피 5월이라서 저희들을 막거나 그런 분위기는 아니었거든요, 막을 수도 없었고. 왜냐면 그 대참사의 피해자 유가족들이기 때문에 막을 명분이 없잖아요, 아무리 국회라도. 들어가는 데는 문제가 없었는데 들어가고 나서 보니까는 상황이 그렇게 됐다는 걸 보고 나서 저희들이 너무 어처구니가 없었고, 진짜 어떻게 보면 열받는다고 그러죠. 그래서 저희들이 "우리 안산 못 간다" 하고 선언하고 거기서 농성을 하게 된 거죠.

**면담자**　　　네, 국정조사특위가 결정되기까지의 과정을 지금 이야기해 주신 것이고. 그 이후에 기관보고들이 이루어진다거나 했는데 청문회는 사실 없었습니다만 (수진 아빠 : 네) 예, 그때 특별히 인상적이었던 게 있으신가요?

**수진 아빠**    그때도 국정조사라고 해서 저희들은 굉장히 기대를 많이 했어요. 그래도 국회에서 말 그대로 국회의원들이 여당, 야당 할 것 없이 조사를 하는데, 정부 관계자들을 데려다가 조사를 하는데 '설마 그냥 대충대충 유야무야하겠어?' 이런 생각을 했었죠 사실은, 그런 경험을 해본 적이 없기 때문에. 근데 가서 보니까 이건 완전히 뭐 우리가 들어도 웃음밖에 안 나오는 그런 질문들을 하지를 않나, 여당.

**면담자**    가령 어떤 질문들이 기억에 나시는지요.

**수진 아빠**    그래 또렷하게 기억은 안 나는데 아마 가족, 그때 세월호 참사를 팽목항에서 겪은 저희들로서는 '저게 말이야 막걸리야' 이럴 정도의 질문들, 그다음에 마치 가해자들을 감쌀려고 하는 그런 얘기들, 그리고 거기에 답변하는 사람들의 그런 태도들을 생각해 보면 지금 뭐 질문 내용이라든지 답변 내용이 정확하게 기억은 안 나는데, 그때 생각으로의 감정을 느낀다면은 그런 거였거든요. '이게 국정조사냐? 면죄부 줄라고 국정조사 하는 거냐?' 이런 생각도 들었고, 심지어는 국정조사위원장이라는 심재철 위원은 카톡으로 가족들 폄하하는 내용을 아는 사람들한테 퍼트리기도 하고, 국정조사 기간에. 그런 상황이었으니까, 그렇게 봤을 때 뭐 야당은 힘도 없었고, 그래서 '아, 이건 국정조사도 아니구나' 그런 생각까지 했었죠.

**면담자**    그때 당시에 야당은 상대적으로 협조적이라는 느낌을 뚜렷이 받으셨나요?

수진 아빠 　　　그렇죠 아마. 그때 이제… 지금은 민주당인데 그때 이름이 뭐였더라. 새천년민주당[새정치민주연합]인가? 당연히 야당은 협조적으로, 왜 그냐면 정부의 잘못이라고 적극적으로 주장하는 상황이었기 때문에. 아마도 야당은 정부의 견제 역할을 하는 상황이잖아요, 보통 어느 나라든지. 그러다 보니까 정부의 잘못을 적극적으로 질타하고 거기에 대한, 왜 안 구했는지에 대한 문제 제기를 해야 되는 게 본소임이고 또 가족들하고도 결합을 많이 했었죠. 그런데 저희들이 처음에는 많이 거부를 했기 때문에 정치권을.

# 6
## 외부단체와의 연대에 대해서

면담자 　　　거부를 하셨다는 게 어떤 뜻입니까?

수진 아빠 　　　그때, 5월 초에 와스타디움에서 가족대책위를 꾸리고 얘기를 하면서 결정한 게 뭐가 있냐면 "외부단체, 시민단체 그다음에 정치권은 같이하지 말자. 우리 피해자 가족들만 활동하자". 왜냐면은 그런 단체들하고 결합하는 순간에 의도가 변질될 수가 있으니깐요. 우리는 순수하게 우리 애들을 못 구한 그 사실을 묻고자 함인데, 그게 나중에 정치적으로 변질된다든가 시민활동으로 변질된다든가 하는 걸 굉장히 우려를 했어요, 왜 그냐면 국민들의 시선이 있기 때문에. 그래서 처음에는 그런 걸 저희들이 먼저 차단을 했었죠.

면담자　이건 와스타디움에서 사무실 만들기도 전에 이미 그런 얘기가 나왔다는 것입니까?

수진 아빠　만들고 나서요. 만들고 나서 저희들이 서명운동을 시작하면서 그런 얘기가 나왔었죠.

면담자　그때도 이미 안산 시민단체들은 적극적으로 4·16문제 해결, 당시는 세월호 참사의 진상 규명이란 표현까지는 좀 그렇고, 그런 활동에 같이 유가족들과 결합하진 않았었나요?

수진 아빠　안산은 오히려 그런 걸 못 느꼈고, 서울 쪽에서 '세월호참사국민연대[세월호참사국민대책회의]'라는 그런 명칭에 시민사회단체라든가 700개 넘는 단체들이 모여서 세월호참사국민연대 그게 만들어졌었어요, 저희들은 잘 몰랐지만. 그리고 그 사람들이 활동을 하면서 저희들한테 말하자면 손을 내민 거죠. (면담자 : 연락을 취해오고) 네, 그게 단초가 된 게 뭐냐면은 천만서명운동을 해보는 게 어떠냐고 조언을 준 게 아마 그 국민연대, 세월호참사국민연대일 거예요. 그때 누가 왔냐면은 지금 김혜진 상임위원인가 아마 그분이었던 것 같아요. 자세히는 기억을 못 하는데, 김원진 씬가 하여튼 그 여자분이 온 걸로 기억을 하는데, 그때는 누군지도 몰랐으니까, 지금이야 알지만.

면담자        그럼 그때는 외부단체나 시민단체와 함께하지 말자는 결정이 애초에 있었는데도 불구하고, 그 결정과는 다르게 함께 힘을 모으게 된 것이라고 이해하면 될까요?

수진 아빠        아뇨 아뇨, 그 사람들이 찾아왔어요 사실은. 우리는 "그렇게 하자" 하고 결정을 내린 상태에서 사람들이 말하자면 면담 형식으로 우리를 찾아와서 "지금 서명운동을 하고 있는데, 이걸 좀 더 확대해 보는 게 어떠냐" 하는 의견을 줬죠, 우리한테. 그래서 우리는 "그거는 좋다. 그거는 우리가 하겠다" 해서 하게 된 거고, 각 지역마다 쪼금씩 국민연대가 지역에 있는 단체들도 많이 가담을 했기 때문에 지역에 갔을 때 도움은 받았어요. 저희 서명운동 할 때 숙식 장소라든가, 버스는 우리가 빌려서 내려갔지만, 어디서 서명운동을 하면 좋겠다는 그런 지역적인 위치 같은 것도 도움을 받고 그랬었죠. 본격적으로 한 건 아니었어요, 그때는.

면담자        아버님이 생각하시기에 아버님이 본격적으로 도움을 많이 받았던 때는 언제부터라고 생각하십니까?

수진 아빠        그때가 우리가 서울에 7월 12일 날 국회를 점거 농성을 했을 때, 그때 두 군데를 일단 단식 농성을 하자고 결의한 게 있었어요. 5월 달에 국정조사 끝나고 나서, 국정조사도 말 그대로 흐지부지되고 아무런 결론도 없고 그랬다가 7월 달에 7월 12일 날 저희들이 "국회를 점거를 하자". 그때 7월 달에 뭣 때문에 우리가 국회를 갔는지 모르겠는데, 기억이 잘 안 나는데, 12일 날 국회 가서

(면담자 : 특별법 제정을 아마 촉구하는 시점이 아니었을까 싶습니다) 음 특별법, 그랬을 거예요 아마. 우리가 7월 달에 전국 버스 투어를 했거든요. 천만 명 서명 전국 버스 투어를 하고 나서 그게 7월 10일까진가 했을 거예요. 6월 달에 반별로 전국적으로 다니면서 서명받고 나서 인제 대미를 장식하는 게 전국 버스 투어였거든요. 그게 7월 10일까지가 기한이었을 거예요. 동군, 서군으로 나눠가지고 동쪽은 경상북도… [강원도] 원주로 해서 경상도 밑에 부산까지, 서군은 경기도로 해서 충청도로 해서 전라도 해갖고 양쪽으로, 이렇게 해서 다시 서울로 올라오는 이 경로로 해서 저희들이 천만버스 투어를 했거든요, 서명인. 각 지역에서 반별로 교대를 하는 거예요 인원들이.

면담자      아, 몇 반은 동군에 속하고 몇 반은 서군에 속하고가 아닌 거군요. 각 반마다 동쪽….

수진 아빠      아니죠. 동군, 서군은 반별로 나눴는데, 다섯 개 반씩 나눴는데, 서군에 만약에 1반이 경기도서부터 서산까지 내려갔다 그러면은 그다음 반이 서산서부터 그 밑에까지 또 연결하고 바톤[배턴]터치를 한 거예요 각 지역마다. 저희 같은 경우는 전주에서 바톤터치를 했거든요 9반하고. 그렇게 해서 다섯 개 반이 서군, 다섯 개 반이 동군 해가지고 마지막으로 서울에서 만나는 그런 식으로 했었어요, 천만서명인버스투어를. 그러고 나서 그것 때문에 아마 국회로 갔었던 것 같은데 국회 상황이 별로 안 좋아 가지고 "안

되겠다. 우리 내려가면 안 되겠다 안산을. 국회에서 자리를 잡자",
그래서 12일 날 국회 일정으로 올라갔다가 안 내려오고 국회 본청
사를 점거를 했죠, 저희들이.

**면담자**　　　버스 투어, 천만 서명을 위한 버스 투어를 하면서 시
민단체와 이제 (수진 아빠 : 그때 조금은 본격적으로 접촉을 했다고 생
각이 돼요) 그러면 외부단체나 시민단체와는 이렇게 함께 힘을 맞
출 수가 있게 되었고, 사실 정치권은 아직 함께하지 말자라는 결정
이 있었지만 (수진 아빠 : 거리를 뒀죠) 그것은 상대적으로 좀 더 이
후까지도 계속 연결된 건가요?

**수진 아빠**　　　어느 정도까지는요. 어느 정도까지는 그게 2014년도
7월 달에 국회 농성 할 때까지도… 뭐 어차피 야당은 저희 가족들
하고 이렇게, 가족들 편에 서서 특별법을 통과시키려고 하는 거였
고, 우리, 저희들이 내놓은 특별법안[을]. 근데 여당은 본인들이 새
누리당 본인들이 만든 특별법안으로 밀어붙이려고 하는 거였고.
그때 민주당에서도 특별법안을 냈었어요. 그래서 세 개가 이렇게
특별법안이 있었는데 결국에는 논의 과정에서 가족들 거는 빠지
고, 대신 여당하고 야당하고 어느 정도 서로 타협하는 안에서 특별
법이 제정이 됐었죠. 그래서 거기에 가족들도 좀 협의하는 과정에
참가만이라도 해달라고 했는데 거부당했죠, 새누리당에 의해서.
그때가 아마 우리가 국회에서 농성을 할 때였어요, 7월 달.

**면담자**　　　그때는 야당은 세월호 유가족들의 입장을 함께하는

것은 이미 아셨지만, 하지만 그렇다 하더라도 '함께하지는 말자. 함께하는 것은 좀 곤란하다'는 입장은 계속 유지되었다고 이해하면 될까요?

수진 아빠    의견 교환은 했었죠. 야당하고 의견 교환은 했었지만 대외적으로 같이하는 그런 모습은 안 보여줬었죠, 사실은 저희들이. (면담자 : 대외적으로 같이 하는 모습은) 네, 그치만은 어쨌든 저희들은 그런 입장을 표명을 안 해도, 야당은 가족들하고 같이 하겠다고 나서는 상황이었기 때문에 저희들이 끝까지 "아니다. 우리는" 이렇게 할 이유는 없었거든요. 또 그때 당시에는 그런 도움이 필요하다는 걸 느끼는 상황이었고. 천만서명운동 할 때도, 6월 달에 가족들이 전국적으로 퍼져가지고 서명받을 때도 1000만 명 받으려면은 우리 힘만으로 힘들겠다는 느낌을 했기 때문에 시민단체들을 [의] 협력을 받은 거였기 때문에, 특별법 제정에는 당연히 입법기관에 한 축을 담당하고 있는 야당의 힘이 필요하다는 건 느끼고 있었죠.

면담자    네, 잠시 한 5분에서 10분 정도 쉬고 말씀 이어가겠습니다.

(잠시 중단)

## 7
### 대통령 대면과 이준석 선장과 유병언 전 회장에 대해

**면담자**　　　당시에는, 지금은 세월호 논의 과정을 이야기할 때
잘 이야기되지 않는 부분이 이준석 선장 그리고 유병언 전 회장,
이 두 명이 요즘은 잘 이야기되지 않습니다만, 당시에 언론이나 주
로 주목했던 게 두 단위였거든요. 그분들에게 책임을 묻는 방법에
대해서는 당시에 어떻게 생각하셨는지가 궁금합니다.

**수진 아빠**　　　저희 가족들은 사실 5월 16일인가요? 그때 박근혜
대통령을 만나러 청와대를 들어간 기억이 있는데 저도 같이 들어
갔거든요. 그때 당시에… 그것도 갑자기 연락이 왔어요. 긴급하게
연락을 해가지고 나가보니까 "일단 외부에는 알리지 말고 사실은
이런 연락이 왔다, 청와대에서. VIP를, VIP가 보자고 한다".

**면담자**　　　5월 며칠이라고요?

**수진 아빠**　　　그때 우리가 만난 날이 5월 16일일 거예요. 그러고
나서 3일 있다가 대국민담화 발표를 했으니까 박근혜가, 악어의 눈
물을 흘린 날. 그래서 무슨 일인가 했더니 "청와대에서 가족들을
만나고 싶어 한다" 그래서 부랴부랴 연락 돌리고 들어갈 사람들을
선정하고 해서, 그때 17명인가 18명인가 아마 선정을 하고 가게 된
거죠, 16일 날. (면담자 : 아버님도 함께?) 네, 그때 저도 반 대표였고
했으니까는 청와대에서 보내준 버스 타고 갔다가 버스 타고 내려

왔죠. 그때 가족들이 "최대한 빨리 진상 규명해 달라" 그러고, "특별법을 제정해서라도 가족들의 여한이 없겠다[없도록 하겠다]" 그런 얘기도 했었고, 박근혜가. 저희 같은 경우는 여튼 그때 당시 우리가 생각하고 있는 바를 전달은 다 했어요.

면담자       대통령은 뭐라고 반응하던가요?

수진 아빠       그니간 언론에 보도된 대로, "특별법을 제정하게 되면 최대한 지원하고 유가족들의 여한이 없이 하겠다"고 대답을 했죠, 모든 방법을 다 써서라도. 하나도 안 됐지만, 오히려 방해를 했지만…. 그러고 나서 3일 만에 대국민담화 발표하고 "해경을 해체하는 한이 있더래도 유죄를 묻겠다. 책임자를 처벌하고 진상 규명하겠다" [하고] 악어의 눈물을 흘리면서 대국민담화 발표를 했잖아요. 그러고 그 당시에 아마 6월 달에 지방선거가 있었던 걸로 기억을 하는데 6·4, 6·4 지방선건가? 선거가 있었기 때문에 그러한 부분에서 정부라든가 본인들이 잘못했던 부분을 빨리 수긍하는 모습을 보이고, 선거를 대비하는 그런 의도였던 것 같아요, 지금 생각해 보면. 그때 당시에는 그런 정치적인 걸 몰랐죠 저희들은. 단순히 '아, 우리 피해자 가족들이기 때문에 뭔가를… 그래서 나라에서 할려고 하는구나' 그렇게 생각하고 박근혜를 만나러 갔었던 거고, 그 뒤에 3일 뒤에 대국민담화 발표할 때도 그렇게 생각을 했었는데, 그게 인제 뭐 2015년도 지나고 16년도 지나면서 그게 다 정치적인 쇼라는 걸 저희도 생각을 하게 된 거죠.

면담자     그럼, 그때 당시에는 언론에 알리지 않고 청와대로 유가족을 초청했던 것을 비롯해서 '대통령이 그나마 이 문제를 수습하려고 하는 데 있어서 적극적인 의지를 가졌다'라고 생각하셨습니까?

수진 아빠     일단은 그랬죠. 왜 그냐면은 저희들을 만나기까지 하고 또 그 자리에서 설마 대통령이 거짓말을 할 리는 없으니까. 그래도 수첩에 적으면서 "여한이 없도록 최대한도로 하겠다"고까지 했는데, 그때 당시에 '어후, 대통령 거짓말 하네', 이렇게 생각할 사람 없잖아요.

면담자     그때 대통령 혼자 만나지는 않으셨을 거고.

수진 아빠     혼자죠. 배석하는 사람도 있긴 있었는데 대통령 혼자 반대에 서고 우리는 쭉 이렇게 둘러앉아 있었고 저쪽에 배석하는 사람들 있었고 그렇게 했죠.

면담자     예, 그래서 아까 전에 질문은 이준석 선장이나 유병언 전 회장에 대해서 초점을 당시에는 많이 맞추어졌었는데, 그 말씀을 하시다가 이 이야기가 나왔습니다.

수진 아빠     이준석 선장은 당연히 사고 당시에 모든 걸 결정하고 실행할 수 있는 최고 책임자였거든요. 그런데 자기 의무를 다하지 못했고, 그 의무를 하지 못한 이면에는 여러 가지 의문이 많잖아요. 그리고 구조되고 난 뒤에도 해경 집에서 잤다든가 이런 식으로 여러 가지 의문점이 많은 상황이었기 때문에 언론이라든가 우리 가족들이 주시를 하고 있는 상황이었고, 유병언은 저희들은 듣도 보도 못한 사람이었어요 사실은. 유병언이 누군지도 몰랐고 그랬었는데, 정부에서 유병언 쪽으로 어떻게 보면은 세월호 참사의 시선을 돌리기 위한 어떤 하나의 뭐랄까 방패막이? 아니면은 가게로 말하면은, 업소로 말하면은 바지 사장 이런 식으로 뭔가 정부의 잘못을 떠넘길 만한 그런 게 필요했겠죠, 도구가. 그게 아마 유병언이라고 생각하거든요.

그래서 가족들은 듣도 보도 못한 유병언이 갑자기 튀어나오고 세월호 참사가 유병언이하고 관련이 많다고까지 여론이 몰아가고 하니까 저희들은 거의 냉소적이었죠. 쉽게 말하면 우리들이 흔히 쓰는 말로 "뭔 개소리야", 그 정도까지. 그리고 모든 언론이 유병언 잡는데 생중계하고 십 며칠 동안 유병언이 시신, 백골이 발견될 때까지 집중적으로 그런 여론이 형성이 됐을 거예요. 그것도 정부에서, 청와대에서 시켰겠지만, 그런 거 봤을 때 저희들은 전혀 안 믿었죠 사실. 지금도 '유병언이 어디 살아 있을 거야', 그렇게 생각하고 있어요, 가족들은. 말도 안 되는 그런… 며칠 만에 백골이 될 수도 없고 시신이. 거기서 발견된 게 최대한 국과수가 DNA가 맞다고까지 했지만은, 뭐 국과수도 정부 입맛에 맞춰서, 대법원도 정부 입맛에 맞춰서 판결을 하는 마당에 국과수 감정 결과 고치는 거야 일도 아니잖아요? 그렇게 봤을 때 저희들은 전혀 안 믿었죠.

면담자    그때 당시에도 그렇게 생각하셨어요?

수진 아빠        그때 당시에도 쇼한다고 생각했으니까요.

## 8
## 4·16특별법 제정 촉구 활동과 그 당시 국회 상황

면담자        예, 그렇게 해서 지금 버스 투어에 대한 이야기까지
나왔었고, 이제 7월 12일부터 4·16특별법 제정을 촉구하는 기자회
견이나 단식 농성이나 여러 가지 일들이 있었는데요. 그때에 대해
서 기억나시는 이야기를 좀 해주시면 좋겠습니다.

수진 아빠        12일 날 저희들이 국회 본청 계단을, 가족들이 몰려
가면 분명히 저지당하니까 두세 명씩 국회 산책하는 것같이, 구경
하는 것같이 산개를 했어요, 국회 전체를. 그리고 카톡으로 "시작,
하면 다 사방에서 몰려 올라가야지 성공한다"[고 알렸어요]. 그때는
본청 계단을 못 올라오게 통제하는 상황이었거든요, 국회 경비대
가. 우리가 주르륵 떼거리로 올라간다 해서 보내주진 않을 거잖아
요. "성공할려면은 최대한도로 사방에서 점거를 해야 한다" 해가지
고 말하자면 시간 정해가지고 '요이 땅' 해서 우루루 몰려갔죠 사방
에서. 그러니까 거기 지키는 의경들도 손쓸 틈도 없이 그냥 본청에
주저앉은 거죠. 그때부터 농성이 시작된 거예요. 이미 주저앉아 버
리니까 경찰 경비 병력을 동원해 갖고 물리적으로 내치지는 못하
더라고요, 그때 사회 분위기상.

그래서 그때부터 7월 12일부터 시작을 했고 그때 논의를 한 게 있었어요. 가족대책위는, 거기서 가족대책위를 꾸리고 있었으니까 위원장부터 해가지고 전부 다 거기 농성에 투입됐으니까는 "단순히 농성만 하지 말자. 어차피 국회는 안이고 보는 사람도 없다". 사실 그렇거든요. 국회 안에서 농성한다는 언론보도 없으면 아무도 몰라요, 농성을 하는지 밥을 먹고 자는지 캠핑을 하는지, 안에가 있기 때문에. "이걸 좀 알리자" 해가지고 저희들이 좀 강력한 방법으로, 특별법이 지지부진하게 되면 안 되니까 강력한 방법을 강구해 보자 한 게, 이제 삭발도 있고 단식도 있고 그런 게 있었거든요. 농담으로 막 "누구 한 사람 돌아가면서 분신할까" 이런 생각, 얘기도 했었고, 물론 농담 반 진담 [반]이었지만.

그래서 결정을 내린 게 "일단 그럼 차근차근 해보자. 단식 다음에 안 되면 삭발 단식, 안 되면 더 쎈 방법으로 하자" 이렇게 해가지고 처음에 한 게 단식이었어요. 단식 인원을 추린 게 15명. "열 명은 국회, 다섯 명은 광화문으로 가자". 그래서 국회만 할 게 아니고, 국회는 일단 입법기관에 압박을 주려면 국회도 해야 되지만, "이 세월호 참사의 그런 내용을 알리려면은 많은 사람들이 있는 좀 열린 공간으로 가야 된다" 해갖고 정한 게 광화문이거든요. 그래서 동시에 같은 날 인제 15일 날 광화문, 국회 단식을 [동시에] 시작을 한 거예요.

**면담자**          15일부터. (수진 아빠 : 네) 저희 기록이랑 약간 차이가 있는 게 14일부터 광화문 농성이 시작이 되었다고 (수진 아빠 :

14일이요?) 돼 있긴 하네요. (수진 아빠 : 날짜야 뭐…) 확인해 보면 될 것 같고. 그러면 국회에서 점거를 하시는 가운데서 거기서 회의를 통해서 이런 결정이 나온 건가요?

수진 아빠    네, 이제 모든 걸 다 회의를 통해서 하니까요. 국회 점거 농성 하고 가족들이 거기 다 몰려가 있는데 굳이 회의를 따로 안산에서 내려와서 할 이유는 없잖아요. 그래서 거기서 바로바로 해결을 하고 필요한 논의 사항 있으면 바로바로. 반 대표들이라든가 분과장, 그때는 부위원장이었지만 부위원장들도 거기에 다 투입되어 있는 상황이었기 때문에, 농성에. 바로 회의하고 싶으면 "모여라" 해가지고 한쪽에서 하고.

면담자    그럼 그때 부위원장들은 몇 명이 되는 겁니까?

수진 아빠    진상규명, 그다음에 장례지원, 심리생계? 한 네 명 정도 된 것 같아요. 그중에 장례지원단 부위원장이 수석부위원장이 됐죠, 김형기 씨라고 해화 아빠. 그리고 반 대표들 있었고.

면담자    그렇게 네 분 그리고 반 대표 (수진 아빠 : 위원장) 위원장.

수진 아빠    그다음에 대변인이 유경근 대변인.

면담자    네. 그럼 그때 당시 국회에서 회의를 한다고 하면, 다른 유가족들이 다 모여서 회의를 하는 것은 아니었군요. (수진 아빠 : 대표들만) 여전히 대표들만 모여서 회의를 하는 거였군요.

**수진 아빠**    그리고 그 회의 결과를 [밴드 등을 통해 유가족들에게 알리고 했죠].

**면담자**    이제 특별법에 대해 좀 이야기 나누도록 하겠습니다. 그 가족대책위에서 수사권, 기소권을 계속 주장했던 것에 더해서, 당시에 사실 팽팽하게 대립했던 거 아니겠습니까? 그런 상황 때문에 혹시 가족협의회 내에서 간부들 내에서 조금 협조적으로 나가야 되는 거 아닌가 하는 주장들이 나오기도 했었는지요?

**수진 아빠**    그게 인제 8월 중순, 하순… 그때까지도 일관된 가족대책위의 기조였고, 그게 너무 강력하게 막히다 보니까 특별법에 대한 진전도 없고 하니까 차선책, "수사권, 기소권에 준하는 내용이 특별법에 들어간다면 그 차선책도 고려를 해봐야 되지 않냐", 이런 얘기도 나오긴 나왔어요 사실은.

**면담자**    그게 언제부터 나왔다고 기억하십니까.

**수진 아빠**    그게 8월 하순 아니면 9월 초순 같아요, 그때 참여연대 회의에서 그 얘기가 나왔었거든요. (면담자 : 참여연대 회의에서?) 네. 김형기 수석부위원장이 그런 얘기를 했었거든요. "수사권, 기소권이 들어가면은, 당연히 우리가 원하는 수사권, 기소권이 들어가면은 좋겠지만 지금 너무 새누리당이 반대를 하고 특별법 진전이 없기 때문에 수사권, 기소권에 준하는 기능이 있는 내용이 들어간다면은 그것도 우리는 고려를 해봐야 한다" 이렇게 얘기를 했었거든요, 사실.

**면담자**　　　그때 당시 그런 김형기 수석부위원장의 발언에 대해서 다른 가족들이 반발했다거나 그러지는 않았나요?

**수진 아빠**　　반발은 아니고, 어쨌든 수사권, 기소권은 밀고 가는데 그런 것도 일단은 염두에 둬야 한다는 정도였기 때문에 반발은 안 했었죠. 어쨌든 수사권, 기소권이었으니까, 그때까지도.

**면담자**　　　그 결과로 여야 최종합의는 10월 달에 이루어지게 됩니다. 10월 말일이군요, 10월 31일에 이루어졌던 것 같은데, 특별법에 대해서 최종합의 됐던 10월 31일 날 그 결정에 대해서는 유가족들이 받아들이게 되잖습니까?

**수진 아빠**　　어쩔 수 없이 받아들였죠, 어쩔 수 없이. 수사권, 기소권이 포함된 특별법이 만들어지기를 고대를 하고 있었고 그래야만이 제대로 바뀔 수 있다는 생각을 하고 했었는데, 도무지 앞으로 나아갈 기미가 없고 시간이 자꾸 가면 갈수록 증거들은 없어지고. 그렇잖아요? 특별법에는 특별조사위원회를 구성한다는 내용이 들어가 있거든요. 그런데 "특별조사위원회가 활동을 할려면은 그나마 증거가 많이 있을 때에 활동을 해야만이 뭔가 조사를 하고 밝혀내더라도 밝혀낼 수가 있는데, 기간이 지나가면 지나갈수록 증거들이 사라지게 되면 특별조사위원회가 꾸려져도 과연 무슨 소용이 있겠느냐" 이런 생각, 이런 이야기들도 나왔었어요 사실은.

　　그리고 거기에 더해서 새누리당이 진짜 너무 완강하게 반대를 했기 때문에 특별법의 협의에 대한 진전이 없었던 것도 있었고, 거기에 더불어서 힘없는 야당이 중간자적인 입장을 취하면서부터도 더 그랬었고…. 사실은 특별법 협상을 저희들이 하는 게 아니거든요, 저희들은 그런 권한이 없기 때문에. 다만 입법기관인 국회의원들이 하는 거고 거기에는 여당이든 야당이든 간사들 관계자들이 하는 거기 때문에, 예를 들어서 협상 당사자인 새누리당은 말할 것도 없고 새정치민주연합이 난색을 표하면 진전이 없는 거잖아요. 특별법도 합의도 되지 않을뿐더러.

그래서 저희들은 가장 강력한 특별법을 원했지만은 저희들이 그런 권한이 없기 때문에, 협상에 임할 그런 자격도 없고 그랬기 때문에 굉장히 힘들었었죠. 거기에 더불어서 새정치민주연합도 약간 한발 후퇴하는 그런 태도가 보이면서, 왜 그냐면은 새정치민주연합도 어쨌든 특별법은 만들어야 되겠는데 우리 가족들이 원하는 특별법으로는 도저히 협상도 안 되고 한 발자국도 못 나가고 있으니까 부담도 많이 됐을 거 같애요. 그런 부분은 굉장히 많은 시그널을 가족들한테도 보냈어요, 야당이.

**면담자**   어떤 시그널을, 기억나시는 게 있습니까?

**수진 아빠**   그런 거죠. "수사권, 기소권 도저히 안 되겠다" 이런 거죠, "거기에 좀 상응하는 조치가 들어가는 쪽은 인정을 해야 되는 거 아니냐" 이런 식으로. 그런데 거기에 상응하는 조치가 있나요? 없잖아요, 수사권, 기소권을 상응할 만한 권한이 없잖아요. 기껏해야 조사권이고. 조사에 불응하면 과태료 1000만 원인가 그것밖에 없는데 그게 무슨 강력한 제재의 수단이 되나요? 안 되지. 더 더군다나 정부에서, 정부가 잘못한 걸 밝혀내야 되기 때문에 과태료 요금 내는 거야 뭐, 예를 들어서 "우리가 내줄 테니까 무조건 거부해", 아니면 "동행명령 발부하면 가지 마" 그럴 수 있는 거잖아요 얼마든지. 그렇기 때문에 수사권, 기소권을 원했던 건데 협상 대상자인 야당도 쪼금 발을 빼고 그랬기 때문에.

면담자        야당 의원들이 찾아와서 직접 설득을 하거나 그랬나요?

수진 아빠        그때 우리가 국회에 농성을 하고 있었기 때문에 찾아올 필요도 없었어요, 단식하고 있는 자리에 와서 얘기하면 됐으니까. 우리는 매일 출근하고 퇴근하는 걸 보잖아요, 본청에 있으니까. 그러면 들어가다가 건강 어떠시냐고 [의원들이] 이야기하고, 특별법 진전에 대해서 설명하러 나오고. 그때 김한길 대표나 안철수 대표도 나와가지고 특별법 진행 상황에 대해서 얘기하는 자리도 있었고, 본청 앞에 시멘트 바닥, 콘크리트 바닥에서. 근데 어렵다는 이야기는 하죠. "지금 진전이 너무 없다. 너무 완강하게 반대를 한다, 여론전도 펼치고. 그래서 이거 조금 가족들이 어느 정도 조금은 수정을 하든가 양보해야 하는 그런 것도 좀 생각을 해봐야 된다", 이런 식으로 얘기를 했으니까.

성과가 없잖아요. 새정치민주연합도 특별법을 만들긴 만들어야 되는데 가족들 완강하지, 정권 잡고 있는 새누리당 완강하지 중간에 껴서 뭐 할 게 없잖아요, 의석수도 적을뿐더러. 그랬기 때문에 굉장히 고민이 들었을 거예요 새정치민주연합도. 그래서 박영선 대표가, 우리는 야합이라고 했잖아요. 1차, 2차 특별법 회의했을 때 우리가 거부를 했고, 박영선 대표가 울기도 했고… 우리 앞에서 막 울었거든요, "저보고 어떻게 하라는 얘기냐" 하면서. 그런 비화도 있어요. 딴 사람들은 모르지만, 울었어요, 펑펑 울었어요, 자기 "이제 도저히 더 못 하겠다 힘들어서. 중간에 껴가지고" [하면서]. 2차 합의까지 저희들이 반대를 했잖아요. 그때 울었어요.

면담자    그런 야당 국회의원의 모습을 보셨을 때 당시에 어떻게 느끼셨습니까?

수진 아빠    국회는 의석수잖아요. 의석수기 때문에 그때 힘없는 야당의 모습을 보면서 참 안타깝기도 하지만은 막 성질도 나고. 우리나라 국민들이 진짜 정부를 견제하고 할려면은 국회에서만이라도 야당이 좀 힘을 써야 되거든요. 그래야지 정부가 잘못된 길로 가면 국회에서 제동을 걸 수 있고 하는데 국회뿐만이 아니고, 국회도 그때는 새누리당이 장악을 하고 있었고 정권도 박근혜가 새누리 당원으로서 잡고 있었고 하기 때문에, 입법부 행정부를 다 잡고 있고 또 지금에야 밝혀졌지만 사법부까지도 다 장악하고 있었기 때문에, 거의 뭐 야당이 지리멸렬한 모습… 그때 당시에도 안타깝게 생각한 부분이었었고.

    '우리나라 국민들이 이런 걸 조금 알고 제대로 투표를 했었어야 되지 않나' 이런 생각도 들고. 사실 저희들도 참사 이전에 정치에 관심도 없었고, 먹고살기 바빴으니까 그냥 그때그때 상황에 따라서 맞춰서 투표하는 정도였지 깊이 이 정권은 어떻고 이 당은 어떻고 그런 건 몰랐었잖아요? 지역적인 색에 맞춰서 투표를 한다든가 그런 거였지. 그때 당시 그랬던 게 나중에 참사가 일어나고 조금 면면을 들여다볼 수 있는 상황이 되니까 굉장히 안타깝더라고요. '아, 이래서 투표를 잘해야 되는구나'.

**면담자**　　　무조건 밉다거나 분노만 있었던 건 아니다는 말씀이신 거죠?

**수진 아빠**　　　하나하나씩 알아가는 상황 때였잖아요. 정치적인 부분이라든가 법적인 부분 이런 걸 참사를 겪고 나서 우리가 직접적으로 몸으로 뛰다 보니까 그걸 하나하나 배워가면서 저희가 활동한 거예요 사실은. 저희들이 일반적인 직장 다니고 맞벌이하고 애들 학교 보내고 이럴 땐 일반적인 보통 시민, 국민이었다가 지금 법으로 아니면은 행정적인 부분이라든가 그다음에 시민, 사회활동적인 부분이라든가 그런 걸 몸으로 겪으면서 하던 때였잖아요, 그때는. 생전 안 해보던 것들을 해보다 보니까 시행착오도 있을 수도 있고 판단 오류도 있을 수 있고, 그런 걸 겪으면서 지금까지 오게 됐거든요.

**면담자**　　　"몸으로 겪으면서 정치적인 것들을 익히셨다"라고 지금 얘기해 주셨는데, 이 시점이 사실 특별법 제정을 위한 굉장히 고통스러운 투쟁의 과정이었고, 이야기가 금방 풀리지 않는 시간이었는데요. 그때의 하루 일상 혹시 기억나시는지요?

수진 아빠    그때도 저희들도 단순히 단식만 하는 건 아니었어요, 피케팅도 하고 국회의원들 출근하는 시간 되면 저도 피케팅도 하고 퇴근하는 시간도 피케팅하고. 그다음에 "국회 본청 콘크리트 바닥에만 있지 말자" 해가지고 국회 경내를 돌기도 했어요, 피켓 들고 가족들이. 그 안에서 할 수 있는 건 다양하게 했죠, 어떻게 하든지 우리 가족들이 국회에서 이렇게 특별법 제정하려고 싸우고 있다는 걸 알려야 되니까. 그리고 광화문에서도 다섯 명이 단식하면서 알리고 있었고, 거기에 동조하는 분들도 단식도 많이 하셨잖아요. 지금 문재인 대통령도 그때 아마 단식했고, 의원으로서 그랬었죠.

면담자    아버님은 광화문과 국회를 다 오며 가며 하신 건가요? 아니면….

수진 아빠    저는 국회에서 했어요.

면담자    국회에서만 거의 계셨던 건가요?

수진 아빠    네. 국회에서 열 명이 하고 위원장은 나머지 아빠 네 명하고 광화문에서 하고, 그때 김병권 대책위원장. 또 유경근 대변인하고 저하고 인제 다른 아빠들은 국회에서 하고 끼리끼리, 그때 역할들이 다 나눠져 있으니까 그 역할에 충실하고. 그리고 아침에 일어나면은 딱히 단식장에는 단식하는 사람들이 지키고 앉아 있어야 하잖아요. 돌아다니는 것보다는 그 자리를 지키고 단식을 하는 걸 보여주는 게 효과적이기 때문에 화장실 외에는 가지는 않았죠, 어차피 거기서 먹고 자고 했으니까 콘크리트 바닥에서. 여름이라 모기장 쳐놓고 비 오면 비 맞고. 거기는 지붕이 없잖아요, 국회 본청은. 그러니까 본청 건물 살짝 나온 천막 외에는 지붕이 없기 때문에 비 오면 비가 다 맞거든요. 비니루[비닐]도 치고… 그렇게 생활했었죠.

**면담자**　　　단식했을 기간을 제외하고는 사실 제가 일상을 여쭤었는데, 이게 자녀를 잃은 고통도 사실 말로 표현하기 힘든 고통이거니와 원인을 알려달라고 하는 것도 잘 진전이 안 되는 상황이었잖습니까? 특별히 뭐 술에 기댄다거나, 아버님이 굉장히 몸에 이제 화가 많이 나는 거죠, 참을 수 없는 분노인데 이런 것들이 풀린다거나 '해소를 해야 되겠다' 이렇게 스스로 단도리를 하셨던 게 있을까요?

**수진 아빠**　　　그때 당시에는 많은 부모들이 가족대책위나 이런 활동에 대해서 적극적으로 나서는 상황이었기 때문에 술이라든가 이런 걸로 위로받을 상황이 아니었어요. 그런 걸로 이겨내는 상황은 아니었고 무조건 싸우는 거였거든요. 정부든 누구든 이렇게 싸우는 상황이었기 때문에 어디 가서 술 먹을 상황도 아니고. 왜냐면은 밖에서 자잖아요. 저희들이 농성을 하면 밖에서 자기 때문에 노출이 돼 있어요. 술 먹으러 다닌다든지 그런 거 할 수도 없고 오로지 밥 먹고 농성하고 피케팅하고 그런 행위를 하는 거. 그다음에 물론 농성에 참여를 못 하는 가족들은 심리적으로 상태가 굉장히 불안정하고 또 그런 생각을 할 수도 없고. 하겠다는 생각보다도 아이를 잃은 고통에, 슬픔에 바깥에 못 나가고 했던 아빠들이나 엄마들은 집에서 잠을 못 자니까 술로라도 먹고 잠을 자고 수면제로 잠을 자고 그랬었겠죠. 근데 밖에서 활동하는 부모들은 그런 걸로 마음을 추스른다든가 그런 건 없었어요. 오로지 거기서, 그냥 말하자면 우리가 바라는 특별법이라든가 원하는 거를 주장하는 데 신경을 쏟았기 때문에 그런 걸로 생각은 미처 못 했죠. 저 같은 경우는 술, 담배를 안 하기 때문에 더더[욱이] 생각을 안 했었고.

면담자      그때는 다른 자녀들이나 사모님 같은 경우는 어떻게, 보거나 챙기거나 하는 건 어떻게 이루어졌습니까?

수진 아빠      일단 우리 집은 미성년자가 없기 때문에 딱히 학교를 보낸다든가 그런 상황이 아니었었기 때문에, 저는 전적으로 이 일에 반 대표로서 매달렸고 집사람도 같이 활동을 했지만은 집사람은 활동하고 집하고를 연결을 했어요. 저 같은 경우는 단식하면서 국회에서 아예 살았지만, 집사람은 2, 3일에 한 번씩 집에 갔다 온다든가 이런 식으로. 각 가정들이 그런 식으로 했거든요. 특별하게 집에다가는 신경을 안 썼어요. 애들이 다 컸고 저희 애들이 다 알아서 하기 때문에, 특히 여자아이들이기 때문에 그런 큰 걱정은 안 했었죠, 다른 집하고는 좀 [달리] 그래도 활동에 전념하기가 좋은 상황이었고. 다른 집은 아직 중학교 다니는 애들도 있고 초등학교 다니는 동생들도 있고 해가지고 한 사람은 돌봐야 되는 상황에 있는 집들이 많았었거든요, 나이대가 있다 보니까. 그래서 그런 집은 아빠든 엄마든 한 사람이 적극적으로 하고 한 사람은 집안 돌보면서 같이 참여하고 이런 식이었어요.

## 9
## 대리기사 폭행 시비 사건과 농성장 철수

**면담자**      법 얘기를 한 김에 마저 이야기를 이어가자면 11월 7일에는 소위 세월호 3법, 그래서 4·16특별법, 정부조직법, 유병언법 이렇게 세 개가 국회 본회의를 통과했었습니다. 그래서 유가족들이 '이걸 존중한다'[는] 의사를 이야기하고 그다음 날 국회 농성장에서 철수하기도 했는데, 요 즈음에 관련해서 또 이야기해 주실 게 있으시다면요?

**수진 아빠**      바로 그다음 날이라기보다는 좀 며칠 있었죠. 며칠 있고, 물론 전체적인 가족들은 다음 날인가 그다음다음다음인가 그동안에 거기 깔았던 매트리스라든지 다 걷고 물청소까지 다 해줬어요. 다 해주고 철수를 했고, 거기 한 명인가 남겨놨죠. "조금 지켜봐라" 해가지고 그때 며칠 더 있었고. 그게 김민석 아버지 김우봉인가 그럴 거예요 아마, 김우봉 씨라고…. 며칠 혼자 더 지키고 있었죠, 국회를.

그러고 나서 그때 보면 사실 반쪽짜리잖아요. 수사권, 기소권이 빠진 특별법이 제정이 됐다 보니까 반쪽짜리 특별법이지만 그래도 일단은 조사라도 시작할 수 있는 계기가 된 법이고… 특별법이 쪼끔은 미진하지만 '특조위에서 제대로 뭔가 바꿀 수 있지 않을까?' 그런 기대가 있었기 때문에. 그리고 워낙에 진전이 없었고 7월 달부터 시작해 가지고 7, 8, 9, 10, 11월 벌써 5개월을 지지부진 협상만 하고 진전이 없다 보니까 가족들도 굉장히 쪼끔은 지쳐가는 상태. 거기에 야당도 한발 뒤로 물러나는 제스처도 취하고 있고, 거기에 여당은 더 강력하게 안 된다고 거부를 하고 있는 상황이다 보니까 돌파구가 없었어요. 그러다 보니깐 '최대한도로 조사 권한을 갖고 할 수 있는 특조위를 만들고, 거기에 위원장은 가족들이 추천하는 인사를 하자' 이런 내용을 포함시키게 된 거죠.

면담자      시간이 지나면 지날수록 가족 간부들 내부에서 그런 것들을 받아들일 수밖에 없는 분위기로 점차적으로 바뀌었다 이렇게 이해하면 되는 걸까요?

수진 아빠      그렇죠. 왜 그냐면은 그런 결정을 각 위원장 이하 부위원장들, 반 대표들이 모여서 논의를 하고 그걸 가족들한테 전달을 하고 동의를 구하는 형태였기 때문에… 회의를 거쳐서 그런 분위기가 형성이 되고 또 받아들일 수밖에 없는 상황이 됐다고 인지를 하고 가족들한테 그런 전파를 했으니깐요. 먼저 임원들이 그런 걸 받아들이고 가족들한테 이야기하고 가족들도 어느 정도는… 물론 반대하시는 분들도 있었을 거예요. 워낙에 많은 분들이 계시기 때문에 250가정이면은 엄마, 아빠로 치면은 500명이거든요. 그러면 그중에서 "이해한다" 아니면 "난 절대 이해 못 한다. 수사권, 기소권으로 가야 된다" 이렇게 얘기하시는 분들도 있지만, 대체적인 분위기는 '그래, 지금 이 상황에서 더 이상 아무런 한 발자국도 못 나가는데 어떻게 하든지 빨리 조사는 시작해야 되는 거 아니냐', 이런 생각도 있었을 거예요.

**면담자**    1반 부모님들은 특별히 거기에 대해서 아버님께 불만을 표출하신다거나 이런 분은 없었나요?

**수진 아빠**    네 없었어요, 저희 1반 같은 경우엔.

**면담자**    설명은 어떻게 카카오톡이나 이런 것들 통해서 알리셨나요?

**수진 아빠**    그때 당시에는 어차피 농성장에 거의 다 있었으니깐요. 반별로 부모님들이 거기 현장에서 설명을 하고 그다음에 밴드로, 밴드로 또 설명을 하고, 각 반에서도 반에서 운영하는 반톡이 있고 밴드가 있기 때문에 그런 걸로 다 알렸죠.

**면담자**    다음으로 특조위 유가족 추천위원, 요 얘기를 이따가 하고, 저희가 11월 초에 농성장에서 나오는 그 과정을 여쭈었는데요. 그에 앞서서 9월 17일 날 대리기사 폭행 시비 건이 있었습니다. 그 얘기 좀, 어떻게 느끼셨는지….

**수진 아빠**　　　그 전에 며칠 전에 KBS에서 여론조사를 한 게 있었어요. 뭐냐면 특별법에 수사권, 기소권이 포함되어야 된다는 데 찬성하는 사람이 60프로가 넘었었거든요, 여론조사가. 그걸 KBS에서 뉴스에 보도한 적이 있어요. 반대한 사람이 이십몇 프로, 모르겠단 사람이 몇 프로 이런 식으로 해가지고, 수사권, 기소권이 포함돼야 된다는 프로테이지가 60프로 넘었거든요, 거기에 굉장히 가족들도 힘도 받았었고. 그러고 나서 며칠 있다가 대리기사 폭행 사건이 일어났거든요. 저 같은 경우에는 자고 아침엔가 그 소식을 들었어요, 연락이 와가지고. 난리 났죠 뭐. 가족대책위 위원장 이하 부위원장 다 포함돼 있으니까.

　　　그래서 나가보니까 정황을, 정황상 들어보니까는 좀 미심쩍은 부분도 있고, 김현 의원도 그때 당시 어떻게 상황이 흘러갔는가에 대해서 이제 받은 내용에 보니까는 '뭔가 쪼금 냄새가 나긴 나는데' 이런 생각도 했었어요. 왜 그냐면은 2014년도 참사 때부터 진도체육관에서부터라든가 팽목항에서부터 정보원들의 많은 활동 그런 걸 많이 봐왔잖아요? 그런 상황에서 또 "어떤 아빠는 괴한들이 쫓아와 가지고 산으로 도망갔다" 이런 얘기도 들었었고, "그게 국정원 요원들이더라" 이런 얘기도 들었기 때문에, 유병언 때도 마찬가지지만… 그 대리기사 폭행 사건을 딱 전말을 조금 보니까 '이거 좀 이상한데, 냄새가 나는데', 이 생각을 하게 되더라고요.

면담자　　　　　보자마자 대번에?

수진 아빠　　　그 대리기사 폭행 사건이 어떻게 났는지를 내용을
쪼금 전달받았을 때, 처음에는 단순하게 그냥 '대리기사하고 뭔 다
툼이 있었나?' 이렇게 생각을 했었거든요, 그런데 내용을 딱 보니
까 '왜? 조금 이상한데? 왜 김현 의원한테 자꾸 그런 얘기를 했으
며, 갑자기 또 나타난 사람들을 또 모으고 그때 당시에… 그러고
왜 그 사람들이 종적을 감췄을까? 사건을 만들어놓고', 이런 생각
도 들고 하다 보니까 이상한 생각이 드는 거죠. 그래서 가족들은
그렇게 생각했어요. 물론 그런 계기를 만든 건 잘못이지만 또 그렇
게 공작을 할 수도 있고…, 저희들은 무슨 일만 일어나면 "국정원
아냐?" 이렇게 얘기를 했었거든요 입버릇처럼.

　　그래서 '분명히 그런 어떤 공작의 관여가 있을 수도 있을 것이
다. 물론 대리기사 부른 거는 맞는 거고 폭행한 건 맞는 거지만, 그
런 계획에 아마 당했을 것이다', 이렇게 생각을 했었어요. 근데 일
단은 이미 전 언론에서 떠들고 있었고 그래서 며칠 전에 61프로였
던, 60프로가 넘었던 그 여론이 25프로 이런 식으로 내려가 버렸으
니까. 그니까는 터닝 포인트가 된 거예요, 가족들에 대한, 특별법
에 대한 인식이 안 좋아지게 된 게. 가족들에 대한 인식이 안 좋으
니까 특별법에 대한 인식도 안 좋아지죠. 그게 한 20프로대로 내려
간 터닝 포인트가 그거, 대리기사 폭행 사건 이후로, 나중에 여론
조사 했을 때 그렇게 나오더라고요.

수진 아빠 김종기

면담자    그렇게 바뀐 결과를 당시에 보시면서 어떤 생각이셨나요?

수진 아빠    안타까웠죠. 저희들이 그렇게 국민적인 지지를 받아도 새누리당의 반대 때문에 지지부진하고 있는 이때에 오히려 이런 사건으로 해서 우리 가족들이 국민들로부터 지지를 철회당하고 힘이 약화되는 상황이 딱 도래하니까 더 우리가 힘을 못 내잖아요, 동력이 약화되고. 그래서 그런 부분에 있어서는 화도 나고, 진짜 응? 국회에서 농성하고 있는 가족들하고 같이 있을 것이지, 물론 아무리 도와주는, 그때 김현 의원이 적극적으로 도와줬거든요. 김현 의원이 밥을 사고 술을 산다고 거길 간 것 자체도 조금은 화가 났었고 이해가 안 됐었고. 그렇지만은 가족들이기 때문에 그래도 포용을 하고, '물론 니네들도 잘못이지만은 그런 계획을 짜가지고 그런 계획 속에 들어오게 끌어들인 정부, 아마 국정원도 잘못이기 때문에 충분히 이해를 한다. 사람은 한 번 실수도 있는 거지', 이렇게 생각을 했었죠.

면담자    술 산다고 간 것?

수진 아빠    아마 밥 먹으러 갔을 거예요. 밥 먹으러 갔다가 술도 같이 한잔하게 되고 대리기사를 부르게 된 거죠.

면담자    가고 이렇게 되고 폭행 사건이 나고 그런 것들에 대해서, 뭐 사실 있을 수 있는 일이라고도 생각을….

**수진 아빠**　　그쵸, 일반적인 사람들 같으면은 충분히 백번 있을 수 있는 일인데, 사실 저희들은 그때 유가족이잖아요. 안 좋은 일로 해서 스포트라이트를 받게 되는 입장이 되어 있었기 때문에 가족들은 일거수일투족을 굉장히 조심했어야 되는 거거든요. 근데 그걸 제일 잘 아는 간부들이, 위원장 이하 부위원장들이 그렇게 어떤 계략이든 뭐가 됐든 거기에 대해서 연루됐다는 게 가족들은 굉장히 실망을 했고 화가 났었죠. 그렇게 몸조심하라고 가족들한테 얘기했던 사람들이 그렇게 당했으니까.

**면담자**　　그 몸조심하라는 말씀에는 여러 가지 의미가 있잖습니까?

**수진 아빠**　　그렇죠. 어떠한 자리가 됐든, 예를 들어서 기자가 됐든 정치인이 됐든 사사로이 접촉하고 하다 보면은 어떤 일이 휘말릴 수가 있거든요. 그래서 항상 가족들은 어딜 가든지 몸조심해야 되고 누구를 만나든지 조심해야 된다는 걸 항상 가족들한테 얘기를 했거든요 저희들이.

**면담자**　　참사 초기부터요?

**수진 아빠**　　아마 국회에 농성할 때부터였을 거예요 아마 그게, 그때부터는 집중적으로 저희들이 조명을 받았기 때문에. 5월 8일 날 그렇게 한 번 저희들이 농성하고 거의 뭐 사회 1면을 장식하고, 그 뒤로 좀 뜸하다가 간간이 특별법 서명 그걸로 소식 [전]하다가 국회 점거하고 광화문 단식 하면서부터 집중적으로 조명을 받았잖아요. 거기에 정치권들도 참석하고 유명 인사들도 단식에 동조하고 하다 보니까, 거의 뭐 저희들은 어떻게 보면은 준연예인이 된 거죠, 스포트라이트를 받을 수밖에 없었기 때문에. 그런 상황에서 가족들한테 그런 점을 주지를 시키고 조금은 몸가짐을 조심해라 하는 얘기를 많이 했었거든요 사실은, 언제 휘말릴지 모르니까. 그런데 그 당사자들이 간부들이 됐다는 게 굉장히 가족들은 화가 났었고, 이 사태를 어떻게 수습해야 할지도 처음에는 막막했죠…, 답이 없었으니까. 그래서 그 사건이 있은 뒤로 일단 연루된 위원장이라든가 전부 사퇴를 했고, 인제 공백이잖아요. 아무도 없잖아요. 그래서 제가 새로운 위원장이랑 뽑을 때까지 제가 임시위원장직을 맡아서, 반 대표장이었기 때문에, 했었고.

면담자   임시위원장은 얼마나 하신 겁니까?

수진 아빠   한 3, 4일 정도 했을 거예요. (면담자 : 3, 4일?) 왜 그 냐면은 빨리 선출을 해야 됐었기 때문에…. 가족대책위를 꾸려나 갈려면은 빨리 위원장이라든가 그 관련 부위원장들이 있어야 되잖아요. 그래서 한 3, 4일 정도만 더? 며칠 됐을 거예요. 며칠 맡아서 하고 위원장 다시 뽑고 그렇게 했던 거 같아요. 대변인은 그대로인 거고 관련된 자리만 뽑으면 됐었으니까.

면담자   이때 새로운 위원장 되신 분이?

수진 아빠   전명선, 지금 위원장…. 그때는 임시였어요 임시. 남은 기간 하는 위원장이었고, 2015년도 1월 25일 날 조직개편하

고 사단법인 체제로 조직 만들면서 다시 선출이 된 게 전명선 집행
위원장하고 아니 운영위원장하고, 유경근 집행위원장 이렇게 체제
로 조직을 개편을 한 거죠, 두 위원장 체제로.

면담자     아버님은 그때 화도 나고, 대리기사 시비에 따라서
특별법에 대한 여론이 악화되는 것을 보시면서 화도 많이 났다고
하는데, 다른 유가족들도 다 같은 반응이었을까요? 거기에 대해서
좀 다르게 이야기하신다거나 하신 분은 없었을까요?

수진 아빠     거의 대동소이할 거예요, 저보다 화를 더 냈으면 냈
지 덜 내지는 않았을 거고. 물론 같은 간부로서 저희들은 이해하는
부분이 더 있잖아요 사실. 왜 그냐면은 간부들은 또, 특히 위원
장이라면은 정치권에 있는 사람들을 만나야 될 상황도 있을 것이
고 장관을 만난다든가 시장을 만난다든가 그런 거는 비일비재했거
든요, 그때. 그때는 제가 김병권 위원장하고 같이 자주 다녔으니까
그런 걸 잘 아는데, 일반 가족들은 그걸 잘 모르고 그럴 기회도 없
기 때문에 그런 상황이 됐다는 거에 대해서 더 아마 화를 냈겠죠.
'어떻게 처신하고 다녔길래……', 그래서 저보다 더했음 더했지 덜
하지는 않았을 거예요, 그런 심정들이. (면담자 : 근데 아버님은) 근
데 저는 어느 정도 알고, 또 알고 있는 부분들이 간부를 하면서 많
이 있기 때문에, '이게 뭔가 조금은 정부의 간섭이 있었겠구나' 하
는 생각이 언뜻 들었죠.

# 10
## 선체 수색 중단과 미수습자 가족

면담자     11월 11일이 아홉 명 남기고 선체 수색이 중단됐던 날이었던 것으로 파악됩니다. 그리고 세월호의 이준석 선장이 징역 36년을 1심에서 받았던 때도 11월 초인데, 이때 관련한 일들에 대해서 특별히 기억나시는 게 있으신지요?

수진 아빠     있죠. 진도를 내려갔어요, 실내체육관에 위원장이랑. 그때 전명선 위원장이 되고 내려가서, 임원들도 내려갔고, 내려가서 가족들이랑 내려갔었어요 버스 타고, 버스 대절해 가지고. 그런 얘기들이 있었어요, 수색 중단 얘기도 있었고. 해서 11월 며칠 전에 그때 9일인가 10일인가? 아마 그 얘기를 진도에 내려가서 만나고, 미수습자, 실종자죠 그때는 실종자라고 했어, 실종자 가족들한테 이야기를 했죠, 수색 중단 기자회견 하지 말라고. 기자회견 한다는 내용에 있어서 수색 중단한다는 내용으로 하지 말고 좀 더 적극적으로 해달라, 독려하는 그런 기자회견을 해달라고 했는데, 11일 날 중단 기자회견을 하고…. 〈비공개〉

　저희들이 진도체육관에서, 실종자 가족들이 대책위에다가 요구를 많이 했었어요. "힘 좀 실어달라. 모르는 척하지 말고 힘 좀 실어달라" 했는데, 사실은 우리가 위에서[안산에서] 더 적극적이었죠(침묵). 그래서 (면담자 : 좀 더 이야기해 주실 수, 힘 좀 실어달라는 이야기가 어떤 말씀입니까?) 그때 한 20여 가정 남았을 때였어요. 진도실내체육관에서 20여 가정 남아 있었고 수색 구조 중단 전에. 남았을 때, 20여 가정이 그 넓은 체육관에 있으니까 너무 쓸쓸하고 진짜 무섭고 그러니까 가족들이 쪼끔 와주면 안 되겠냐 해가지고 요청이 들어와서, "당연히 가야 되지 않냐" 해가지고 한 두 개 반 정도 짝을 지어서 2박 3일로 돌아가면서 로테이션 돌아가게끔 한 적이 있어요. 그래서 가서 위로도 하고 같이 있어 주고 그걸 좀 했었거든요.

그러다가 기간이 지나면서 그때 10월? 6개월 정도니까, 10월 달 정도에 각 회사별로 연락이 왔었어요, '복직을 할 거냐 퇴사를 할 거냐'. 참사로 인해서 휴가를 준 게 6개월이거든요, 기간이. 그래서 아마 10월 달에 연락이 온 걸로 알고 있어요. 그때 당시에 복직을 한 사람도 있고 했다가 그만둔 사람도 있고, 못 견디고, 아예 퇴사를 한 사람도 있고 그렇거든요. 그래서 2박 3일로 다니다가 1박 2일로 기간, 날짜를 줄이고 로테이션 기간을. 그렇게 해가지고 진도실내체육관에 애들을 찾았던 유가족들은 실종자 가족들한테 안산에서 버스 타고 왔다 갔다 했었어요 사실은.

그리고 수색 구조 할 때 저희들이 그 방법을… 아무런 성과가 없잖아요. 아홉 명 남겨놓고는 수색을 해도 뭐 성과도 없고 그게 몇 달 지났을 상황이었었는데, 사실은 가족대책위가 거기에 손 놓고 있었던 게 아니거든요. 다방면으로 수색 구조를 좀 더 오래 하고 조금 효과적으로 할 수 있는 방법을 생각했는데, 그때 당시에는 들어가면은 얼마 있지 못하고 나오는 그런 방식이었거든요, 수색 활동이, 워낙에 깊이 있다 보니까. 그래서 저희들이 생각한 게 바지선에서 세월호까지 통로를 연결해 가지고 그 통로로 왔다 갔다 하는 거예요, 그럼 외부도 유수, 유속에 상관없이 24시간 할 수 있으니까. 그 방법까지 저희들이 단면도 그리고 해가지고 그걸, 이완구구나 이완구… 그때 여당 대표가 이완구죠? (면담자 : 국무총리 했던) 네. 이완구 여당 당대표한테 전달까지 했어요. "이런 방법도 있다, 수색 활동 하는데. 24시간 상관없이 유속에 관계없이 할 수 있다". 그렇게까지 했었거든요. 〈비공개〉

뭐, 저도 그때 당시에는 저희 1반이 해당되는 날짜에는 전 항상 내려갔었거든요. 어느 농성장이든 현장이든 안 빠지고 갔었으니까, 거기 진도 간 것도 마찬가지였죠. 〈비공개〉 그다음에 범대본[세월호참사범정부사고대책본부]이라고 진도군청에서 매일 9시에 하는 회의가 있어요. 관계 부처들하고 그래 갖고 거기에도 들어가면은 "아무 말도 하지 말고 자리만 지켜줘라. 얘기는 우리 실종자 가족들이 할 거니까"[할 정도로 신경이 날카로워져 있었어요]. 〈비공개〉

우리가 한 거에 비해서 자기들이 애를 못 찾고 있는 기간이 길어지고, 그러다 보니까는 스트레스도 극심하고 〈비공개〉 그런 상황에 수색 종료도 해버리고. 〈비공개〉

면담자      10월 달에 2, 3일씩 내려가다가 이제 아버님들이….

수진 아빠    9월 달 정도였을 거예요. 9월, 10월 그 정도였을 거예요.

**면담자**　　그니까 '힘 좀 실어달라' 해서 내려가기 시작한 건 9월 달 때부터 이미 있었던 건가요?

**수진 아빠**　　정확한 달수를 모르겠는데, 아마, 8, 9, 10 그 정도이지 않을까 싶어요, 왜 그냐면은 7월 달에는 전국 버스 투어를 했으니까. 글고 농성을 7월 달에 시작했고 8월 달 이어서 9월, 10월이지 않을까 생각이, 정확하게 기억이……

〈비공개〉

　　왜 그냐면은 우리들은 애들을 찾고 올라[와] 있는 상태고 그 본인들은, 한 20여 명 되는 본인들은 애를 못 찾고 그러고 있었는데. 아마 그때 당시에는 20여 명도 안 됐었고 한 열 명에서 아홉 명 정도 됐을 거예요. 황지현이가 8월 달에 올라왔나? 맨 마지막으로 올라온 게 황지현이거든요. 그때가 아마 '수색을 그만해야 되는 거 아니냐' 하는 말들이 나오기 시작한 때였어요, 황지현이가 올라올 때가 (면담자 : 그즈음에) 네. 그런데 지현이가, 왜 그냐면은 성과가 너무 없으니까 몇 달 동안 성과가 없으니까 인제 더 이상 찾을 방법이 없으니까, 성과도 없고 그러니까 "그만해야 되는 거 아니냐" 이렇게 했을 때 지현이가 딱 올라왔거든요, 지 생일날. 그래서 지현이 그거를 보면서 '아, 지현이가 그래도 수색 그만두지 말라고 얘기하러 왔구나', 이렇게 생각까지 했어요, '고맙다 지현아' [하고]. 이렇게 지현이가 올라오는데 수색 종료하잔 얘기가 나오겠어요? 쏙 들어갔지.

수진 아빠 김종기

# 11
## 세월호 수습에 대한 기술적인 논쟁과 인양 문제

면담자    네, 수습 얘기가 나온 것과 즈음해서 가족들, 현지에서 수색을 했던 민간 잠수사 그룹이 있었고 그리고 해경이나 아님 UDT 맴버들도 있었고, 여러 민간 잠수사들 관해서도 이런저런 옥신각신들이 있었습니다. 다이빙벨을 들고 올 거냐, 에어포켓 이야기, 이런 수습에 관련된 기술적인 문제에 대한 논쟁이나 논의들이 많이 있었습니다. 그런 것들에 대해서 좀 혹시 기억나시는 게 있으면 말씀해 주세요.

수진 아빠    그때 당시에는 다이빙벨이 그렇게 사정이, 이해관계나 그런 내용이 있었는지 저희 가족들은 몰랐죠. 그런 내용을 누가 얘기해 준 사람도 없었고, 해수부나 해경이나 다이빙벨 그 사장이나 그런 사람들만 알고 있었지 우리가 그 전쟁터 같은 와중에 그런 내용까지 전달받을 수도 없고 알려고 할 이유도 없잖아요. 우리는 다만 그런 방법이 있으니까 "투입해야 된다" 하고 요구만 하고 있는 상황이었고, 전에 말씀드렸다시피 머구리도 머구리로 활동하는, 수색하는 활동하는 방법도 우리들이 알아가지고 "머구리, 빨리 머구리 방식으로 해라. 산소통 하나 메고 들어갔다가 나오지 말고" 그랬던 거였었고. 그런 방법에 대해서는 많은 얘기를 했었고 많은 방법을 요구를 했었지만은 된 게 하나도 없었어요. 된 게 하나도 없었고, 그랬기 때문에 나중에 안 사실이지만 "에어포켓에 공기 주

113
·
2회차

입해야 되는 거 아니냐" 해가지고 '공기 주입한 것도 나중에 그게 공업용 산소였고 그것 때문에 배가 더 침몰, 더 완전히 가라앉게 된 계기가 되네', 이런 것도 그때는 알지도 못했었고, 그런 상황들 이었었어요 그때는.

**면담자**　　　그럼 이때 하반기로 넘어가는 거죠? 가을에서 겨울 넘어가는 시점까지도 수습에 대한 기술적인 이런 것에 대해서는 크게….

**수진 아빠**　　　얘기했다시피… 이왕 우리가 수색에 대한 진전이 전혀 없어서 그런 여러 가지 방법도 저희들이 찾아보고, 아까 말씀을 드렸듯이 바지선에서 세월호로 통로를 만들어가지고 잠수사들이 통로로 왔다 갔다 하는 방법까지도 저희들이 연구를 했었고 그랬었던 상황이었어요 사실은, 특별법이 통과되고 나서도. 그랬다가 수색 종료하는 바람에 수색 구조 활동 해달라는 용건이 없어져 버린 거죠, 실종자 가족들이 중단을 선언했으니까. 그래서 다음에 생각한 게 '그럼 빨리 인양해야 되겠다' 그거였죠. 수색 구조 활동 할 때 '인양' 자에 '인' 자만 입 밖에 꺼내도 역적이었어요, 그때 분위기 는. '아니 애가 있는데, 애들이 저 안에 있는데 어떻게 인양을 해. 그러다가 유실되거나 손상되면 어떻게 할라고', 이거였거든요. 그 렇기 때문에 그 누구도 '인' 자를 입에 못 담았어요. 근데 수색 구조 가 종료되면 방법은 하나잖아요, 인양. 그랬을 때 우리는 인양하라 는 얘기를 꺼내고 있었죠. 수색 종료 하고 나서 얼마 안 돼서, "방법은 하나밖에 없다. 인양이다". 그래서 요구를 했는데 해수부에서는 해양 상태도 점검해야 되고 그것도 조사를 해봐야 된다 해가지고 또 몇 달 끌었잖아요.

**면담자**　　　미수습자 가족들은 인양 초기 이야기 나올 때 입장이 어땠다고 기억하십니까?

**수진 아빠**　　　입장은, 미수습자 가족들도 인양 입장은 표명했어요, 기자회견문에서. 세월호 수색 구조 활동이 지지부진하고 그러니 수색 중단은 하드래도 최후의 방법인 인양을 통해서라도 해줬으면 한다는 그런 내용이 들어가 있거든요, 11월 11일 날 기자회견문에. 그래서 인양에 대한 거는 인식은 똑같았죠, 인양을 해야 된다는 거. 박근혜 정부가 비용이라든가 이런 걸 여론조작 해가지고 여론전을 펼쳤잖아요? 세금 1000억 들어가니, 2000억 들어가면 그냥 바다에 묻어야 된다느니 이런 식으로 여론 펼치고. 그럴 때 저희들은 인양하고 그다음에 시행령하고 같이 투 트랙으로 가족, 그때는 1월 25일 날 체제가 가족협의회 체제로 변했으니까, 가족협의회로 해가지고 가족협의회[가] 투 트랙으로 인양하고 시행령 폐기 이걸 적극적으로 주장하고 나서게 된 거죠.

**면담자**　　　그럼 그 이전까진 얘기가, 이제 인양 얘기가 나오기 시작하다가 해 바뀌어서 2015년 1월 25일 즈음에는 이렇게 "투 트랙으로 가자"라고 정비가 되는 건가요?

**수진 아빠**　　　그렇죠. 왜 그냐면은 진상 규명의 방법, 증거가 되는 세월호가 일단 인양이 돼야지, 과연 잠수함하고 부딪쳤단 그런 얘기가 수도 없이 나왔잖아요, 그런 것도 밝힐 수 있고. 그렇기 때문에 나머지 실종자들도 수습을 해야 되고 그다음에 이 세월호가 침몰한 원인도 제대로 밝히려면 인양밖에 없잖아요, 그니까 진상 규명의 일환으로서도 인양은 필요했었고. 그게 특별법 제정한 시행령을, 인제 말하자면은 거의 모법인 특별법을 무력화시키는 시행령이 만들어진다는 얘기를 저희들이 들었기 때문에, 해수부가. 그거에 대한 반대, 쓰레기 같은 시행령 폐기하라는 우리 가족협의회 기조 하나. 그 두 가지였죠 가장 큰 줄기는, 그때 당시.

## 12
## 마무리 인사

**면담자**　　　이 얘기가 자연스럽게 가족협의회가 정식으로 개최가 되고 인양, 시행령 폐기 얘기, 이 얘기는 이제 특조위가 구성이 되고 특조위를 어떻게 운영할 건가에 대한 문제를 시행령 문제와 결합시켜서 얘기가 좀 다른 장으로 넘어가는 양상이 있기 때문에, 오늘은 구술을 여기까지 하고 다음 구술에서 이제 12월부터 특조위 유가족 추천위원에 대한 이야기들을, 이런 것들로부터 이야기를 좀 이어서 해보도록 하겠습니다. 오늘 수고 많으셨습니다.

**수진 아빠**　　　네. 수고하셨습니다.

# 3회차

2018년 10월 18일

# 1
## 시작 인사말

**면담자**　　본 구술증언은 4·16 사건에 대한 참여자들의 경험과 기억을 기록으로 남김으로써 이후 진상 규명 및 역사 기술에 기여하고자 합니다. 지금부터 김종기 씨의 증언을 시작하겠습니다. 오늘은 2018년 10월 18일이며, 장소는 안산시 단원구 4·16기억저장소입니다. 면담자는 이봉규이며, 촬영자는 문향기입니다.

# 2
## 국회 농성 당시 접했던 의원들, 그리고 청운동 시위 당시 있었던 일

**면담자**　　지난번에 수중 수색 종료되는 시점 즈음해서까지 이야기들을 얘기해 주셨는데요. 그래서 지금이야 미수습자 가족으로 불리시는 그분들과 협의한 이후에 11월 11일 날 선체 수색 종료가 됐다, 이렇게 이해하면 될까요?

**수진 아빠**　　그렇죠, 공식적으로 그 당시엔 실종자 가족들이 공식 기자회견을 갖고 또 다른 방법의 하나인 인양으로써 우리 실종자 가족들을 찾아달라는 부탁과 함께 수중 수색 종료를 선언하는 기자회견을 했죠, 그때. 진도실내체육관에서.

**면담자**　　그것을 결정함에 있어서 기존에 유가족들의 주장도 물론 함께 고려가 된 것인가요?

**수진 아빠**　　저희들은 조금 "그런 발표 시기를 좀 더 두고 봐야 되지 않느냐. 늦춰달라"는 요청도 했었고요, 그것이 받아들여지진 않았죠. 실종자 가족들 대표단들한테는 그게 수용이 안 됐었나 봐요. 가족들은, 실종자 가족들은 힘든 부분도 있고 마냥 기달리기가 참 굉장히, 그동안에 저희들이 진도체육관에 힘을 실어달라고 해서 내려갔을 때 보면 굉장히 힘들어하셨거든요. 하루하루를 버티고 있는 상황이었기 때문에 충분히 짐작은 갔었고 또 심정도 충분히 이해가 됐었고.

그럼에도 저희들은 특별법을 우리가 조율하는 상황 속에서도 특별법 외에도 겨울에도 할 수 있는 수중 수색 방법을 여러 가지 알아보고 그중에서 괜찮다는 방법을 그 당시 여당인 새누리당 원내수석부대표 김재원 수석부대표한테 직접 요청까지 했었어요. 그 단면도까지 그려가면서 "바지선에서 세월호까지 원통, 쇠로 된 원통을 연결해 가지고 잠수사들이 거기로 드나들면은 유속에 관계없이 24시간 내내 작업할 수 있는 여건이 되니까 그렇게 좀 이런 방법도 있으니까 검토해서 적극적으로 수중 수색에 반영해 달라" 이런 요청까지 했었거든요. 그때 이완구 원내대표가 있을 당시였고, 해서 그것까지 전달까지 했었고 기자들 있는 데서 원내대표실에서. 그럼에도 불구하고 수색 종료 기자회견을 하게 된 거라서 조금 아쉬움이 컸죠, 저희 유가족들은 더.

**면담자**　　　일정에 맞춰서 질문을 드리기 앞서서 지금 원내수석 부대표도 만나보았고 여러 국회 정치인들을 만나보셨을 텐데요. 정당별로 국회의원들이 가지는 차이라는 게 있을까요? 이 당시 집권 여당에 찾아가서 이런저런 이야기들 많이 주고받으셨던 기회가 있었을 텐데 실제 만나보면서 대화를 나누는데, 국회의원들이나 주요 관계 인사들은 어떤 인상으로 다가오셨습니까?

**수진 아빠**　　　일단 표면적으로 새누리당 그 당시 여당이었던 새누리당 국회의원들은 어떻게 보면은, 그동안 우리가 쭉 4월 16일에서부터 국회 농성 하고 모든 걸 접하면서 느낀 거는 '말 그대로 새누리당이구나…' 흔히들 우리들 속된 말로 개누리당, 개누리당 그랬잖아요, 그런 관점하고 거의 뭐 똑같이 느껴졌고. 역시 뭘 얘기를 해도 일단은 정부를 옹호하고 청와대를 옹호하는 발언부터 하니까, 여기서는 "우리가 주장을 하되 그게 실현되기까지는 굉장히 어려움이 많겠구나. 시간도 많이 걸리겠구나" 하는 느낌은 처음부터 받고 있었었죠. 어쨌든 그래도 입법기관이고 국회에서 논의가 돼야만이 뭔가 진행이 되는 구조였기 때문에 또 다른 입법기관의 상대자 역할을 하는 야당을 중점적으로 접촉할 수밖에 없었고. 그때 새정치민주연합이었고 정의당이었고 그랬었잖아요, 그 당시에 바른미래당은 없었고. 그런 거였기 때문에 여당, 야당 딱 구분해 놓고 보면은 딱 정확하게 반 갈라서 얘기한다면, 야당은 우리 편 여당은 남의 편 이런 식으로. 그래도 일단은 여당이고 힘이 있는 정당이니까 여당에 적극적으로 요구할 수밖에 없는 우리 현실도 느꼈었고 그랬었죠.

**면담자**　　　신문지상이나 대외적으로 발표되는 입장들은 정부를 옹호하는 입장에 서거나 그런 점에서 유가족들의 의사와 반한다는 것은 쉽게 추정이 가능한데요. 실제 만났을 때에도 면전에서도 그러더라는 게 좀 궁금한 거죠.

**수진 아빠**　　　저희들이 요구를 하면은 들어는 줘요. 우리가 어쨌든 저희들은 피해자 가족이고 유가족이기 때문에 그 당시 분위기로서는 우리가 얘기를 하면은 "아이, 됐어" 이렇게는 하지 못하는 상황이었거든요. 그래서 더더군다나 민의를 대변한다는 국회의원들이기 때문에 면전에다 대고 거부할 수는 없잖아요. 그래서 일단 들어는 주고 수용은 하되 그게 진전이 없었죠. 앞에서는 "그래", "알겠습니다. 알겠습니다", "아, 그렇습니까?" 이래 놓고, 나중에 거기에 대한 진전 상황이라든가 답을 들어보려고 하면은 하세월이고 진행 상황도 진행도 안 돼 있고 그런 거죠. 그래도 저희들은 꾸준히 요구할 수밖에 없는 입장이었고 그랬었죠.

**면담자**　　　당시에 여기 지역구 국회의원은 누구였고 이러한 일들 입법, 이제 특별법을 만드는 과정에서 어떠한 역할을 하셨던 것으로 기억하십니까?

**수진 아빠**　　　그때 전해철 의원님이 안산 지역구 국회의원이셨고 제일 많이 저희들과 많이 접촉을 하면서 도움을 많이 주셨죠. 그 김영환 의원하고 또 한 분이 누구였더라… 세 분이셨거든요. 지역구도 지역구지만 지역구가 아닌, 당 차원의 국회의원분들이 그때 당시엔 도움을 많이 주셨어요. 그 당시에는 김현, 대변인 하다가 그만두신 김현 의원도 있었고, 그게 말하자면 대리기사 폭행 사건에 연루되면서 한발 물러났지만 김현 의원도 있었고. 지금 진선미 의원도 있었고 유은혜 의원도 있었고, 대체적으로 야당 의원님들은 적극적으로 도움을 많이 주셨죠, 그때 당시에.

그때 당시에 김한길, 안철수 공동대표였잖아요. 이 대표들보다는 일반 의원들이 오히려 더 적극적으로 나서서 도움을 많이 주셨다는 인상을 저희들은 많이 받았어요. 딱 김한길, 안철수 두 대표는 딱 한 번 국회에서 농성할 때 단식 농성 할 때 와서 저희 가족들 만나서 특별법 진행 상황 브리핑하고 우리가 필요한 요청 사항 듣고, 그 뒤로 뭐 진행은 안 됐지만. 그거 한 번 딱 기억밖에는 없어요, 그 두 분하고는. 그리고 나머지 전해철 의원이라든가 관련 있는 법사위[법제사법위원회]라든가 이런 관련 있는 국회의원들의 많은 도움이 있었었죠.

면담자　　관련해서 개인적인 에피소드 같은 것들이 혹시 있으실까요? 의원들을 만나는 과정에.

수진 아빠　　개인적인 에피소드는 저희들이 농성하면서 인제, 이걸 에피소드라고 해야 되나, 농성하면서 딱 자유롭지는 못하잖아요. 한정된 본청 콘크리트 바닥에서 먹고 자고 해야 되고 화장실도 본청 화장실 바로 들어가면은 바로 있는 화장실 이용 못 했거든요.

저기 멀리 떨어[제] 있는 후생관 복지후생관, 식당도 있고 국회에 들어온 사람들이 이용하는 편의점도 있고 하는 후생관 화장실을 이용했었고, 그런 점이 되게 불편했었거든요. 그런 부분을 저희들이 국회의원들 통해서 해결을 해볼려고 했는데 안 되더라고요, 그때 당시엔. 그게 국회, 사실은 국회는 국회의장이 책임지고 있는 곳이고 국회에는 사무처[가] 있기 때문에 사무총장이 또 있는데, 그 당시는 정의화 국회의장… 어차피 의장은 중립적인 위치라고 당을 탈퇴하고 의장을 하는 거니까 그치만은, 아무래도 사무총장 같은 경우는 여당이고 하다 보니까 그게 조금은 요청이 안 들어지다 보니까, 단식하는 사람 외에는 가족들은 멀리 화장실을 이용해야 되는 경우도 있고.

또 국회의원분들이 밤에, 야간에 가족들 거의 잠자는 시간에 한 번씩 둘러보러 오시거든요. 오서가지고 안 자고 있는 아빠들한테 야식도 제공해 주고 같이 족발도 먹고 그랬던 기억도 있어요. (면담자 : 누가 그러던가요?) 김현 의원도 그렇고 그때 당시에 진선미 의원도 그렇고. 또 한 분이 계신데 그분은, 김현 의원은 저랑 동갑이니까는 "친구야, 친구야" 그랬었고, 한 분 여성 의원이 있는데 이름을 자꾸 까먹는다, 그분은 저보다 나이가 많으니까 누님뻘이고 또 제가 국회에 단식 농성 끝나고 청운동으로 갔을 때 거기서도 오셨거든요. "가족들 고생하는데 뭐 먹고 싶은 거 없냐?" 그랬고 그때 여름이었으니까 8월 말일쯤 정도 됐으니까 "아, 가족들이 시원한 거 먹고 싶다"고 하니까 "아, 시원한 거 없나? 물회 같은 거 없나?"

이런 식으로 농담도 하시고 그런 기억도 있고. 하여튼 단식 농성 하면서도 그런 분들이 많이 계셨기 때문에 정치인들뿐만 아니고 시민들이랑 많이 계셨기 때문에, 저희들도 이렇게 농성도 하고 콘크리트 바닥에 잠도 자고 그랬었던 것 같아요.

면담자 　　청운동 시위, 청운동에서 시위를 할 때랑 광화문에서 시위할 때 시민들에 대해서 좋은 기억들을 많이 얘기해 주시는 편인데요. 왜, 유가족들의 입장에 반대편에 섰던 시민들도 없진 않았던 것으로 기억합니다.

수진 아빠 　　있었죠, 많았었죠. 광화문은 워낙에 많은 사람들이 지나다니는 곳이기 때문에 더 많았겠지만, 청운동도 있었어요. 청운동도 거기가 동사무소 주차장, 쪼그만 주차장이기 때문에 천막을 치고 농성을 하면은 인도 쪽으로 주민분들은 통행을 하시거든요. 그래서 낮에는 저희들이 안 자고 일어나서 활동을 하니까, 피켓도 걸어놓고 활동을 하니까 상관이 없는데, 밤에는 만약에 자고 있는데 아무런 것도 없거든요. 위에 천막만 치고 밑에 스티로폴[스티로폼]만 깔고 자는데 진짜 지나가다가 뭐라도 던지면 부상의 위험도 있고 그래서 밤에만이라도 경비를 서달라고 요청을 했어요, 사실은 저희들이.

　　낮에 그때 여름에 버스로 빙 둘렀어요, 사실은 우리 농성장을, 청운동 농성장을. 청와대 들어가는 입구서부터 청운동 동사무소 앞으로 해가지고 그 옆에 파출소까지 버스를 다 막았거든요, 횡단

보도만 쪼금 터놓고 거기엔 경찰이 지키고 있고. 그래서 여름엔 덥 잖아요, 버스로 다 막아가지고 바람도 안 부는데다가. 위에는 또 .비닐로, 그때 당시에는 처음엔 비닐로 천막을 쳐가지고, 비 오니까, 그니까 낮에는 그 비닐이 오히려 돋보기 역할을 했어가지고 더 더 웠어요. 너무 더워서 담당 정보관한테 "버스 좀 치워다 달라. 봐라 여기 더워서 찜통인데 버스까지 막아가지고 바람도 못 들게 막냐". 걔네들은 뻔하잖아요. 외부의 시선도 차단해야 되고 유가족들이, 세월호 유가족들이 농성한다는 것도 외부에 차단시켜야 되는 그런 목적도 있고 그러기 때문에 막을 수밖에 없었거든요. 담당 정보관 한테 요청하면은 "같은 종로경찰서 소속이지만 그래도 경비에는 또 따로 과가 있으니까 거기다 얘기해 보겠다" 해가지고 얘기하고. 그렇게 해도 3, 4시간 4, 5시간 지나도 아무런 치우는 기미가 없어서 직접 그 당시 경찰청장한테 전화를 했죠. 전화를 해서 "유가족 이 농성하고 있는, 청운동 농성하는 유가족 대푠데 가족들이 너무 힘들다. 너무 덥고 지금 더위 먹을 지경이다. 버스만이라도 치워달 라" 그랬더니 바로 한 5분 만에 버스 한 대를 치우더라고요. 길가 쪽으로 놔두고 이렇게 'ㄱ'자로 막았는데 이쪽, 청와대 들어가는 입구 쪽하고 해가지고 버스를 치워주더라고요.

밤에는 오히려 요청을 했어요, 저희들이. "해코지당할 위험이 있으니까 밤에는 쪼끔 버스로 이렇게 막아도 괜찮다. 그리고 경비 를 좀 서달라". 누가 어떻게, 지나가는 행인 검문검색 하는 것도 아 니었거든요, 그 당시에는요. 누가 지나가다가 우리들한테 돌맹이 하나 던져도, 자고 있는데 머리에 맞으면 큰 부상 입기 때문에 그런 요청을 했던 기억이 있고. 거기에는 또 중국인 관광객들이 엄청 많이 왔어요. 우리 가족들은 못 들어가요. 한 명씩 1인 시위가 원래 헌법으로 보장[돼] 있기 때문에 들어갈 수 있거든요, 사실은 청와대 분수대 앞까지. 근데 유가족이니까 막는 거예요, 못 들어가게. 근데 중국인 관광객들은 깃발 들고 30명, 40명씩 쭈욱 줄 서서 거기 청와대 들어가고 걸어가는 걸 보면서 '이게 과연 우리나라가 대한민국이 맞는가. 국민은 못 들어가는데 관광객은, 중국인 외국인 관광객들은 저렇게 수십 명씩 몰려 들어가는, 과연 이게 맞는 행탠가', 그런 걸 굉장히 많이 느꼈거든요.

그러면서 그쪽 주민들도 어떤 분들은 굉장히 힘내라고 하시는 분들도 있었고 어떤 분들은 "왜 여기서 이러냐" 이런 말 하시는 분들도 계셨어요, 주민들 중에. 그리고 또 기억나는 게 어떤 한 분은, 그 건너편에 푸르매재단이라고 있거든요, 청운동 동사무소 건너편에. 거기 앞에서 1인 시위를 하시는 거예요, 슬리퍼 신고 반바지 입고 그래 가지고 한 40대, 50대 정도 되신 남자분이 "Go Home" 영어로 '니네 집으로 가라. 왜 여기서 그러냐', 이런 식으로. 매일 그렇게 그 옆에 편의점에서 점심 도시락 사 먹고 쉬었다가 또 와서 하고 그렇게 하시던 분이 있었어요, 며칠 동안.

그래서 하루는 그분을 오라 그랬죠. (면담자 : 아버님께서요?) 우리 같이 있던 엄마들이랑 해서, 오라고 해가지고 "왜 그러냐?" 그랬더니, 세월호에 관련해서 잘못된 얘기들을 많이 알고 계시니까 국민들이, 그런 쪽으로 얘기를 하셔가지고, 그래서 한 3시간 동안 차근차근 엄마들이, 아빠들은 또 좀 그러니까 엄마들이 얘길 했어요. 3시간 얘기하고 돌아갔는데 그 뒤로 안 오더라고요. 그 뒤의 얘기지만 우리 시위, 집회 시위 현장에 그분이 오셨어요. 그래서 우리 편으로 그렇게 같이 해주시더라고요. 그러니까 그 반대가 우리 편이 된 거죠. 그동안의 사정을 진도에서 있었던, 팽목항에서 체육관에서 있던 상황을 어쨌든 저희들은 겪은 거니까 겪은 걸 그대로 얘기를 해주니까, 그분은 "아, 그랬었어요? 진짜로 그랬었습니까? 그런 일이 있었어요?" 이렇게 되는 거죠. 그러면서 자기가 잘못 알고 있던 점에 대해서 자기도 다시 생각하는 계기가 되고, 그러다 보니까 저희가 하는 행동에 같이 동참을 해주시더라고요. 그런 분도 계셨거든요, 사실. 그래서 '아, 물론 우리 편이 있어서 같이하는 분들도 소중하지만, 설사 우리 편이 아니더라도 그분들한테 우리의 진실을 사실을 제대로 전달하고 이해를 시키면 우리와 같은 행동을 해줄 수 있겠구나' 하는 걸 그때 깨달았죠.

## 3
### 4·16특조위 추천 과정과 특조위 무력화 시도에 대한 대응

**면담자**　　　이후에는 11월 19일에는 국민안전처가 출범을 하게 되고 12월 6일에는 가족대책위에서 '4·16세월호참사특별조사위원회' 위원 3인을 추천해서 선출을 했습니다. 이때 추천한 위원들이 이석태 변호사하고 이호중 교수, 장완익 변호사 이렇게 세 분인데요. 이 세 명을 어떻게 추천하게 됐는지 가족대책위 내부의 논의를 이야기해 주시고, 또 아버님은 그때 어떻게 생각하셨는지도 이야기해 주시면 좋겠습니다.

수진 아빠　　그때 당시에 저희들은 법조계에 관련 있던 사람들도 아니고 그런 분들이 있다는 것도 사실은 모르잖아요. 개인적인 변호사들을 저희들이 어떻게 알겠어요? 모르죠. 그 대신에 이 세월호에 관련해서 제대로 진상 규명을 해줄 수 있는 분들을 찾아보자 그래서 풀을 만들었거든요. (면담자 : 언제부터?) 그때가 시행령이 발표되기 전에 특별법이 마련되고 가족 추천을 해야 될 상황이 됐잖아요. 그래서 우리가 그러면은 어떤 분들이 좋은지 한번 리스트를 뽑아보자 해가지고 거의 100명 이상 뽑았다가 점점 압축을 했거든요, 한 20명씩.

면담자　　그건 유가족들이 직접 하신 건가요?

수진 아빠　　그렇죠, 물론 조언도 얻고. 그때 박주민 변호사라든가 황필규 변호사라든가 법 쪽으로 이렇게 도움을 주는 변호사분들이 옆에 있었으니까 항상, 그분들한테 도움도 얻고, 활동하는 활동가들, 시민단체들 다 조언을 얻었죠. 얻어가지고 풀을 짜서 그중에서 선출한 게 그 세 분이었어요. 그래도 이석태 위원장 후보는 '그래도 연륜도 있고 또 이 정도 기수면은 기수에서도 안 밀릴 것이다', 여러 가지 점을 고려를 하고 또 대쪽 같은 성격이라는 성격이라든가 활동하는 그런 부분도 다 저희들이 고려를 했죠. 그래서 그 세 분을 뽑게 된 거예요.

면담자　　　　"기수를 중요하게 고려했다"는 말이 약간 이채롭달까요.

수진 아빠　　　기수도 안 따질 수 없는 게 위원장 후보거든요, 저희 가족들이 추대하는 분이. 특별법에 이렇게 명시가 됐었으니까. 근데 위원장 후보가 만약에 물론 여당에서도 분명히 변호사가 올 건데 여당은 부위원장이잖아요. 근데 아래 기수 후배가 위원장을 하고 있으면은 아마 굉장히 또 법조계 내부적으로도 그런 관계도 있고 하니까 조금 어려움도 있지 않겠느냐, 그리고 후배가 위원장이니까 선배가 부위원장이면은 조금 컨트롤도 잘 안 될 거 아니냐, 이런 것도 고려를 안 할 수 없었거든요 사실은, 법조계 내적으로도.

면담자　　　　전에 말씀하셨던 박주민 의원 당시 변호사죠, 박주민 변호사나 황필규 변호사의 조언에 크게 영향을 받은 것인가요?

수진 아빠　　　그런 조언은 뭐, 그런 조언도 있을 수도 있었을 거예요, 아마 그때 당시에 전부 다 기억은 안 나는데. 근데 저희들도 그 정도는 기본적으로 알고 있는 사실이니까 그런 점 이런 점 저런 점, 하여튼 여러 가지 점들이 다 고려된 거였죠. 기수는 크게 중대하게 영향을 미치는 사유는 아니었으니까 그래도 한 가지 포함은 했었죠. 그래도 일하는 데 최대한도로 할 수 있는 그런 조건이 되면은 일하는 본인도 좋고 추대하는 우리도 훨씬 더 좋으니까. 그래서 그런 점들이 고려가 된 거죠.

면담자    "유가족 추천위원으로 모시고 싶다"라고 의사를 전달했을 때, 이 세 분들을 비롯해서 다른 분들은 거절하신 분도 있고 이러진 않았는지요?

수진 아빠    1순위, 2순위 이런 후보들을 놓고, 딱 한 명만 놓고 할 수는 없잖아요. 그래서 위원장 후보는 한 두 명, 세 명 이렇게 놓고 의사 타진하고 본인이 고사를 하면은 어쩔 수 없으니까 그다음 후보자 이렇게 해서 이석태 그때 당시 위원장까지 오게 된 거고요. 그럼으로써 이석태 위원장이 수락을 해서 위원장 후보로 저희들이 추대를 하게 된 거고, 그다음에 장완익 변호사는, 이호중 교수 같은 경우도 상임은 아니었으니까 더군다나, 비상임위니까는 그 정도는 수락을 해주신 거고. 위원장이 굉장히 부담되는 자리였거든요, 사실은. 그래서 고사하신 분들이 한 두세 분 있은 걸로 제가 알고 있어요. (면담자 : 어떤 분이었는지 여쭈어도 될까요?) 어떤 분위기요? (면담자 : 어떤 분이 추천되었었는지) 그게 이름 성함도 자세히 기억이 안 나는데 오래 돼가지고…, 그래도 그분들은 고사를 하시고 이석태 위원장님이 오케이를 하셔가지고 저희들은 추대를 하게 된 거죠. 지금도 저희들은 추대한 거에 대해서는 잘했다고 생각을 해요. 그만큼 또 열심히 하셨으니까.

면담자    12월 17일입니다. 이때는 세월호특조위설립준비단이 출범을 했습니다만 특조위 조사 활동에 대한 무력화하려는 시도가 좀 있었습니다. 이때 나왔던 발언이 당시 새누리당 김재원 의원이 '세금 도둑' 발언을 하기도 했었고, 이런 상황에서 당시의 대책위 내부의 반응이나 아버님들이 느꼈을 감정에 대해서 좀 얘기해 주시길 바랍니다.

**수진 아빠**    저희들은 그랬어요 사실은, '그래도 여야가 합의해서 통과시킨 특별법에 의해서 만들어진 특별조사위원횐데 자기들이 약속한 정도는 지켜주겠지', 그런 생각을 했었어요, 사실은. 특별법 만들기 전에 수사권, 기소권을 요청을 했지만은 그게 여당의 진짜 전방위적인 거부로 무산이 됐잖아요. 그러면서 "특검을 수용하겠다", 대신에 자기들이 "특검을 추천을 할 때 가족들이 반대하는 특검 인사는 절대 추천하지 않겠다", 이렇게 얘기했거든요, 김재원 원내수석부대표가 그 당시에.

"그러면은 그걸 문서로서 써줄 수 있느냐?", "아, 써주겠다" 그래 가지고 본인이 직접 컴퓨터로 타자 쳐가지고 문구 작성하고 원내수석부대표 김재원 사인하고 이완구 원내대표 사인받아 가지고 와서 사인하고 해갖고 저희한테 준 거예요. 그러면서 저희들이 그랬거든요. "아니, 그러면 만약에 우리가 원하지 않는 특검 인사를 추천했을 때 나중에 특검 실시하게 될 때, 그럼 우리가 거부하면은, 물론 그 사람들 다시 철회한다 쳐도, 또 우리가 원하지 않는 특검 인사를 계속적으로 추대하면 특검을 하지도 못하고 특검만 추대하다 끝나는 거 아니냐?" 그랬더니 김재원 그 당시 김재원 원내수석부대표[가] 하는 얘기가 "언론이 지켜보고 있는데 어떻게 그렇게 할 수가 있겠습니까", 이랬었거든요. 그런데 결국에는 특검조차 도 합의를 안 해줬죠, 법사위에서. 특검조차도 아예 하지도 못했고…, 그렇게 약속을 안 지켰거든요, 원내수석부대표라는 사람들이. 그러고 여당, 합의해 준 여당에서도 그렇게 약속을 안 지켰었고, 그래서 특검을 한 번도 못 했죠, 1기 특조위에서는.

면담자     정부 여당의 무력화 시도에 대해 어떻게 대처했으면 좋겠다는 얘기들이 내부에서도 별도로 나온 게 있었을까요?

수진 아빠     저희들은 무력화 시도를 [접]하면서도 저희들은 특조위 올라가서 항의 방문만 하고, 전원회의 지켜보면서 전원회의에서 그 당시 여당 새누리당 추천위원들이 딴소리 못 하게 회의 때마다 우리가 쫓아가서 뒤에서 지켜봐야 되겠다는 그런 논의는 했었어요, 사실은요. 그래서 "가족들이 있는데 설마 자기들이 이상한 소리 지껄이겠느냐 전원회의에서". 그래서 전원회의 있을 때마다 가족들이 버스 대절해 가지고 올라가서 방청하고 했었죠. 노란 옷 입고 우선 허튼소리 한다든가 하면 적극적으로 항의를 했었고, 물론 "회의에 방해되니까 좀 조용히 해달라"는 위원장의 얘기는 있었지만 그럼에도 불구하고 저희들은 그렇게밖에 할 수 없었잖아요, 사실은. 전원회의 그렇다고 우리가 무슨 의결권이 있는 것도 아니고, 잘못된 발언이나 진행에 대해서는 그 자리에서 적극, 바로바로 적극 대응하는 그런 방법도 썼고, 또 특조위 가족 추천위원들 통해서 적극적으로 의견을 전달을 했죠. 또 어떤 사항에 대해서 전원회의가 있다는 얘기가 들려오면 그 부분에서 가족들이 먼저 회의를 하고 가족들의 입장을 특조위에 전달하고, 전원회의에 반영할 수 있도록 최대한도로 그런 식으로 대응했었죠.

면담자        그럼 가령 전원회의에서 어떤 주요한 의제를 가지고 열린다고 하면 그 전에 앞서서 항상 가족협의회 내부에서 의사를 모으고, 그 의사를 특조위원들에게 전달한 후에 전원회의에 참석하는 이런 순서를 계속 지켰던 것인가요?

수진 아빠        그렇죠. 그러한, 그런 방법밖에 쓸 수가 없었어요, 저희들이. 저희들이 특조위의 조사관이라든가 위원으로 가족들이 들어가 있는 것도 아니고, 철저하게 독립된 단체기 때문에, 거기에 가족 추천으로 들어가 있는 위원들을 통해서 가족들의 입장을 전달하고 가족들의 입장이 반영될 수 있도록 하는 게 저희들의 최선의 방법이었죠.


# 4
## 세월호 간담회, 각종 집회 참석 및 연대발언 경험


면담자        참사 이후부터 전국 각지로 간담회를 (수진 아빠 : 네) 진행을 했었습니다. (수진 아빠 : 많이 다녔죠) 간담회 일정을 짜고 운영하는 것에 있어서 가족협의회의 역할은 어떤 것이었나요?

수진 아빠        전적으로 가족협의회하고 그때 이제 그 당시에는

4·16연대가 발족되기 이전이니까, 그때 당시엔 세월호참사국민대책위라고 해야 되나요 그런 단체들이, 지역하고 연계된 단체들이 많이 있으니까, 가족들이 간담회를 요청하는 부분은 그런 국민연대에서 지역하고 소통을 해서, 지역에서 요청이 들어오면 가족협의회[에] 요청 일정을 얘기해 주고 거기에 맞춰서 가족들한테도 어느 지역은 누가, 어느 지역은 누가 이렇게 분산을 해서 내려가고 했었죠. 그래서 2014년도, 15년도에는 굉장히 간담회가 엄청 많았어요. 그래서 그때 당시의 간담회 포맷을, 뭐였냐면 '진실 알리기', 그러니까 세월호 참사가 어떻게 일어났으며 왜 단순 해상 사고가 참사로 변했고 그 이후에 이 박근혜 정부라든가 청와대에서 어떻게 했으며, 이런 진실 알리기에 주력을 했었죠. 왜 그냐면은 너무 국민들이 정부의 잘못된 여론몰이나 여론 호도로 잘못된 정보를 거의 대부분이 알고 있었기 때문에, 그것부터 바로잡는 게 우리가 앞으로 진상 규명해 나가는 데 동력이 되겠다는 그런 판단을 했었던 거죠.

면담자    각 지역에서 간담회를 요청하면 일정에 맞춰서 응해서 진행한다고 말씀을 해주셨는데, 가족협의회에서 특별히 이 지역들에 들어가서 주력으로 해야 된다 혹은 더 열심히 해야 한다 강조했던 지역이나 강조했던 간담회나 이런 것들이 있었을까요?

수진 아빠    특별하게 그렇게 구분해서 하진 않았어요, 어느 지역이든 다 소중했고. 그런데 우리나라 정서상으로 보면 이 야당 지역이 있잖아요. 전라도라든가 전라남북도 그다음에 경기도 같으면 충청권하고 가까운 경기도라든가 경기도 이북은 또 보수 쪽이니까 파주나 포천, 연천 이런 데는. 그래서 야당하고, 야당 지역은 두말할 것도 없이 호의적이기 때문에 규모도 크고 그랬지만은 그렇지 않은 지역, 조금은 보수적인 지역 특히 경상도라든가 충청남도, 북도 여튼 그런 지역도 저희들이 많이 갔었어요. 왜 그냐면은 우리한테 우호적인 지역은 그 지역대로 저희들이 적극적으로 안 해도 사실은 저희들 쪽에 서서 이해를 해주시는 국민들이었고, 오히려 그렇지 않은 국민들을 이해를 더 시켜서 우리 편으로 만들어야 되겠다는 그런 생각이 있었죠. 그래서 경상도 쪽으로도 많이 갔었어요.

**면담자**　　　가기는 더 많이 갔다고요?

**수진 아빠**　　　그쪽이, 비중은… 거의 비슷하죠, 비슷한데 아무래도 신경은 그쪽으로 더 썼었어요, 대구나 부산, 울산 뭐 마산 이런 쪽으로 경상도. 적군을 우리 편으로 만드는 게, 아군은 1이지만 적군은 우리 편으로 만들면 2가 되는 거잖아요, 적군이 하나 줄어들고 아군 하나가 생기는 거니까. 그래 그런 생각으로도 많이 갔었죠.

**면담자**　　　당시에 사무처장으로서 어떻게 구체적으로 신경을 쓴 걸까요? (수진 아빠 : 그때 당시엔 사무처장이 아니었죠) 아, 죄송합니다. 구체적으로 신경을 더 썼다는 건?

**수진 아빠**　　　그때 반 대표장으로서 보면 신경을 더 썼다는 거는 뭐냐면은 아무래도 세월호에 대한 인식이 안 좋거든요. 물론 그쪽

지역에도 요청을 해서 가보면은 굉장히 소수예요. (면담자 : 일단 사람 수부터가 다른가요?) 수부터가 다르고 지역도 좀 한정돼 있고. 물론 전라도 지역은 사람도 많고 지역도 여러 군데서 그런 요청도 있고 하지만, 굉장히 한정적이고 소수였거든요.

그럼에도 불구하고 소수라도 적극적으로 갔고, 그 사람들하고 적극적으로 이해관계를 넓히고 그쪽에서도 활동을 할 수 있게끔. 저희들이 그걸 이렇게 더 크게 활동을 하는 게 아니고 그 지역 사람들이 활동을 더 하게끔 했었죠, 사실은. 왜 그냐면 어쨌든 그 지역 사람들은 그 이웃하고도 이웃이니까 서로 간에, 그래서 저희 피해자 가족들이 "우리는 이러이러한 피해자다"라고 이야기하는 거보다는 같이 사는 이웃들이 "아, 세월호가 사실은 이러이렇다더라 진실은 이러이렇다더라", 얘기가 오히려 더 쉽게 접근할 수 있고, 더 쉽게 어떻게 보면은 이해시킬 수 있는 방법이 되겠다는 생각도 있었어요. 우리는 일단 유가족이고 피해자 가족이라고 하면 일단은 한 가지 벽부터 치고 생각을 할 수도 있거든요 사실은, 저희들을 안 좋게 보는 그 시민들한테는. 그렇지만은 자기 이웃이 "아, 사실은 그게 아니더라, 아니더라고 하더라", 이렇게 얘기를 하면은 "그게 무슨 얘기야?" 이렇게 될 수도 있거든요, 일단은 벽은 없으니까. 그래서 그렇게 해서 활동을 넓히는 그런 방법도 썼었죠.

저희들하고 좀 거리가 있는 지역들은, 그래서 원주, 강원도 원주나 파주 이런 쪽으로도 활동하시는 분이 많이 생겨났어요, 그 뒤로. (면담자 : 아, 처음 간담회 했을 때에 비해서 이후에 더 많이?) 그렇죠, 많이 생겨났죠. (면담자 : 4·16활동을 하는 사람이 늘었다고 판단하신 거네요) 네. 부산, 대구 뭐… 많이 생겼어요. 처음보다 엄청 많이 생겼었죠, 저희들이 간담회 다니기 시작하면서부터. (면담자 : 그 효과를 체감하신?) 그렇죠. 점점 더 늘어났으니까 간담회를 요청하던 지역들이, 간담회 다니기 시작하면서부터. 그만큼 진실을 알고 싶어 하는 분들이 많이 생긴다는 증거잖아요. 또 저희들이 하다못해 제주도도 갔었고 많이 돌아다녔죠, 전국적으로.

**면담자**　　　그 해외 간담회는 언제부터 시작하셨던 걸까요?

**수진 아빠**　　　그게 참 그게 기억이 잘 안 나는데 2016년도여서부터였나? 기억이 그렇고… 그게 미국인가… 아마 미국이었을 거에요. 동서부 나눠서 해가지고 부모님들이 네 명인가 가서 한 걸로 기억하고 있는데 그게 2016년부턴가 그럴 거예요 아마. (면담자 : 이것도 요청에 의해서 한 건가요? 아니면 따로) 그렇죠, 요청에 의해서죠. 그쪽에서 "가족들의 제대로 된 소식을 알고 싶다" [하고] 간담회 요청이 들어와서 그럼 "우리들이 한 군데만 갈 게 아니고 여러 군데를 다니고 싶다. 여러 군데의 동포들을 만나고 싶다" 해가지고 일정을 좀 짜달라고 했어요. 일주일이면 일주일 동안 있을 동안에 한 군데만 간담회 할 게 아니고 미국의 어느 지역, 동부면 동부 그쪽 "여러 도시를 돌게끔 해달라" 해가지고 그런 식으로 일정을 요청을 했죠, 저희들이. 그렇게 해서 동부 지역, 서부 지역 이렇게 나눠서 간담회 하고 온 그런 해외 일정도 있었어요.

| 면담자 | 아버님도 실제 간담회 여러 번 하셨던 거예요? |
|---|---|

수진 아빠　　　간담회도 갔었고 북 콘서트라고 해야 되나 그것도 한 번 갔었고요, 진상규명분과에서 진행하던 북 콘서트에도 갔었고. 몇 번 특히 또 저희 1반 같은 경우는 대전이 연고 지역이거든요. 3반은 대구가 연고 지역이고, 그때 옛날에 초창기 때는 7반이 또 부산이 연고 지역이었고, 이렇게 반이 연고 지역이 있는 반이 몇 반이 있었어요. 왜 그게 연고 지역이 됐냐면 2014년도 6월 7월 달에 서명받으러 다닐 때 자주 가던 지역이 있었어요. 제비뽑기를 했는데 이상하게 같은 지역이 여러 번 나오는 반들이 있었거든요. 근데 우리 1반은 그게 대전이었어요. (면담자 : 1반은 대전이었고) 3반은 대구, 그때 당시에 7반은 부산 이런 식으로. 그래 가지고 한 번 본 거보다는 두 번 본 게, 두 번 본 거보다는 세 번 본 게 더 반갑잖아요?

　　그렇게 자주 가다 보니까 대전 지역이, 대전 세월호 활동을 하시는 분들이 우리 1반하고 연계가 돼가지고 거의 자매결연식으로. 그래서 간담회가 필요하면은 가서 간담회 하고 또 무슨 이제… 민주노총의 어떤 궐기대회에서 세월호 가족의 발언이 필요하다 그러면 저희 1반[은] 저라든가 해갖고 아빠들도 몇몇이 내려가서 발언해 주고, 연말에는 연말 초청 간담회 겸 송년회 해가지고 가족들, 일반 가족들 초청해 가지고 가서 만나서 얘기하고 밥 먹고 그런 관계가 형성이 된 거죠. 그래서 그게 3반은 대구, 우리 1반은 대전 이런 식으로 지금도 그렇게 유지를 하고 있어요.

**면담자**　　　그때 맺어진 것을 굳이 흩트리지 않고 쭉 이어져 오는 관계가 된 거군요.

**수진 아빠**　　　그렇죠. 굳이 "이렇게 하자" 얘기는 안 했는데 그게 저절로 이렇게 형성이 되더라고요. 3반, 저기 뭐냐 대전에서 활동하시는 대전 세월호, 지금은 4·16연대준비위원회가 됐지만은 대전 4·16연대도 그렇게 어떻게 생각을 하시는 것 같아요. 저희 부모님들한테도 제가 반 대표로 있을 때도 자주 연락을 했고, 또 매년 4월 16일 기억식 때마다 버스 대절해 갖고 올라오시고 그랬었거든요. 그렇게 유대 관계가 형성이 된 거죠, 지금까지도.

**면담자**　　　그 지역에 가서 가령 민주노총에서 행사나 집회가 있으면 지지발언을 해달라고 이렇게 요청하는 건가요? (수진 아빠 : 그렇죠, 연대발언이죠) 4·16 가족이 광화문이나 청운동에서 행했던 시위랑 민주노총이 행했던 시위랑 체험하시기에 어떠시던가요?

**수진 아빠**　　　광화문이나 청운동은 저희가 주최잖아요, 저희의 문제고, 세월호 참사에 관련된 진상 규명이라든가 그런 활동이고. 민주노총에서 민중총궐기라던가 총파업 투쟁 이런 거에 대한 연대는 저희들도 사실은 세월호 참사가 일어나기 전에는 조합원이었었고 민주노총이든 한국노총이든 조합원이었었고 노동자였거든요, 사실은. 전혀 관련이 없다고도 할 수 있고[없고] 또 세월호 참사에 관련해서 700개가[800개가] 넘는 단체들이 모여서 세월호참사국민연대[대책회의]를 만들었을 때 거기에 같이 해준 단체들이었었거든요.

근데 저희들이 그런 단체들이 또 우리의 일도 하지만 본인 일들도 해야 되기 때문에 본인들의 일을 함에 있어서 같이 했던 가족들이 "연대발언, 지지발언 해주면 감사하겠다"고 요청하는데 안 갈 이유는 없잖아요. 당연히 또 저희들도 대한민국 국민이고 시민이고 유가족이기 이전에 노동자고 했었기 때문에, 당연히 그런 심정으로 같이 했었죠. 그래서 저희들의 일을 할 때하고 물론 상황도 다르고 마음가짐도 다르지만 그래도 충분히 공감을 하기 때문에 가서도 그 사람들의 마음을 또 생각을 할 수 있고 또 이해할 수 있고, 그래서 그런 연대발언도 충분히 할 수 있었던 거죠.

면담자      약간 다른 이야깁니다만 한국의 노동운동은 독특한 문화와 역사를 가지고 있다고 평가가 되고 있지 않습니까? (수진 아빠 : 네) 그러한 점에서 노동자 집회는 가령 유가족들의 집회와 분위기나 사용하는 언어나 구호나 이런 것들이 조금 다르기도 하다는 생각이 들기도 하는데요. (수진 아빠 : 많이 다르죠) 예, 그런 다른 것들에 대한 불편함이랄까요, 이질감이랄까요 아니면 좀 생소하달까, 아님 친숙하다거나 그런 감정들은 특별히 드신 건 없으셨나요?

수진 아빠      불편하다거나 이질감보다는 어색했죠, 생전 그런 뭐 구호라든가 노래라든가 해본 적이 없기 때문에. 물론 가족 중에는 노조 지역위원장 출신도 있고 하지만 대부분의 부모들이 그런 노조위원 대위원 활동이라든가 그런 활동을 해본 적이 없거든요. 저절로 가입은 [되에]있지만 직장에 들어가면 그런 노조활동을 해본 적이 없는 부모들이 대부분이기 때문에, 그런 지지발언 하러 간 현장에서 노동가 부르고 구호 외치고 투쟁하고 하는 게 어색하잖아요, 해보지 않아서. (면담자 : 아버님은 그전엔 한 번도 가보신 적이 없으셨군요?) 예, 없었죠. 근데 이제 가서 어쨌든 거기에 같은 연대로서 연대발언 하고 지지발언 하러 가가지고 이렇게 하는데 혼자 뻘쭘하니, 가족들 몇 명 갔는데 뻘쭘하니 가만히 있기도 그렇잖아요. 그렇지만 모르는 노래라도 그냥 따라 불르기도 하고, 어색한 부분은 많이 있었어요 처음에 사실은. (면담자 : 그게 지나면 익숙해지셨겠지만 처음에는) 그렇죠, 처음에는 어색하고.

**면담자**　　　어떤 게 가장 좀 어색하다고 느끼셨습니까?

**수진 아빠**　　　뭐 노래도 모르고 구호도 모르고 이 손동작도 잘 모르니까, 연대발언 하고 지지발언 하고 나서 다시 이렇게 같이 밑에 내려와서 구호 외치고 하는데 아무것도 모르잖아요. 그러니까 따라 하긴 하는데 조금 어색하기도 하고 그렇다고 안 하고 가만히 서 있자니 그것도 좀 이상한 것 같고, 같이 이렇게 연대하러 와서. 그런 부분이 조금 어색하긴 했지만 처음에 좀 그러고 나서는 몇 번 이렇게 다니고 나니까 오히려 그런 부분이 친숙해지더라고요. '노조라든가 이런 부분의 투쟁 집회나 이런 게 대부분 이런 식이구나' 하고 좀 적응도 되고 그렇게 됐었죠. 처음엔 좀 어색했어요.

**면담자**　　　그 시위를 하는 방법이나 시민을 비롯한 대중들에게 다가가는 방법에 있어서 노동운동이든 다른 운동과 유가족들이 했던 운동은 어떤 게 좀 다르다고 느껴지세요?

수진 아빠　　　노조 분들이 하는 그런 운동은 어떻게 또 보면은 조금은 전문화[돼] 있고, 조금은 어떻게 보면 구체적인 행동지침도 있고 또 조직적이고, 어떻게 보면은 사실은 회사하고의 그런 협상이 안 됐기 때문에 거리로 나오는 거잖아요 노동운동은, 사실은. 회사하고 협상이 잘되면은 거리로 나올 이유가 없잖아요. 안 되니까는 정부에 요구하는 거고 관련 부처에 요구하는 건데, 저희들은 처음부터 그런 협상 대상이 청와대였고 정부였기 때문에 상황도 조금 달랐었고. 그러고 저희들은 그런 집회나 시위를 해본 적도 없는 평범한 엄마, 아빠[의 입장]에서 거리로 나온 거였기 때문에 조직적이지도 못했었고, 어떤 부분에 있어서 과격한 부분도 사실은 없었고.

다만 상대적으로 경찰들이 물리력을 행사할 때 방어적인 측면에서 대항을 한 거지 우리가 먼저 과격하게 한 적이 없었거든요. 그렇다고 우리가 방어적인 측면에서 한다 그래도, 무기를 각목을 든다든가 이런 것도 아니고 맨손 맨몸으로 부딪쳤으니까 무조건 가족들은. 그런 점에서 조금 다르고 어떻게 보면은… 저항이죠 뭐 사실은. 우리 가족들은 저항이에요 저항. 좀 표현을 하면 저항이죠. 우리 가족들의 이 세월호 참사가 왜 일어났는지에 대한 그런 요구가 묵살되고 호도되고 잘못 국민들한테 인식되는 거에 대한, 그런 정부나 청와대[의] 그런 행위에 대한 저항이었어요, 사실은. 우선은 그렇게 표현하고 싶어요, 저항이라고. 저항하는 사람들이 뭔 힘이 있나요? 저항은 말 그대로 힘이 없는 사람들이 힘이 있는 사람들한테 짓밟히지 않기 위해서 몸부림치는 거잖아요. 저항이라고 생각해요.

**면담자** 　 간담회 얘기를 다시 하나만 더 여쭙고 싶은데요. 처음 간담회 할 때랑 뒤에 간담회나 말씀하셨던 북 콘서트나 여러 차례 다니시면서 '쪼끔 이런 것 같다'라면서 생각이 좀 정해진다거나 시간의 흐름에 따라서 생각이 어떤 일을 계기로 간담회를 임하는 태도나 생각이 좀 달라지거나 하신 적이 있으셨나요?

**수진 아빠** 　 일단 간담회를 처음 가면은, 사람들 앞에서 나서 본 적이 없잖아요, 사람들 앞에서 나서서 얘기를 해야 된다는 거 자체에 부담감도 있지만, 막상 나서면은 뭣부터 얘기해야 될지 막막하고 사람들이 대부분 그럴 거예요. 해보지 않은 사람들은 다른 사람들 앞에서 나서면은 일단 생각이 사고가 정지되고 생각도 잘 안 나고, 잘 알고 있는 것도. 그런 게 대부분이었어요, 사실은 가족들이. (면담자 : 아버님도?) 다 마찬가지죠, 저라고 다른 데서 어떻게 발언을 해본 적도 없고. 그런데 세월호 참사를 계기로 그렇게 기회가 주어져 가지고 비록 40명, 50명, 100명이지만은 그 앞에서 나가서 얘기한다는 게 어떻게 보면 떨리고 그런 거거든요. 더더군다나 아빠들도 그런데 엄마들은 어떻겠어요? 더하지.

그렇지만은 그럼에도 불구하고 우리가 이 세월호 참사를 알려야겠다는 그런 생각이 있었기 때문에, 두서없이 얘기를 하고 참사 당일 날 얘기했다가 나중에 애 장례식 치르고 우리가 막 싸우는 얘

수진 아빠 김종기

기 했다가 왔다리 갔다리 하면서도 어떻게 하든 세월호 참사가 사고가 아니고 참사였다는 걸 알리기 위해서 노력을 했던 것 같아요. 그런 과정이 조금 지나면서 '전달을 어떻게 하면은 제대로 효과있게 해야 되나' 하는 그런 생각도 하게 되고 또 그런 걸 어느 정도 적응하고 터득하게 되고 그렇게 되더라고요. 그래서 여기에 모인 사람들이 뭘 알고 싶은지, 뭘 원하는지를 들으면 거기에 대한 어떤 얘기를 해야 되겠다는 게 조금은 정리가 돼요, 머릿속에.

처음에는 그게 없었어요, 무조건(웃음) 생각나는 대로 얘기하고 이 얘기했다가 저 얘기했다가 왔다 갔다 했었거든요. 그냥 물어보는 것도 그냥 거의 단답형으로 대답해 주고 거기에 감정에 대한 호소 정도만 하다가, 그게 어떻게 보면은 조금은 변하게 된 거죠. (면담자 : 이제 단답형은 안 하시고?) 여러 가지 관련된 부연 설명도 해가면서 거기에 내 생각도 집어넣을 수 있는 그런 정도. 있던 사실, 팩트만 전달하는 게 아니고 그 팩트에 대한 가족들의 생각이라든가 아니면 내 개인적인 생각, 그다음에 '어떻게 했으면 좋겠다'는 나의 의견까지 전달하는 그런 게 되더라고요, 하다 보니까.

**면담자**　　　예, 그럼 잠깐 쉬었다가 2015년도 관련한 질문을 시작하도록 하겠습니다.

(잠시 중단)

# 헌법소원과 4·16가족협의회 사단법인 구성과 운영

**면담자**　　네, 이제 2015년도에 관해서 얘기를 전해 듣고자 합니다. 일단 1월 5일에 가족대책위에서 국가를 상대로 헌법소원을 제기하던, (수진 아빠 : 국가를 상대로 헌법소원을 제기하던 게) 제가 기록물을 가지고 있는 거에 따르면 "4·16가족대책위 73명이 국민의 생명을 지키지 못한 국가를 상대로 헌법소원을 제기했다", 이렇게 돼 있는데, 혹시 관련해서 기억나시는 게 있나요?

**수진 아빠**　　그때 아마 헌법소원은 단체가 하는 게 아니고 개인이 하는 거라고 제가 알고, 들었었거든요. 그래서 거기에 헌법소원에 참여한 가족들이 있었어요. 그 명단은 제가 기억을 못 하는데, 가족들도 참여를 했었죠. (면담자 : 아버님도 거기에 함께하신 건가요?) 기억에, 저희들이 거의 임원들은 대표적으로 들어갔던 부분이라서 기억이 확실하진 않아, 한꺼번에 막 집어넣었으니까 그때는. (면담자 : 그 이후의 절차나 참여와는 별도로) 그거는 별도로 참여하는 그런 게 없으니까, 소원만 제기해 놓으면 심사는 헌법재판소에서 하는 거니까 그 이외에는 없었죠, 신청만 해놓으면 재판 결과가 나올 때까지는.

**면담자**　　예, 1월 25일입니다. 비영리 사단법인을 추진해서 4·16가족협의회가 이제 창립총회를 가졌는데 (수진 아빠 : 25일이요?) 1월 25일. 이때 얘기를 좀 여쭙고 싶어요.

수진 아빠    저희들이 2014년도를 지나고 15년도에 사단법인을 만들게 된 계기가 이렇게 피해자들로만 그냥 뭉쳐서 임의적인, 어떻게 보면 피해자 모임 형식밖에 안 되는 거잖아요 가족대책위가. 그래서 '법적으로, 법적인 테두리 안에서 법적인 규제를 받지만 또 우리가 그만큼의 목소리를 힘을 낼 수 있는 게 법인이겠다' 생각을 했었죠. 그러고 가족들이 나중에라도 흩어지지 않고 꾸준히 계속 갈 수 있는 방향이 뭔가를 생각했을 때 비영리 사단법인을 생각했었고, 그래서 조직체계도 사단법인 체계가[로] 저희들이 개편을 했었죠. 그래서 그때 당시엔 위원장이 있고 대변인이 있고 이렇게, 분과가 부위원장이었고 반 대표들이 있었지만은 이제 다섯 개 분과, 두 위원장 체제, 사무처장 체제가 출범이 된 거였어요. 사무국장이었죠 그때는.

면담자    그리고 이때 사무국장이 되신 건가요?

수진 아빠    아뇨, 그때는 제가 안 했었어요 2015년도에는.

면담자    다섯 개 분과도 아니고 여전히 그럼 반 대표?

수진 아빠    그때 그랬죠, 반 대표장이었죠 그때는 계속.

면담자    반 대표장. 반 대표장은 이 정비 조직체계, 정비된 조직체계 내에서는 정식 직제는 없는 건가요?

수진 아빠    있었죠. (면담자 : 반 대표장으로?) 각 반 대표들이 운영위원이었어요. 그니까 운영위원장, 집행위원장이 있고 그다음에 사무국이 있고 하면은 집행위원은 분과장들이고 반 대표들은 운영위원이었거든요, 그래서 운영위원장, 집행위원장이 있었던 거고. 그래서 운영위원들이 반 대표였고 그 반 대표들의, 우리 정관상으로는 반 대표장이라는 직책은 없지만 운영위원들이 국회 농성 할 때 그때 반 대표장을 선출을 하면서 운영위원들이 어떤, 운영위원장 이하 운영위원들이 회의하는 운영위원 회의가 있지만 사실은 그게 제대로 이루어지진 않았었거든요. 그러다 보니까 14개, 10개 반하고 일반인, 화물기사 이런 식으로 해가지고 14개 단체[단위]를 전체적으로 하는 대표적인 역할을 제가 했었죠.

그래서 사단법인 체계의 정보공개 밴드도 있었지만은 반 대표들만의 또 다른 구성 밴드가 있었어요. 반 대표들하고 반 부대표들이 들어와 있는 소통 밴드가 있었고, 반 대표들만 소통하는 반 대표 카톡방이 또 있었고. 제가 그걸 만들어서 반 대표들을 초대해서 거기서 반 대표들의 의견을 논의를 했죠. 사단법인 집행위원회, 운영위원회가 따로따로 회의를 하게 그렇게 처음에는 구성이 됐다가 그게 잘 안 이루어지니까 "그럼 아예 한 번에 하자" 그래서 확대운영회의라는 게 생겼어요, 집행위원들과 운영위원들이 같이 한꺼번에 회의를 하는. 지금까지 지속이 된 거죠. 그 회의가. 확대운영회의를 하는데 거기에 나온 안건이라든가 그런 것도 결정이 안 되거나 반 대표들이 논의해야 될 사항이 있으면 그거는 제 주도하에 반 대표 카톡방에서라든가 논의를 많이 했었죠, 그때.

그래서 반 대표들의, 각 반 대표들의 의견이 사실은 가족들 의견이거든요. 왜 그냐면 각 반에서 반원들의 의견을 수렴하고 그 반의 의견을 내는 거거든요. 그럼 10개 반의 의견이면 어떻게 보면 사단법인 의견이라고 봐도 돼요. 왜 그냐면 단원고 250명의 희생학생들의 가정 부모들이 대부분의 주류를 형성하고 있었기 때문에 거기에서 나온 의견 거의 대부분 사단법인, 그때는 사단법인은 아니었지만 가족협의회 의견이, 의견으로 결정이 되는 상황이었고 구조였기 때문에 굉장히 중요하긴 했었죠. 그래서 그런 의견들[을] 도출할 때 제가 반 대표장으로서 조금 주도적인 역할을 해서 했고, 또 그런 부분에서는 확대운영회의 때 반 대표들의 목소리를 조금 낼 수 있는 분위기로 만들었죠, 제가.

면담자      아버님은 원래 이 일 이전에도 같이 동호회를 한다든가 친구들끼리 모임을 한다거나 하면 이렇게 주도적으로 해서 모임을 꾸리고 이야기를 모으고 이런 역할들을 잘하신 편이셨나요? (수진 아빠 : 잘 안 했죠) 아예 안 하신 건가요? (수진 아빠 : 네) 그럼 이런 일을 처음 해보신 셈일 텐데요.

수진 아빠      예, 근데 직장 다닐 때 제가 운동을 좀 좋아하고 그래도 운동하면은 안 빠지는, 꼭 안 빠지고 저를 같이 선수에 끼워 넣어주는 그런 정도는 했었기 때문에 운동을. (면담자 : 운동을 잘하시나 보네요) 축구든 족구든 그런 부분에서 어디 가서 좀 주도적으로 얘기를 하는 편이었지 뒤로 빠지는 건 아니었거든요. 물론 제가 나서서 하는 건 아니었지만 그런 상황이 됐을 때 내 의견을 주도적으로 얘기하는 그런 정도는 했었지만, 뭔가 어떤 조직에서 리더 격으로 이렇게 해서 한 적은 거의 없었죠. 뭐 회사생활 할 때도 보통 그러잖아요, 운동도 잘하고 그런 사람들은 회사에서 회사생활 할 때도 말빨이 선다고 해야 되나 그런 것처럼 그런 정도였었는데, 참사가 일어나면서 그런 상황이 만들어지다 보니까 또 하게 되더라고요. 처음에야 물론 시행착오도 겪고 어떤 부분적인, 잘못 진행하는 그런 부분도 물론 생겼지만, 그게 한 해, 두 해 지나면서 얼른 보완도 되고 적응도 돼가다 보니까 그런 부분에서도 많이 저기 됐었죠.

**면담자** 생각하기에 어떤 시행착오가 기억에 남으시나요?

**수진 아빠** 사실 어떤 일을 진행함에 있어서 우리가 아무것도 모르는 상태에서 거의 맨땅에 헤딩이거든요 저희들은, 일단 해보고 안 되면 또 다른 방법을 생각하고. 미리 최적의 조건을 생각하기에는 저희들이 알고 있는 부분, 지식들이 너무 없었어요. 법적인 부분이라든가 정부에 대항해서 싸우는 부분이라든가 이런 부분은 전혀 문외한이었거든요. 그런 부모들이 뭉쳐가지고 뭘 해볼려고 하니까 당연히 시행착오가 생기고 뭘 진행함에 있어서 '어? 이게 아니었나 보다. 이쪽 이 방법으로 해야 되겠다', 이런 부분이 당연히 생기죠. 그런 부분들은 2014년도에 굉장히 많았었어요. 그래서 대한변협에 도움을 많이 받은 이유 중의 하나가 그런 거고, 법적인 부분은 전혀 모르니까. 또 우리가 정부에 맞서서 싸워야 될 때 어떻게 싸워야 되는지도 시민단체들한테 조언도 얻고, 도움도 받고.

물론 전면에서 싸우는 건 우리지만, 그런 부분들이었죠.

그게 한 해 두 해 가면서 점차 그런 부분에 있어서 머리가 깼다고 해야 되나, 그런 게 생기다 보니까 그런 실수도 줄일 수 있는 방법을 저희들도 많이 찾게 되고, 그만큼 많이 토의를 하게 되고 논의를 하게 되고. 어떤 주제를 놓고 그냥 토론이나 논의 없이 하자해갖고 시행하는 것보다는 많은 단계를 거치고 나서 검증을 하고 주변에 어떠한 관련된 것도 찾아보고 해서 시행을 하는 게 최소한도, 최소한의 리스크를 줄이는 방법이란 것도 저희들은 알았고. 그래서 그런 부분들이 많이 발전을 하게 된 거죠.

## 6
## 반 대표장 당시의 활동 양상과 이후 분과 활동 확대의 사정

면담자 　　반 대표들이 많이 모여 있는 온라인 커뮤니티에 아버님이 얘기하시고 막 이런 것들도 해보시니까 바로 그냥, 물론 하셔야 되는 상황이었으니까 하시게 된 거지만 어렵다거나 하신 건 없으셨나요?

수진 아빠 　　그 당시에는 사실 저는 14년도 4월 26일부터 제가 활동을 해가지고 제일 길게 활동한 사람이에요, 제가. 지금 운영위원장이 찬호 아버지가 찬호를 못 찾아가지고 팽목항에 있을 때 저는 이미 반 대표로서 김병권 위원장하고 팽목에 내려가고 그랬던 사람이기 때문에, 활동 기간으로서는 제가 제일 길죠. 그동안에 그만둔다거나 한 게 없고 4월 26일부터 지금까지 활동을 하고 있으니까, 임원으로서. 그래서 그런 부분에 있어서 다른 반 대표들이 물론 나이도 있지만, 나이도 뭐 더 많은 사람도 있지만은 대부분의 반 대표들이 저보다 나이도 적지만, 또 활동하는 기간도 짧았기 때문에 그런 거는 인정을 많이 해줬었죠. 그래서 제 의견을 거의 많이 수용을 해줬고 따라줬고. 그래서 제가 반 대표장으로 있었을 동안에도 반 대표들의 발언 파워가 굉장히 셌어요.

확대운영회의를 하게 됐을 때 반 대표들의 주장이나 이런 게 많이 반영이 됐었고, 물론 분과장들도 어차피 유가족이고 피해자지만 그래도 하는 분야가 다르잖아요. 분과장들은 자기가 맡은 분야, 뭐 추모사업이면 추모, 심리생계면 심리, 진상규명이면 진상규명에 관련한 활동을 하다 보니까 각 반에서 전달하는 내용은 조금은 모르는 경우도 있고. 물론 어차피 그 사람들도 그 반에 속한 반원들이기 때문에 의견은 낼 수 있지만 적극적인 결론이라든가 그런 걸 전달하는 건 반 대표들이 했기 때문에, 그때 당시에는 반원들 그러니까 부모들 가족들이 참여해야 되는 일이 굉장히 많았어요. (면담자 : 뭘 해야 되는 일이?) 어디 집회를 간다거나 (면담자 : 참여해야 하는 일이요?) 네. 참여해야 되는 일이 굉장히 많았었죠. 거의 대부분이 가족들이 참여해야 되는 일이었기 때문에 활동이었기 때문에 간담회를 비롯해서, 반 대표들의 입김이 셀 수밖에 없었고 거기에 대한 중지를 모을 수 있는 사람이 또 반 대표장이니까 그런 역할을 조금 했었고, 그 부분에 대해서는 반 대표들이 많이 따라줬었죠.

**면담자**  말씀을 듣다 보니까 '그때에 비해선 지금은 반 대표들의 입김이 그만큼 세지 않다'라는 이야기로도 들립니다.

**수진 아빠**  그렇죠. 지금 많이 약화됐죠, 반 대표장이. 제가 사무처장을 2016년도 1월 24일인가 그때 사단법인이 되고 난 다음에 제가 사무처장을 2016년도에 맡게 되면서부터, 이제 반 대표를 그만두고 우리 1반의 반 대표가 따로 생기고 그러면서 반 대표장도 제가 넘겨줬어요. 〈비공개〉 그래서 그때 당시에도 조언을 많이 해줬어요 제가. "반 대표들의 힘은 반 대표들 스스로 찾아야 된다. 누가 주는 게 아니다. 반 대표들이 그만큼 활동하고 반원들 의견을 모아가지고 확대운영회의 때 의견 제시를 최대한도로 많이 하고, 반원들 의견을 가족협의회 의견에 많이 반영되게끔 해야 된다, 반 대표는. 그래야지 반 대표들의 목소리가 그만큼 크고 적극적으로 반영이 된다, 집행이 된다", 그렇게 얘기를 해줬는데 〈비공개〉 그런 부분에서 반 대표들이, 그때 당시에는 카톡방에서 제가 나왔기 때문에 사무처장 맡으면서 나왔기 때문에 그 뒤로 어떻게 논의가 진행됐는지는 몰라도 쪼끔씩 쪼끔씩 눈에 보이더라고요, 그게.

반 대표들의 결집력이 약화되고 발언의 힘들이 약해지는 걸 쪼끔씩 쪼끔씩 사무처장하면서 느꼈었어요. 저는 거의 회의도 빠진 적이 없고, 일단 집회 현장에도 빠진 적이 없고. 〈비공개〉 베이스캠

프 분향소에서 지원을 해주는 형식이었는데 저는 사무처장 맡으면서도 제가 맨 앞에 서서 나갔거든요 항상, 가족들 이끌고. 가족들을 다 챙겨야 되는 입장이잖아요, 사무처는. 버스에서부터 시작해 가지고 먹을 거, 뭐 하다못해 겨울이면은 핫팩 같은 거나 모든 걸 다 해야 되기 때문에 저는 그 분향소에서 한 게 아니고 항상 현장에 같이 나갔었어요. 글고 사무처 팀장도, 총무라고 옛날에는 그랬었고 지금은 팀장인데, 총무들한테 필요한 거 바로바로 준비해 가지고 농성 현장으로 올려 보내라 이런 식으로 제가 지시를 했었고, 그런 식으로 했었죠. 그래서 제가 뭐 반 대표들이나 돌아가는 상황을 쪼끔은 자세히 파악을 하고 있었죠.

**면담자**　　　반 대표들이 점차적으로 영향력이 약해지는 이유는 반 대표들이 각 반의 유가족 부모님들과 접촉하는 기회가 감소해서 생기는 걸까요?

**수진 아빠**　　　가장 큰 이유는 외부적인 활동이 점점 줄어들면서 반원들의 의견이 제시될 수 있는 부분들이 조금씩 줄어들게 되잖아요? 그러면서 각 분과 활동 중심으로 의견들이 도출이 되고 결정이 되고 거기에 반 대표들은 그냥… 어떻게 보면 결정에 추인만 해주는 형식이 되다 보니까 그렇게 흘러…가게 되더라고요, 사실은. 근데 그럼에도 불구하고 만약에 반 대표들이 본인, 제가 얘기했던 것처럼 어떠한 점이든지 반원들한테 전달을 하고 그걸 피드백받아서 확대운영회의 때 적극적으로 의사 개진하고 반영될 수 있도록 했다면 지금도 아마 반 대표들의 그런… 힘은 그렇게 감소되지 않았다고 보거든요, 저는.

그게 어느 계기서부턴가 그게 점점점 이렇게 조금은 약해지는 경향이 생기고 "단순히 그냥 확대운영회의 때 결정된 사항[을] 각 반에 전달하는 전달자 형식밖에 안 되냐", 이런 얘기가 나올 정도까지 됐었으니까. (면담자 : 그런 얘기가 나온 지도 벌써 제법 된 거군요) 됐죠, 그게 2017년도부터 나온 얘기니까. 그래서 어떻게 보면은 사무처장으로서, 지금은 물론 반 대표장이 5반 반 대표로 바뀌었지만 그걸 보면서, 굉장히 어떻게 보면은 저도 반 대표를 했었고 반 대표장을 했었고 또 어차피 저는 반에 소속된, 1반에 소속된 반원이잖아요, 저도 사무처장이지만. 그런 관점에서 보면은 반 대표들이 목소리를 제대로 내줬으면 좋겠는데 하는 바램도, 그런 얘기도 했었어요. (면담자 : 얘기도 하셨어요?) 〈비공개〉 "반 대표… 우리 목소리 내고 힘을 낼려면은 반 대표들이 잘 해야 된다", 그런 얘기를 똑같이 해줬었죠. 근데 그게 또 잘 안 되더라고요. (면담자 : 마음대로 잘?) 예.

그렇다고 해서 반 대표들의 의견이 전혀 무시되는 건 아니고 그만큼 의견 개진에 있어서 적극적이지 않다는 거죠, 분과 위주로 이렇게 돌아가다 보니까 지금은. 대내, 대외 활동은 전부 분과거든요. 진상규명분과라든지 선체인양분과라든지, 추모사업분과 다 대외적으로 활동하는 분과들이다 보니까, 집행위원에 있잖아요 분과위원장들이. 그러다 보니까는 외부의 어떤 그런 얘기라든가 그런

155

3회차

부분을 확대운영회의[에] 와서 논의를 하고 하는데 당연히 더 입김이 셀 수밖에 없고, 거기에 듣고 더 의견 내고 해야 되는 부분에 있어서 조금은 반 대표들이 그만큼 약하게 목소리를 낼 수밖에 없는 구조가 되다 보니까 그런 부분도 있는 것 같아요.

**면담자**　　　처음에는 그러면 이 반 대표들의 의견 중에는 가족대책위의 분과나 집행부에서의 얘기 나왔던 것들과 입장을 달리하거나 생각이 다르다 뭐 이렇게 하는 얘기들도 많이 나왔었나요?

**수진 아빠**　　　가끔 있었죠. 어떤 분과에서 예를 들어서 대협[대외협력]분과에서 어떤 일을 해야 되는데 가족들이 어떻게 어떻게 참여를 해야 되겠다 하면, 거기에 대해서 각 반별로 상황이 있잖아요, 각 반별로 상황이 다 똑같을 수는 없으니까. 예를 들어서 저희 1반 같은 경우에는 18명이 희생자면 19명이 생존자거든요. 그니까 생존자가 더 많아요. 근데 어떤 반은 생존자가 한 명이고 나머지가 다 희생자고. 이렇게 반마다 상황이 틀리거든요. 그러면 가족들을 어떤 집회라든가 농성에 동원을 해야 되는데 반마다 또 상황이 틀리다 보니까… 반마다 얘기하는 부분이 다를 수 있고, 의견은. 우리는 이렇게 이렇게 희생자가 많아서 가족들이 많이 참여할 수 있는 반은 "아, 우리 이렇게 이렇게 이렇게 했으면 좋겠다" 하면, 그렇지 않은 반은 "아, 우리 반은 금방 얘기했던 것같이 희생자도 몇 명 안 되고 거기에 또 실종자까지, 미수습자까지 끼 있으니까 참여할 수 있는 가족이 많이 안 된다. 힘들다", 이렇게 또 의견이 다르게 나오고. 또 인제 분과장은 분과장대로 외부에서 관련된 일을 가지고 안건을 가지고 와서 얘기를 할 때 먼저 검토한 부분이 있을 거 아니예요? 분과장으로서 이 정도는 해야 되겠다고 제시했을 때 각 반에서는 수용할 수 있는 반이 있고, 수용할 수 없는 반이 있거든요, 반 상황이 다르기 때문에. 그랬을 때 그런 점들, 그런 게 조금 많이 있었죠, 사실은.

**면담자**       각 반의 상황이라는 게 지금 말씀해 주신 거는 말하자면 그 반에서 희생자와 생존자와 미수습자의 비율의 차….

**수진 아빠**       비율의 차가 많이 관여를 했죠. 왜 그냐면 (면담자 : 그게 제일 기본적으로 중요한 건가요?) 가장 기본이죠. 왜 그냐면 우리가 2014년도, 2015년도, 16년도 초까지만 해도 거의 몸으로 하는 활동이 대부분이었잖아요, 지금도 마찬가지지만. 그러다 보니까 가족들[의] 참여가 그게 제일 중요했어요. 어떤 행사든지 가족들이 참여했어야 됐거든요. 가족들이 맨 앞에 나[와] 있어야 됐고, 예를 들어서 광화문 어떤 집회면은 가족들은 항상 먼저 제일 앞자리에 앉아 있어야 돼요.

그렇다면은 한두 명 가는 것도 아니잖아요. 보통 각 반에서 그래도 최대한도로 많이 가야 된다 하면은 10명도 가야 되고, 희생자가 삼십몇 명씩 되는 반은 10명은… 그냥 어려움 없이 참여할 수 있는데, 만약 희생자가 적은 1반 같으면 10명도 힘들 경우도 있고. 이랬을 때 각 반의 상황들이 다 다르다 보니까 의견들도 다르고 또 분과에서 요청한 부분에 대해서 수용을 못 하는 경우도 있고 그런 부분들이 많이 있었죠.

그러고 어떤 그때 당시에는 우리가 돈을, 우리 돈을 써가면서 활동을 했기 때문에, 그런 부분에서도 인원이 많은 데는 부담이 적지만은 인원이 적은 데는 부담이 많을 수도 있고, 그런 것들도 여러 가지 사정이 있었죠. 그래서 의견이 다르게 나올 수도 있었고. (면담자 : 돈 문제도 있었겠네요) 그렇죠. (면담자 : 1반 같은 경우는?) 저희들이 2014년도 6월, 7월 초 버스 투어 하기 전까지 지역으로 서명전을 하러 내려가잖아요, 천만서명운동 할 때. 저희들이 십시일반 반 부모들이 반 회비 내가지고 모은 돈 가지고 렌트해서, 봉고차 렌트해 갖고 가서 하고 그랬었어요. 그래서 저희들 돈으로 활동을 한 거죠.

면담자        1반에서는 생존자 가정이 같이 반 카톡에 초대가 돼 있는 건가요?

수진 아빠        아니요, 희생자만. (면담자 : 희생자만) 네. 1반, 생존자는 생존자별로 단위를 만들었어요. 그래서 생존자 대표가 있었고, 생존 학생 대표가 있었고, 희생 학생은 반별로도 대표가 있었고. 생존 학생은 반별로는 대표가 없었고 (면담자 : 애진 아버님이) 네, 전체적으로 생존 학생 대표로 장동원이 대표로 있었고, 지금은 인제 다른 사람이지만. 그러고 희생 학생들은 반별로 대표들이 있었고 그렇게 됐었죠.

면담자　　　그러면 간담회 지역을 간다거나 할 때, 생존자 부모님들의 참여는 거의 없었다고 봐야 되는 거군요.

수진 아빠　　　음, 간담회는 그렇죠. 근데 어떤 집회활동이라든가 이럴 때 참여하는 생존 학생 부모들도 있었어요. 음, 그때는 2016년도는 사단법인이 됐고 2015년도에도 생존 학생들이 그렇게 모여서 대표도 장동원 [사무처]팀장이, 지금 팀장이 대표로 하면서 같이 활동을 하고 있었기 때문에, 어떤 집회라든가 부분에 있어서 물론 미미하지만 생존 학생 부모들도 같이 참석을 하고 했었죠, 초창기 때는.

## 7
### 가족협의회 사단법인화의 동기와 따로 활동한 가족들에 관해

면담자　　　예, 저희가 비영리 사단법인으로 가족협의회가 만들어지는 과정을 이야기하면서 얘기가 이렇게 흘러왔는데요. 사단법인화를 추진했던 동기를 아까 전에 가족들이 흩어지지 않게 하려는 의도가 있었다고 말씀을 하셨던 게 무슨 의미인지요?

수진 아빠　　　그렇죠, 더 단결되게. 조금은 우리 목소리를 정당하게 낼 수 있는 그런 방법으로서 사단법인을 생각하게 된 거죠. 그래서 단순히 피해자라고 해서 그냥 아무런 법적인 권한도 없이 모여서 목소리 내는 거보다는, 그래도 우리가 오래갈려면 뭔가 조직을 만드는 게 맞는 것 같다는 그런 의견이 있었고요. 그래서 그게 비영리 사단법인이 된 거죠.

**면담자**　　　비영리 사단법인의 형태로 구성하지 않았기 때문에 그 이전에 겪었던 어려움들이 있었나요?

**수진 아빠**　　　그런 어려움들은 그때까지만 해도 없었어요. 왜 그냐면은 참사 초기였고, 그리고 물론 대리운전 사건이 일어났긴 했지만은 그럼에도 불구하고 가족들의 참여는 많이 있었으니까, 2014년도 말까지도. 그래서 그때 당시에 어려움이 있어서 이걸 만든 게 아니고 이후를 바라본 거죠, 저희들은. 이후에 우리가 이 활동을 진상 규명 활동을 계속해 나감에 있어서 어떻게 해야지 우리 가족들의 단합이 흩어지지 않고 또 우리 목소릴 제대로 낼 수 있는가에 대한 고민[의 결론]이 비영리 사단법인이었죠.

**면담자**　　　아까 전에 "특조위에서 어떻게 전원회의 같은 걸 한다 그러면 항상 가족대책위에서의 의견들이 전달이 되고, 그래서 꼭 전원회의에 그 이야기들이 반영되게끔 했다", 그리고 "전원회의에 가족분들이 참여하시기도 했다" 이런 이야기들을 해주셨는데요. 특조위 활동에 대해서, 가족협의회 내에서 이견이나 조금 갈등, 갈등까지는 아닐 수도 있겠지만 아버님이 보시기에 좀 아쉬웠다 했던 점들은 없으셨나요?

**수진 아빠**　　　특조위 활동에 대한 뭐 이견이라기보다는, 어떻게 보면 가족협의회에 같이하지 않고 개인적으로 활동하시는 아버님들이 몇몇 있었어요. 수현이 아버님이라든가 제세호 아버님이라든가 이런 분들은… (면담자 : 수현이 아버님이랑 또) 제세호. 박수현, 제세호 아버님들은, 인제 처음에 박수현 아버지는 진상규명분과장하다가 그만두고 개별적으로 자료 모집[수집]하면서 진상 규명에 대해서 연구를 하고 활동을 하시는 아버님이고. 제세호 아버님도 인제 개인적으로 협의회에는 안 들어왔지만 개인적으로 돌아다니면서 활동을 하시는 분이고.

이런 분들이 가족협의회하고 의견이 다르기보다는 개인의 생각으로 특조위하고 얘기를 하는 부분은 있었죠. 개인, 자기 개인이 그동안에 조금 모았던 자료에 대한 본인의 생각 그런 것들을 특조위에 전달하고, 특조위에 대한 어떤 자료 요청을 해서 받아보고 이런 거는 있었어도, 가족협의회에 대해서 이견이 있고 그걸 반대하고 그런 일은 없었어요. 대신에 저희들 가족임원회의에서 우리가 특조위 어떻게 하고 어떻게 하겠다는 그런 논의는 저희들이 꾸준하게 했고, 또 그런 부분에 대해서 논의 결과를 가족들한테 항상 먼저 밴드로써 공개를 했거든요, 각 가족들이 알 수 있게끔. 그래서 우리 특조위가 어떤 상황이고 가족협의회는 이 상황에 대해서 이렇게 진행을 해나가겠다 하는 그런 거였기 때문에, 그에 대한 특별한 이견이 있었겠지만 그래도 우리가 특조위에 전달하는 데에 방해가 되거나 그게 전달이 막히거나 아니면 수정해야 된다는 그런 정도까지는 없었죠.

면담자　　　가족협의회에서 활동하지 않으신 부모님이나 아니면 활동하셨던 이후에 개인적으로 활동하셨던 두 부모님 이야기를 해주셨는데, 이분들이 특조위와 결합하거나 이런 것들에 대해서 아버님 보시기에 좀 언짢거나 그러시기도 하셨었나요?

**수진 아빠**      언짢다기보다는 그런 생각을 했었죠. '가족협의회에 들어와서 활동하는 게 더 낫지 않을까' 이런 생각은 했었죠. 왜냐면은 물론 개인적으로 자료를 수집하고 어떤 부분에 있어서 연구를 하고 하는 것도 다 좋은데, 조금은 제한적일 수 있잖아요. 어떤 자료적인 부분에 접근할 때도 제한적일 수 있고 시간도 많이 걸릴 수도 있지만, 저희들은 단체고 나중에 2016년도에 사단법인이 되었지만 어쨌든 가족협의회라는 그런 단체를 꾸려가지고 단체로서 정부라든가 이런 단체를 상대하기 때문에 그마만큼 말에도 힘이 있고 자료를 요청하드래도 빨리 쉽게 할 수가 있거든요, 개인적으로 하는 것보다는. 그렇기 때문에 그런 부분에 있어서 '본인들이 생각하는 바를 우리 단체에 들어와서 우리 가족협의회 들어와서 같이, 다른 가족들하고 같이 진행을 하면 훨씬 더 낫지 않았을까' 하는 생각이 당연히 들었었죠. 그런데 그분들의 개인적인 행동이고 그런 거니까. 얘기는 했지만 그렇다고 관계를 할 수 있는 것도 아니고 그런 부분이 조금은 안타깝고 그랬었죠.

# 8
## 세월호특별법 시행령과 기억식

**면담자**  이제 시행령 좀 여쭤볼까 합니다. 3월 27일에 특조위랑 논의 없이 해양수산부가 세월호특별법 시행령안을 입법예고 했습니다. 시행령안은 특조위 규모나 역할을 축소했다, 거의 막으려고 했다라는 평가들까지도 (수진 아빠 : 네) 있었기도 했고요. 여기에 대해서 내부의 반응과 논의 그리고 아버님이 느끼셨던 것들까지도 좀 얘기해 주시면 좋겠습니다.

**수진 아빠**  어떻게 보면은 사실 시행령은 모법인 특별법을 조금 세세하게 다뤄서 특별법, 모법인 특별법의 취지에 맞게 진행을 해나가야 되는 규칙이잖아요, 규정이잖아요. 근데 그게 모법의 근간을 뒤흔들고 모법의 취지를 아예 방해하고 막아버리는 시행령이 되다 보니까…. 저희들은 사실은 그냥 특별법만 제정되면 다 되는 줄 알았거든요. 근데 그 시행령이 또 있어야 되고 그 시행령을 만드는 게 해당 부처가 해수부고, 우리는 해수부를 적이라고 생각하고 있는데. 그러니까는 저희들은 받아들일 수 없는 거죠. 그래서 우리 시행령안을 내놓았었고, 어차피 그건 반영도 안 됐지만. 그래서 해수부가 해수부 시행령안을 밀어붙였고 국무회의에서 뭐 통과까지 했지만, 그거에 관련해서는 거의 뭐… 그러면 그동안에 우리가 특별법을 만들기 위해서 그 고생을 했던 거는 물거품이 되는 거잖아요 사실은, 도로아미타불 되는 거고. 여야가 그렇게 합의해 가지고 반쪽짜리지만 그래도 특별법을 통과하게 해놨는데 시행령으로써 그걸 무기력화시킬려고 하는 그런 행태를 보니까 거의 뭐 눈이 돌 지경이었죠.

그래서 저희들이 "쓰레기 시행령 폐기하라"는 농성 집회, 그다음에 안산에서 광화문까지 영정 도보, 상복 입고 했었잖아요, 사실. 그런 부분이 굉장히 어떻게 보면은 '아, 이렇게까지 대한민국이, 국민들이 참사의 피해자들이 얘기하는 부분을 어떻게 이렇게까지 무참하게 짓밟을 수 있는가' [하는 분노의 표현이었죠]. 더더군다나 입법기관인 국회에서 특별법을 통과시켰는데 행정기관인 해수부에서 시행령으로 그걸 무력화시키고, 어떻게 보면 입법기관을 조롱하는 거나 마찬가지잖아요, 무시하고. 근데 그 입법기관이고 당사자들인 국회는 아무런 얘기도 안 하고 있고…, 엄중하게 항의를 해야 되거든요, 사실은요. 국회에서 자기들의 어떻게 보면은 입법 활동에 굉장히 모독을 받은 거고 침해를 받은 거거든요? 이렇게 특별법을 만들어놨는데 정부에서는 시행령으로 그걸 어떻게 보면 쓰레기를 만들어버린 거기 때문에. 그래도 침묵하고 있는 국회를 보면서 굉장히 어떻게 보면은 실망도 했었고 분노도 했었고. 물론 여당이니까는 그럴 수밖에 없었겠지만 거기에 또 야당도 침묵하고 있는 거에 대해서는 굉장히 또 실망을 많이 했죠.

면담자        아, 당시에 야당은 침묵하고 있다고 보셨군요? 아버님께서는.

수진 아빠        느꼈죠. 왜냐면 거기에 대해서 어떠한 항의도 없었으니까. 물론 몇몇 의원들은 우리가 "쓰레기 시행령 폐기하라"는 그런 집회나 농성에 같이 동참하기도 했지만은, 의원들 개개인의 행동이 아니고 당의 차원으로서 엄중 항의하고 여당한테 "이게 말이 되는 거냐? 어떻게 입법기관인 국회에서 만든 특별법을 그렇게 쓰레기로 만들어버리는 정부, 해수부의 시행령이 나올 수가 있느냐?" 이런 정도의 항의와 그렇게 못 하게 하는 게 있어야 되는데 없었단 얘기거든요. 그냥 바라보고만 있었고, 오히려 가족들이나 시민단체들이 나서서 "쓰레기 시행령 폐기하라"는 그런 농성하고 집회하고, 가족들은 안산에서 서울로 광화문까지 상복 입고 영정 들고 도보하고… 비 오는데. 그런 상황까지 내몰렸다는 데에 대해서 '정말로 이 나라가 진짜 국민을 위한 나라인가, 아니면은 억울한 피해를 당한 피해자를 위로해 주는 그런 정부인가 아니면 청와대인가 대통령인가?' 그런 생각을 했죠. 그래서 실망도 했었고 분노도 했었고, 어떻게 보면 거의 잠이 안 올 정도로.

면담자        이후 겪었던 활동 중에서도, 경중을 따지는 게 좀 질문이 이상할 수도 있겠는데요, 이때는 하여튼 굉장히 실망을 많이 하셨던 때다 이 말씀이신가요?

수진 아빠        그렇죠. 왜 그냐면은 그때 당시에 저희들은 좀 전에 얘기했지만은 특별법이 만들어지면 다 될 줄 알았거든요. 그래서 응? 그 국회 콘크리트 바닥에서 잠도 자고 단식도 하고 삭발도 하고 그랬는데, 그게 무력화되니까 그동안 그렇게 우리가 싸워와서 만들었던 특별법이 시행령 하나로 그냥 휴지 조각이 된다고 생각을 하니까, 거의 뭐 눈에 보이는 게 없을 정도였죠.

**면담자**      아버님은 되게 침착하신 것 같은데 그때는 화도 막 엄청 내시고 그랬던 건가요?

**수진 아빠**      많이 났죠. 화 안 낼 수가 없잖아요, 그런 상황이 되면. 진짜 힘들게 만들지 않았어도 어떤 것에 대한 걸로 해서 다른 게 침해를 받고 아무 효용가치가 없어지면 화가 날진대, 그 어렵게 싸워가지고 수십 번 여당 국회의원들 만나고 단식하고 농성하고 그래 가지고 만든 특별법이 그렇게 된다고 생각했을 때는 거의 뭐 돌아버릴 지경이었죠. 그렇다고 뭐, 진짜 그런 생각도 했어요, '쫓아가서 진짜 다 죽이고 싶다'. (면담자 : 그 정도로?) 네. 그런 생각하는 아빠, 엄마들 많았어요. '어떻게 이런 일이 있을 수 있냐', '법을 만들었는데 그 법을 어떻게 아무것도 아닌 걸로 만드는 시행령을 또 만들 수가 있냐, 그것도 정부에서'. 국민을 생각하고 오히려 진상 규명을 해줘야 되는 국가에서 이렇게 꺼꿀로 진상 규명을 못 하게 하는 시행령을 만든 거에 대해서는 거의 다 가족들은 분노를 했었죠.

**면담자**      예, 그래서 참사 1주기 공식 추모행사가 정부 시행령 안 거부 의사를 표현하면서 취소가 됐었는데, 애초에 가족협의회에서 당시 1주기 추모행사, 참사1주기 범국민대회라든지 여러 행사들이 있었을 텐데 어떤 점에서 중점을 맞춰서 기획을 했었고, 이게 왜 취소를 시켰는지에 관련된 내용들이 있으면 말씀을 해주십시오.

**수진 아빠**　　　정부 행사는 그게 아마 '국민안전의날' 행사일 거예요, 아마. (면담자 : 4월 16일이?) 4월 16일을 '국민안전의날'로 지정을 했거든요, 박근혜가. 그래서 1주기 때 처음 시행하는 국민안전의날 행사였고, 거기에 가족들이 참여해 달라는 요청을 했었어요, 사실은 행안부에서. 그래서 저희들은 "우리 거기 참석 안 한다", 정식으로 공문을 보냈죠.

**면담자**　　　시행령이 이러이러하게 되고 있기 때문에?

**수진 아빠**　　　그렇죠. 거의 인제, "우리가 거기에 참석할 이유가 없다. 지금 이 돌아가는 상황을 보면 어떻게 우리가 거기에 참석할 수 있느냐. 너희들이 한 행태를 보면은 그런 말이 나오느냐", 그런 거였죠. 그래서 "우리는 참석 안 하겠다. 당연히 박근혜 정부하에서 하는 그런 정부 행사는 참석 안 한다", 이렇게 딱 못을 박았죠. (면담자 : 그럼 별도의 추모행사) 그래서 기억식을 한 거죠. (면담자 : 기억식) 네, 정부합동분향소 마당에서 기억식을 했었죠. 1주기 기억식, 그때 비가 좀 많이 왔었죠.

**면담자**　　　그때 아버님이 맡으신 역할하고 그때 행사에서 기억에 남는 거 있으시면 여쭙겠습니다.

**수진 아빠**　　그게 2015년도 4월 16일이니까 그때는 반 대표장이었고 모든 주관은 어쨌든 사무처하고 확대운영회의에서 보고는 받고 계속적으로 필요한 부분은 논의해서 결정을 했던 구조였기 때문에. 그때 당시에는 외부단체들의 도움도 있었고, 그런 부분에 대해서 기획을 할 수 있는 기획력이 없잖아요, 저희들은요. 그렇기 때문에 외부, 그런 행사를 해본 단체들의 도움하고 그 행사를 할 수 있는 회사의 연결받는 부분이라든가, 또는 그거 예산에 대해서는 안산시라든가 경기도의 교육부[청] 이런 곳에 예산은 저희들이 요청을 해놨기 때문에 예산 부분에서는 그랬었는데, 그런 기획을 한 번도 해본 적이 없어 가지고 그런 부분에서는 저희들도 조금은 어려움은 있었지만은 그래도 대체적으로 정부 행사에 마치 그렇게 요란스럽지 않고 우리 아이들 기억하자는 의미에서 기억식으로 저희들이 명명을 했기 때문에 차분하게 잘 치렀던 것 같애요.

　　대신에 인제 초청장은 저희들이 보냈어요 사실은. (면담자 : 정부에다가) 예. 박근혜 대통령서부터 해가지고 다 일부러, 안 올 것이란 걸 알고 있지만은. (면담자 : 자리가 비어 있는 걸 사진으로 찍고 그러지 않았었나요?) 네, 일부러 저희들이 그랬어요. '어차피 니네들은 참석 안 할 거지만 우리는 그럼에도 불구하고 우리 아이들을 위해서 니네들이 해야 할 부분이 있기 때문에, 와야 된다'는 걸 저희들은 강조를 하고 싶었거든요. '니네들 국가의 잘못이고 국가가 어떻게 앞으로 어떻게 해야 될 것인가를 니네들이 이 기억식에 와서 다짐을 해라', 그런 의미에서 자리를 배치해 놓고 초청장을 보낸 거고, 어차피 다 안 왔지만. (면담자 : 가족협의회 내부에서의 아이디어인 거인가요?) 그렇죠. 어쨌든 확대운영회의에서 나온 거죠.

면담자　　　기억식 전체를 꾸리는, 기획한다거나 할 때 좀 특별히 주도했던 분이 있었을까요?

수진 아빠　　　그때는 아마 사무처로 알고 있는데 사무국이죠, 그때는 사무국, 제가 그때는 사무처장이 아니었으니까. 사무국하고 인제 거기에 관련된 그런 행사를 하는 회사가 있거든요. 아마 시민단체들이나 이런 단체들이 주로 거래하는 그런 회사가 있어요, 아마. 그런 회사들도, 이벤트 회사들도 아마 어떻게 보면은 진보 쪽이죠, 진보 쪽. 그런 활동을, 관계된 사람들하고 많이 친분이 있는 그런 대표가 있는 그런 회사들로 (면담자 : 회사 이름 혹시 기억하세요?) 이름은 제가 잘 모르겠어요, 물어보면 알 수 있을 건데. 주로 그 회사 2주기, 3주기 계속 그 회사하고 같이 했으니까. 왜 그냐면은 한 번 해봤으니까 그 기억식에 대한 분위기라든가 어떤 컨셉을 해야 되는가는 따로 설명을 안 해도 알거든요. 그래서 추가적인 부분만, 2주기 기억식 때는 어떤 컨셉이 들어가야 된다고 말만 해주면 알아서 다 하기 때문에 그래서 계속적으로 4주기 합동영결추도식까지 그 회사하고 같이 했어요, 사실은 네 번을.

# 9
## 4·16연대와 관련한 이야기

**면담자**　　　6월 28일으로 넘어가 보겠습니다. 6월 28일이 4·16연대[4월16일의약속국민연대]가 발족된 날인데요. 4·16연대 발족과 관련돼서 기억하시는 게 있으신가요?

**수진 아빠**　　　4·16연대가 접때도 말씀드렸다시피 '4·16세월호참사국민연대[국민대책회의]'에서 각 단체별로 하던 일들이 있고, 시간이 1년 이상이 지나다 보니까 그 결속력이랄까 일을 추진함에 있어서 조금 인제 조금은 동력도 떨어지는 상황이었었거든요. 그래서 이렇게 해서는 너무 많은 단체가 모여 있다 보니까 의견도 조율이 좀 안 될 수도 있는 부분도 있을 것이고, 그래서 얘기가 된 게 아마 제가 듣기로는 '세월호에 관련해서만 일을 하는 단체를 만들어보자. 거기에 참여할 수 있는 단체들만 꾸려보자' 해서 만든 게 4·16연대라고 알고 있고, 또 4·16연대 회원들을 모집함에 있어서 모집은 4·16에 관련된 활동을 하는 단체, 회원 그리고 거기에 대한 회비 이렇게 딱 규정을 정해놨기 때문에 4·16연대는 오로지 세월호에 관련된 활동밖에 할 수가 없고, 물론 거기에 자기 고유의 단체 일도 있지만 중점적인 건 세월호 관련된 일이거든요.

　　각 단체들이 거기 들어와서 '우리는 우리 단체 일도 있지만은 세월호 관련된 일을 적극적으로 같이하겠다' 해서 만들어내게 된 게 4·16연대고 그래서 아마 창립총회를 그때 6월 달에 했을 거예요. 2015년도 6월 달에 했을 거예요. 저희가 간 기억도 나는데 가족들이 가서, "거기에 가족들이 빠지면 안 되겠다", 이렇게 얘기가 있어서 운영위원장이라든가 집행위원장이라든가 해서 상임위원으로 같이 참여를 하고 공동대표로서 참여를 하게 된 거죠. 그래서 운영위원장 같은 경우에는 4·16연대 공동대표로 이름이 들어갔었고, 지금도 들어가 있죠.

**면담자**        그렇군요. 아버님은, 4·16연대가 이 시민활동가들이 주축이 돼서 만들어진 집단 아니겠습니까? 시민운동 그룹들과는 사실 2014년도부터 계속 접촉을 하셨겠습니다만 같이 활동하시면서 많은 조언들을 얻으셨다고 얘기를 해주셨는데, 아까 전에는 노동단체와의 간담회 경험에 관해서 좀 여쭀고요. 시민단체가 마련한 행사나 이런 곳에 가셨을 때 느꼈던 특별한 독특한 경험이랄까 인상 같은 것들이 있으셨나요?

**수진 아빠**        특별한 인상이라기보다는 그 단체만의 고유한 그런 특징이 있더라고요. 금속노조 같으면은 조금은 얘기도 세고 분위기도 좀 그런데, 또 환경단체 가면은 그렇지 않고 이런 부분들이 다 있어요. 근데 그런 부분은 저희들이 모르죠. 가서 느끼니까, "아, 이 단체 성격들은 이렇구나. 또 쓰는 말도 이렇구나", 그런 게 각자 느껴졌거든요. 그렇다고 해서 저희들이 거기에 적극적으로 맞춰서 하기보다는 우리의 얘기를 전달하는 게 주목적이니까 우리는 우리 얘기 전달하고, 또 그 사람들이 느끼는 세월호에 대한 느낀 점도 저희들은 적극적으로 들어야 되거든요. 듣고 와서 그 부분에 대해서 우리 가족들이 어떻게 해야 될 것인가를 논의해야 되고, 그래야만이 앞으로도 쭉 계속 그분들하고 같이 갈 수 있는 공통분모가 생기니까.

그렇지 않고 우리 것만 주장해서는 또 그 사람들이 생각하는 세월호와 그 사람들이 느끼는 세월호와 그 사람들이 어떻게 해줬으면 하는 세월호가 있는데, 가족들의 입장에서만 주장을 하다 보면은 조금은 생각이 다를 수도 있으니까. 그래서 가족들이 느끼는 거는 100이라면 그런 지역에서 느끼는 거는 40, 50, 60, 70 이렇게 다르거든요, 단체마다. 그런 거에 맞춰서 가족들이 행동을 해야 되고 하기 때문에 너무 세계만 나가서도 힘들고 지역에서, 그렇다고 너무 약하게만 나가서도 지역에서는 '어, 가족들이 왜 저러지?' 이렇게 생각할 수도 있고 그렇기 때문에, 그런 부분들을 적극적으로 반영을 많이 하고 그랬었죠. 간담회 가면서도 듣고 온 얘기도 많았었어요, 저희들이. 하고 온 얘기도 있었지만 지역에 가서 세월호에 관련해서 어떻게 생각하고 있고 어떻게 해줬으면 한다, 가족들이 어떻게 해줬으면 한다는 얘기를 많이 들었었어요 사실은.

면담자    그 어떻게 해줬으면 한다는 얘기 중에는 어떤 이야기들이 있었나요?

수진 아빠    그러니까 가족들이, 가족들 근황을 궁금해하시는 분들이 대부분 많으시고, 그 참사를 겪고 가족들은 어떻게 살고 있고, 지금 어떤 일들을 하고 있는지를 되게 궁금해하세요. "저희들은 자고 일어나면은 분향소에 나가서 또 우리가 외부 행사가 있으면 가족들은 쫓아가서 하고 그 일상의 반복이다". 그리고 "가족들이 어떻게 앞으로 할 것이냐?" 하면 저희들은 "오로지 우리 아이들이 왜 그렇게 구조받지 못하고 죽어야 됐는지 그 이유를 일단 먼저 알아야 되겠고, 거기에 관련된 사람들이 당연히 처벌을 받아야 되겠고 그와 더불어서 이런 참사가 다시는 안 일어나게끔, 우리나라의 또 다른 우리 세월호 유가족 같은 유가족들이 안 생겨나게끔 대한민국의 시스템도 좀 바뀌어야 되겠다. 이런 것에 대한 활동을 저희들은 해나갈 것이다". 이런 부분들을 말씀을 드리거든요. 그런 점들을 듣고 싶어 하시니까, 가족들한테 안 들으면 어디 들을 데가 없잖아요. 그런 부분들을 얘기를 많이 했었죠 그 당시에는.

면담자    주로 시민단체이지만 지역사회를 기반으로 하는 시민단체를 지금 이야기를 많이 해주시는 것 같은 인상이 들었는데 맞습니까?

수진 아빠    그렇죠. 그 지역에서 어차피 지역단체라는 거는 그 지역에서 생활하고 지역에서, 예를 들어서 직장을 다니고 그런 분들이거든요, 개인이든 단체든. 그렇기 때문에 그 지역의 생각도 저희들이 알아볼 수 있는 그런 계기예요, 사실은요 그런 간담회가. 물론 다른 생각을 하는 분들도 계시지만 그 지역에 이렇게 세월호에 관련해서 생각하고 같이 활동해 주시는 분들도 있다는 그런 [걸]

아는 계기가 된 거죠, 간담회 같은 건.

**면담자**　　　그렇게 지역 간담회를 할 때는 또 지역단위의 시민 단체들하고 결합을 하고, 가령 1주기 기억식을 할 때 결합하는 시민단체들과 조언을 얻거나 협력하는 시민단체들은 전국적 단위의 시민단체이지 않습니까?

**수진 아빠**　　　그렇죠. 그래서 기억식에 초청하는 단체도 전국적으로 저희들이 하는 거고, 경기도에 국한돼서 하는 게 아니고 전국적으로 하는 거고. 오셔서 기억식을 같이하면 좋겠지만은 거리가 너무 멀다 보니까 못 오시는 분도 있고, 멀어도 새벽부터 버스 타고 와서 같이 해주려는 분도 있고. 그런 부분들이 상황에 따라서는 지역적이 될 수도 있고 전국적이 될 수도 있고 그런 거죠, 활동 있을 때는.

**면담자**　　　지역, 여러 지역의 단체들 중에서는 당연히 안산 지역을 기반으로 하는 시민단체들도 있을 텐데요. 안산의 시민단체들과 4·16가족협의회의 진상 규명 활동, 2014년과 2015년 이 시점에서 그 둘의 관계는 어떠했다고 생각하십니까?

**수진 아빠**　　　사실 2014년도, 2015년도 초반까지는 저희들은 안산에는 신경을 안 썼어요, 거의 안 썼어요. 왜 그냐면은 그때는 무조건 외부 활동이었거든요, 안산시 외, 그 주 장소가 서울이었고. 왜 그냐면은 이 문제를 해결할 수 있는 데는 청와대하고 정부거든요. 근데 거기가 서울에 있잖아요. "안산에서 아무리 목소리 내봤자 전달 안 된다. 청와대로 쫓아 올라가야 된다" 그랬기 때문에. 더더욱 그리고 안산이 재난지역이면서 참사의 주요 도시잖아요. 그러고 우리 애들이 살던, 친구들이 살고 있는 곳이고 내가 살고 있는 이웃 주민들이 언니, 형, 동생들이 살고 있는 곳이거든요. 이웃 주민들이 옛날부터 알고 지내던 형이고 언니고 그렇잖아요, 우리 엄마, 아빠들한테는. 그렇기 때문에 사실 안산은 그렇게 신경을 안 썼다고 봐도 무방할 거예요. '이해해 주겠지' 그런 마음도 있었고 '충분히 공감할 거야' 그런 마음도 있었고. 그 당시 상황은 어쨌든 정부에 요청하고 요구하고 청와대에 요구할려면은 서울로 가서 해야 되기 때문에, 그래서 농성도 서울에서, 국회에서, 청운동에서, 광화문에서 했던 거지 안산에서는 전혀 안 했었죠, 무조건.

면담자    당시 안산에 시민단체들은 가족협의회에 힘을 보태고 싶다거나 어떻게 같이할 생각 없느냐 이런 얘기들을 따로 전해오진 않았었나요?

수진 아빠    그게 아마 어떤 조그만 단체들로 해가지고 한 거는 '엄마의 노란손수건'이라든가 이런 임의로 만든 단체들이 가족들이 서울에 와서 활동할 때 같이 와서 활동하고 그런 건 있었어요. '리멤버0416'같이, 그건 안산은 아니지만 전국적인 단위지만 그런 식으로 개별적으로 작은 단위는 있었고. 가족협의회라든가 가족대책위에 요청해서 같이하겠다는 그거는 그때 당시에는 아마 '세월호참사국민대책위'에 아마 들어가서 같이 하지 않았을까 이런 생각이 들어요. 개별적으로 안산에서 어떤 단체가 와서 같이 한다 그런 거는 거의 느낌은 없었죠. 그리고 '엄마의 노란손수건' 같은 경우에는 처음부터 같이 했으니까, 안산에서 만든 엄마들의 모임 단체고 했기 때문에 그 정도이지 그 외 다른 단체들은 뭐 특별하게 생각나는 단체가 안산 단체는 없네요.

**면담자**　　　다른 인터뷰를 해보다가 이런 이야기를 들은 적이 있었거든요. 2014년에 8월에 돌아왔더니 안산에 분위기가 바뀌었더라. (수진 아빠 : 8월에요?) 네. (수진 아빠 : 8월에는 외부에 있었는데요, 우리가) 그래서 하다가 안산에 왔더니, 그러니까 안산이 계속 추모하고 같이 위로해 주는 분위기였다가, 시민들의 분위기가 좀 냉랭해졌다 그래야 되나 그렇게 바뀐 때가 있었다고 들었는데, 아버님은 혹시 그런 때를 그런 기운을 느끼신 적이 없으셨나요?

**수진 아빠**　　　글쎄요. 2014년도는 거의 외부에 있다 보니까 그런 걸 느낄 새도 없었고, 그런 얘기들은 많이 돌았었어요. 2014년도 여름에도 그렇고, 유가족이 40억 받았니 100억 받았니 이런 얘기는 있었거든요. 저희들은 받은 게 한 건도 없는데 오히려 내 돈 써가면서 활동하고 있던 시기였는데, 뭐 누가 택시 타면은 택시기사가 유가족들 40억 받았느니 60억 받았니 이런 얘기하고, 그런 상황이라는 거는 들었었어요. "우리가 안 받았는데 그런 거야 무시하면 그만이지", 그런 때가 있었고. 한 가지 그런 게 극명하게 나타난 때가 뭐냐면 4월 달에, 2015년 4월 달에 해수부에서 보상금에 대해서 언론사에 기자회견한 게 있었어요. (면담자 : 배·보상?) 네, 배·보상에 관해서, 학생들은 8억, 교사들은 10억 넘게 세금으로 다 주는 것 같이 이런 식으로. 여행자보험에다가 청해진의 선박보험에다가 일실수입 그런 걸 다 계산해서 세금으로 다 주는 거같이 호도한 때가 있었거든요.

그때 아마 전국적으로 방송에 나가면서 그때 조금 아, 이런 얘기도 나왔었지요, "유가족들 로또 맞았다"는 이런 얘기가 나왔었잖아요. 아마 그때 많이 그런 기류가 생겼을 걸로 판단이 돼요. 왜 그러냐면은 돈이 결부되니까. 사람이 그렇잖아요. "사촌이 땅 사면 배가 아프다" 이런 비유가 어떻게 될진 모르겠지만은 처음에 슬픈 일 당하고 '아이고 자식 잃어서 안 됐다' 했던 마음들이 조금조금 시간이 지나면서 좀 얇아지고, 거기에 돈이 뭐 8억, 10억씩 결부가 되니까 '어, 저거 뭐야? 와 돈 벌었네', 이런 생각으로 바뀔 수가 있잖아요. 아마 그런 시점에서 '쟤네들 뭐 돈 벌었네'라는 인식으로 바뀌는 계기가 좀 되지 않았나 그런 생각이 들어요.

면담자        아버님은 그때 배·보상 논의가 유언비어의 형태로든 정부에서 약간 의도적으로 발언했든 하면서 여론들이 바뀌었다고 얘기해 주셨는데, 거기에 대해서 그렇게까지 크게 생각하시지는 않으셨던 (수진 아빠 : 그렇죠 뭐) 뉘앙스로 들립니다.

수진 아빠        '우리가 어차피 안 받았고 어차피 아는 사람들은 다 아는데 그게 뭐 대수야. 그리고 정부에서 그런 식으로 여론 호도

하고 그러는데 어차피 우리가 안 받았으면 되는 거고. 내 주변에 친척이 됐건 이웃사촌이 됐건 안 받은 건 아는 사람들은 다 아는데', 그런 식으로 생각을 했었죠. 사실 받은 적도 없기 때문에 거기에 대해선 떳떳하고. 그래서 그런 얘기가 돈다고 할지언정 그렇다고 일일이 한 명씩 쫓아다니면서 해명할 수도 없을뿐더러, 그런 얘기 나올 때마다 그런 얘기하는 사람들한테는 진실을 얘기해 줄 수 있지만 그렇지 않은 사람들까지 쫓아다니면서 해명할 수는 없잖아요. 그래서 그런 부분에 대해서는 그런 여론몰이 하고 여론을 호도하는 정부를 욕했지, 그런 얘기하는 사람들은 저는 '우리는 그런 적이 없는데' 그렇게 생각을 했죠.

**면담자**　　아까 얘기 나왔던 4·16연대 얘기를 하나 추가로 여쭙고 싶은데요. 이미 가족협의회가 있고요, 또 4·16연대라는 시민단체 단위가 생겼는데, 4·16연대가 아버님이 그때 생각하실 땐 어떤 활동을 좀 더 잘해야 되기 때문에 이런 게 생겼을까라고 보셨습니까?

**수진 아빠**　　어떤 활동을 잘해야 되기 때문에 생겼다는?

**면담자**　　4·16연대랑 가족협의회랑 관계랄까요, 이런 것들을 어떻게 생각하셨는지? 4·16연대가 만들어지는 걸 보면서 만들어지는 게 필요하다고 보신 건지 내지는 4·16연대에 대한 이런저런 생각들을 여쭙는 거죠.

**수진 아빠**　　그때 당시에는 사실은 고마웠죠. 사실은 어떻게 보

수진 아빠 김종기

면은 입장을 바꿔놓고, 내가 만약에 유가족이 아니고 일반 시민이었는데 유가족들을 돕기 위해서 그런 연대를 만들고 활동을 할 수 있을까 생각해 보면은 거꾸로 고마운 거잖아요. '난 그렇게 할 수 있었을까?' 그런 생각을 해보면 진짜 그 사람들은 대단한 사람들 아닌가? 내 일도 아닌데 내 일인 것처럼 그렇게 단체까지 만들어가면서 우리를 돕기 위해서 저렇게 애쓰는데 고마워 안 하는 게 이상한 거잖아요. 그래서 그런 점에서 굉장히 고마웠고, 또 어떤 그러한 일을 해보지 못한 우리를, 해본 사람으로서 경험자로서 옆에서 도와준다는 게 든든하잖아요, 사실은···. (면담자 : 경험자?) 그렇죠. 그 당시에는 아무것도 2015년도 중반이지만 그때 당시에도 저희들이 크게 아는 것도 없었고 농성만 할 줄 알았지, 그런 부분에 있어서 그런 일을 해본 단체들이나 사람들이 모여서 우리한테 도움을 주겠다고 단체까지 만들어서, 이름도 4·16연대로 해가지고 4·16국민약속의연대 이렇게 해가지고 하는데 얼마나 고마워요? 고맙고 든든하고. 또 우리가 어떤 일을 함에 있어서 도움도 요청하고 조언도 구할 수 있는 곳이 생겼다는 게 굉장히··· 좋고 그런 느낌이었죠. 어떤 "저 사람들 뭐야?" 이런 건 전혀 없었고.

면담자        그 이후에 4·16연대가 하는 여러 가지 활동들에 대해서도 기본적으로는 같은 입장으로 바라보셨다고 이해해도 될까요?

수진 아빠        거의 같은 입장에서 바라본 게 아니고 우리 입장을 그쪽에서 많이 거의 반영해서 활동을 할려고 노력했었기 때문에,

거기에 대한 바라보는 시선은 같을 수밖에 없고, 또 거기에 우리 가족들이 들어가 있기 때문에 4·16연대[에]서 결정하는 구조도 거의 가족들의 [뜻이] 많이 반영이, 얘기가 반영이 돼서 결정이 된 거기 때문에 가족협의회 의견하고 거의 같다고 봐야죠. 왜냐면 거기 상임위원들이 가족들이 들어가 있었잖아요. 그래서 상임위에서 논의된 내용이 4·16연대 사업이었기 때문에, 그 논의된 과정에서 가족들의 의견이 반영이 됐기 때문에 가족협의회 의견이 반영된 거하고는 거의 일맥상통한다고 봐야죠, 지금도 마찬가지고. (면담자: 지금도?) 지금도 운영위원장, 집행위원장 그다음에 분과장, 나 이런 식으로 해서 한 네 명의 상임위원이 들어가 있거든요. 그렇기 때문에 모든 일을 논의함에 있어서 어떤 가족상임위원들의 의견을 최우선적으로 반영을 하죠. 4·16연대가 만들어진 이유가 그거기 때문에, 4·16 세월호에 관련된 활동을 하기 위해서 만들어진 거기 때문에 가족상임위원들의 의견을 반영을 안 할 수가 없는 거고.

**면담자**　　　　　예 그렇군요. 알겠습니다. 오늘은 일단 이 정도로 구술을 매듭을 짓겠습니다.

# 4회차

2018년 11월 1일

# 1
## 시작 인사말

**면담자**　본 구술증언은 4·16 사건에 대한 참여자들의 경험과 기억을 기록으로 남김으로써 이후 진상 규명 및 역사 기술에 기여하고자 합니다. 지금부터 김종기 씨의 증언을 시작하겠습니다. 오늘은 2018년 11월 1일이며, 장소는 안산시 단원구 4·16기억저장소입니다. 면담자는 이봉규이며, 촬영자는 문향기입니다.

# 2
## 1주기 범국민대회 구속과 연행 당시 심정

**면담자**　지금까지 2015년도 상반기까지 이야기를 좀 이어갔었고요, 4·16연대랑 가족협의회에 대해서 이야기를 좀 나눴습니다. 그 관련해서 '참사 1주기 범국민대회를 주도했다'라는 이야기가 알려지고 경찰이 4·16연대 박래군, 김혜진 위원에게 사전구속영장을 신청하고 이런 일들이 있었고요. 박래군 상임위원은 구속영장 발부돼서 11월 초까지 구속이 되었습니다. 이 사건에 대해서 기억나시는 게 있으시면 좀 얘기해 주십시오.

**수진 아빠**　범국민대회는 4월 18일 날 그때 얘긴 것 같고, 그때는 가족들도 많이 연행됐죠, 저도 연행됐으니까 금천경찰서에 집사람이랑. 금천경찰서에 한 20여 명 됐었나? 하여튼 가족들이 여기저기 흩어져서 많이 그때는 연행됐던 날이에요, 4월 18일이.

**면담자**     연행의 이유가 뭔지 혹시 기억하십니까?

**수진 아빠**     맨 그거죠. 도로교통방해 이런 죄목으로 해가지고 집회를… 사실은 불법집회라고 경찰들은 단정을 하고 거기에 대한 어떤 죄명을 만들려면은 제일 적절한 게 도로교통법 방해거든요. 그래서 그런 죄명으로 갔었고, 1차 조사만 받고 저희들은 귀가됐었죠. 그때 아마 저희가 18일보다는 저희가 2박 3일 동안 거기서 있었어요 사실은. (면담자 : 유치장에요?) 아뇨 아뇨, 광화문 현판 앞에서 농성할 때. 그리고 그때 마지막 날 이제 연행이 됐었고. 그때 그날 하루 새벽까지 거의 밤이죠, 낮에 연행돼 가지고 밤에 조사 다 받고 풀려나고.

박래군 상임하고 김혜진 상임은 그때 고걸 가지고 아마 경찰에서 구속을 시켰던 것 같고. 저희들은 항상 똑같은 생각이었죠. 가족협의회는 일단 그런 구속이라든가 할 수가 없잖아요? 정부 분위기라든가 그랬을 때 제일 만만한 건 시민사회단체거든요. 시민사회단체를 이끌어가는 그런 상징적인 인물들을 구속시키면서 위축시키고. 그때 아마 4·16연대 사무실도 압수수색이 들어갔던 걸로 기억을 해요. 그때 그 현장에 저도 있었는데 시시콜콜한 걸 다 뒤지고… 거기서 긴급 기자회견을 했었죠, 압수수색 규탄하는 기자회견도 하고. 그래서 그때 기조가 그랬던 것 같아요. 박근혜 정부가, 사실은 저희들은 '추모 1주기'면은 추모기 때문에 추모에 대한 것을 가지고 이 정부가 그러는 것에 대해서는 굉장히 우리 가족들도 그렇고 거기 참석했던 분들 아니면 전국적으로 시민단체라든가 이런 곳에서는 '왜 추모까지 막느냐' 그런 얘기였고, 의견이었고. 정부는 그게 '추모를 넘어선 불법집회다' 이렇게 단정을 짓고 탄압을 했던 상황이었기 때문에 거기에 맞춰서 아마 연결 고리로 박래군 대표라든가 김혜진 대표를 그렇게 압수수색하고 사무실도, 구속을 할려고 했던 그런 상황인 것 같더라고요. 가족들도 좀 거기에 대해서는 굉장히 항의도 많이 하고 기자회견도 하고 했었는데, 그런 활동이 또 구속하는 데에 전혀 지장을 못 줬던 거에 대해서도 저희 가족들로서는 굉장히 안타깝게 생각하죠. 그리고 박래군 상임을 면회를 갔었어요.

면담자       언젠지는 기억하십니까?

수진 아빠       그때가 구속되고 나서 얼마 안 됐을 거예요, 아마. 다른 기억은, 9월인가? 하여튼 가서 만나고 "굉장히 할 일이 많은데 여기 들어와 있어서 편히 쉬겠네", 이런 농담도 했거든요, 사실은 박래군 대표가. 그래서 "거기 안에서도 열심히 연구하라고. 나오면 또 활동해야 되니까 쉬지 말고 해라"(웃음). 또 그런 우스갯소리로, 조금 안에 들어가 있으면 그런 걱정이 되니까 밖에는 걱정을 하지 마라 그런 투로 얘기도 했었고요. 그래서 그 뒤로 나와서 계속 활동을 할 수 있었던 게 그런 연대감이라든지 유대감이 서로 한테 전달이 되는 것 같더라고요. 뭐 들어가서 물론 박래군 대표는 그런 경험을 많이 하신 분이지만, 저희들은 경찰서도 별로 가본 경험도 없는데, 가서 유치장은 안 들어갔지만 그래도 경찰서에 가가지고 감시를 받으면서 안에 있었던 그런 경험도 있었고 해서 조금은 당황스럽고 생소했지만은, 그래도… 일단은 뭐 구치소라도 유치장 안, 구치소 안에 들어가 있던 분이고 또 우리는 밖에서 활동 아닌 활동을 하는 가족들이지만은 '그런 어떤 연대감이 없으면 굉장히 활동하는 데도 조금은 위축되는 면이 있지 않았나' 이런 생각도 들더라고요. 그래서 농담 반 진담 반으로라도 마음도 좀 풀어주고 싶었고, 혼자가 아니라는 것도 조금은 얘기해 주고 싶었기 때문에 가족들이 면회를 갔던 거고 그랬었죠. 그래서 어쨌든 잘 지내셨고 나와서도 활동을 지금까지 하고 계시는 것 같애요.

**면담자**　　아버님은 1주기 집회 때 처음 연행이 되어보신 건가요?

**수진 아빠**　　1주기 때 시청광장에서 해가지고 광화문 우리 아이들 분향소로 가는데 차벽을 막았었어요, 사실은. 저희들은 국화꽃을 들고 시청광장에서 추모식을 하고 우리 아이들한테 추모 헌화를 하러 간다는 그런 생각으로 진행을 했던 건데, 정부에서는 많은 인원이 몇만 명씩 모여가지고 하니까 아마 그걸 조금 부담스럽게 생각하고, 그래서 아마 차벽을 다 쳤던 것 같아요. 광화문 네거리를 차벽을 다 쳤거든요. 그리고는 뭐 트랜스포머라는 그 차량으로 버스 위로 못 올라가게 쭉 올리는 기능이 있는 버스가 또 있더라고요. 그것까지 아예 네거리를 다 막았어요. 그래서 골목으로도 못 빠져나가게 병력 배치하고 그래서 거칠게 항의하고, 그래서 가족들만 가라 그렇게 또 얘기가 됐었거든요. 그래서 "그게 무슨 소리냐? 이 시민들이 농성하고 집회하러 온 게 아니고 추모하러 갔고 국화꽃을, 국화꽃 하나라도 놓겠다는데 왜 막느냐?" 이런 항의가 전혀 안 받아들였거든요, 사실. 그랬다가 그날 저녁까지 했고 그날 밤 비가 많이 엄청 왔었거든요. 그래서 그날 새벽까지 비 맞고 저기 한 기억도 나고, 4월 18일이 아마 토요일인가 그랬을걸요? 그런데 그때 이제 범국민대회를 했었거든요.

그때 그러면서 저희들이 기억으로는 광화문 현판에 저희들이 자리를 잡았던 기억이 나거든요, 경복궁. 그래서 거기서 2박 3일인가? 농성을 했었을 거예요. 날짜가, 시작한 날짜가 정확히 기억이 안 나는데 그때 그 한 가지 사건이 인제 화장실도 못 쓰게 했다는 거, 그래서 엄마들은 같은 엄마들이 담요를 이렇게 뼁 둘러서 쳐줘 가지고 구석에서 용무를 해결했다는 거, 그러니까 뭐 소변이라든가 이런 거. 그래서 그 인권위원회에서도 굉장히 그걸 제기를 많이 했었어요, 사실은 정부에다. (면담자 : 국가인권위원회 말씀이신가요?) 네, 네. 그 아니 저저 뭐죠? 인권활동 하는 단체가 있는데, 세계, 아니요. 세계적인 (촬영자 : 앰네스티) 네, 네, 거기서도 나왔었거든요, 인권침해가 있는지. 그런데 그런 상황까지 벌어지고 앰네스티에서도 굉장히 항의를 했는데도 개선이 안 됐었거든요. 가족들이 또 그거에 대해서 싸우고 해갖고, 경찰 그 화장실 차를 겨우 하루 지나

선가? 마련해 준 기억이 나요. 그동안은 그렇게밖에 해결을 할 수밖에 없었죠.

그래서 굉장히 인권침해도 심했었고, 그래서 마지막 날 가족들이 올라왔었거든요, 사실은 버스 타고. 왜 그냐면 그 한정된 공간에 경복궁 현판 앞에서 농성을 하는데 경찰은[경찰에게] 둘러싸여 있고 도로는 차벽으로 딱 쳐가지고 폐쇄를 시켰거든요, 그 공간을 안으로. 그래서 그런 사태가 일어났었는데 가족들이 그래도 그 안에 있는 가족들 걱정이 되기 때문에 안산에서 매일 버스로 올라왔었는데 그것마저도 차단을 시키는 거예요, 대교에서 경찰들이. 그래서 경찰들이 기달리기 전에 대교 건너자마자 버스 세워서 가족들 내려가지고 전철을 타고 경복궁으로 모였었거든요. 그런 식으로 뭐 첩보 작전을 방불하듯이 가족들이 와가지고 같이 있고, 또 인제 집에 애들 있다든가 그런 분들이 있기 때문에 다시 또 내려갔다가 또 버스 타고 와가지고, 그런 식으로 이렇게 막 같이 집회나 농성을 동참을 했었거든요.

그리고 딱 마지막 날 그게, 가족들 오는 게 거의 다 막히고 전철에서 내려가지고 큰길을 건너야 경복궁인데 그것도 막는 거예요, 경찰이. 거기서부터 촉발이 돼가지고 농성하던 가족들이 막 도로로 나가기 시작한 거죠. 도로에 막 드러눕고 경찰들이 연행하고 그런 상황이 발생을 했고, 그날 아마 처음으로, 광우병 이후로 처음으로 광화문이 경복궁 앞 도로가 뚫린 날이라고 그렇게 얘기를 하더라고요. 저희들은 이미 낮에 연행돼 가지고 경찰서에 조사받고 모여 있을 때 생중계로 봤거든요, 그걸 인터넷 생중계로. 근데 광화문이 뚫리지를 않았었어요 사실은요, 그 경복궁 앞에가 삼거리가. 왜 그냐면 바로 그것만 뚫리면 청와대니까, 그게 뚫린 날이 아마 그날이었거든요. 우리는 경찰서에서 인터넷으로 보면서 동영상 생중계로 보면서 그 얘기를 "오늘이 엄청나게 좀 의[뜻] 있는 날이 될 거다", 이렇게 얘기를 많이 했었죠, 가족들끼리도. 광우병 이후로 뚫린 적이 없던 거리도 뚫렸었고, 뭐 하여튼 그런 기억도 나고.

2015년도 4월 18일로 해가지고 기억은 좀, 그때도 가족들이 굉장히 그 대로를 그냥 뛰어갔으니까. 가족들하고 결합하기 위해서 경찰들이 제지하는데도 불구하고 신호가 끊긴다 싶으면은 뛰어가고 그랬거든요, 차가 좀 뜸하다 싶으면. 그게 굉장히 위험한 상황이었어도 가족들은 그거를 조금은 생각을 안 했던 것 같아요. 왜 그랬는지도 저희는 정확하게 '그때 당시에 왜 잘못했으면 사고가 났을 경우도 있을 건데 왜 그랬을까?' 생각하면은 아무런 기억이 없거든요. 그럴 정도로 그냥 좀 우리 애들 일에 몰두를 했던 것 같애요, 2015년도 초에도. (면담자 : 앞뒤 보지 않고 일단 가야 된다) 네 네, 가족들이 있으니까 '저기 우리 가야 된다, 경찰이 막아도', 그런 식이었죠.

면담자      연행되는 체험이라는 게 살면서 잘 경험하지 않는 체험인데요. (수진 아빠 : 처음이었죠) 네, 아버님은 어떤 느낌을 느끼셨습니까?

**수진 아빠**   '아, 내가 과연 연행될 만큼 죄를 지었나?' 지금 이 상황이 너무 황당하고 어떻게 보면은 억울하고, 진짜 분노가 치밀어 오르고 착잡하고 막 그러더라고요. 그 버스에서 바로 연행은 안 됐거든요. 가족들이 연행 버스에 태워져 가지고 바로 간 게 아니고, 그 서울지방경찰청 그 뒤쪽 약간 작은 도로변에 또 버스가 한 대 있더라고요. 글로 인수인계돼 가지고 타 있었고, 다른 가족들도 그쪽으로 온 가족들은 또 타고 분산돼서 있었어요, 가족들이. 연행이, 처음에 시위 현장에서 끌려와 가지고 바로 경찰서로 간 게 아니고, 분산돼서 차에서 대기하다가 나중에 각 경찰서로 분산이 돼서 간 거죠.

그때 아마 금천경찰서로 간 건 한 20여 명 정도 됐나? 굉장히 좀 많았어요. 그래서 조사받았고, 그래서 거기 앉으면서 생각한 게 굉장히 어떻게 보면 비참하더라고요. '과연 내가 왜 여기서 이렇게 이 경찰 버스에 앉아 있어야 되는가'. 우리 처음에 거의 여섯, 일곱 명에서 제 몸을 들고 경찰 버스에 강제로 집어넣을 때, 집사람이랑 같이 (면담자 : 같이 계시다가 같이 연행이 되신 거군요) 처음에 도로에 누워 있고 아빠들은 도로에 서 있고, 경찰들이 막 이렇게 끌어내려 하니까 엄마들은 도로에 스크럼 짜가지고 도로에 누워 있고 아빠들은 경찰 밀치면서 말리고 하다가, 계속 경복궁 앞에 우리 농성하던 그 버스 차벽까지 밀리게 된 거죠. 그랬다가 버스 차벽 앞에서 버스 등 대고 이렇게 하는데, 그때는 뭐 경찰들이 쫙 둘러가지고 아예 그 공간을 딱 차단한 다음에 둘러졌으니까 꼼짝도 못 하죠.

수진 아빠 김종기

양쪽 팔, 발, 다리 그래 가지고 버스 문 열어가지고 거기다 집어 넣는데 감당할 수가 없잖아요. 그때 집사람도, 수진이 엄마도 거기 나 있는 데까지 밀렸다가 같이 버스에 태워졌는데, 그땐 뭐… 할 얘기는 그것밖에 없었어요. "우리 애 살려내라"고, "우리 애를 살려 내라". 거의 울부짖음이죠, 버스에 실려지면서. 그러면서 생각한 건 진짜 비참한… '이 대한민국 국민인데 이렇게 비참하게, 자식을 잃고도 거리에서 이렇게 내쫓기고, 경찰 버스에 태워지고 연행이 돼야 되는가' 하는 그런 생각이 들었을 때, 거의 뭐… 다 때려 부시 고 싶었어요, 사실은. 내 어떤 총이든 뭐건 무기건 있다면 전부 다 그냥 쏴 죽이고 싶을 정도의 그런 분노가 치밀어 올랐죠.

근데 현실은 아무것도 할 수 없다는 거, 굉장히 또 자괴감도 들 고 또 애들한테 미안하기도 하고, 근데 현실은 어떻게 할 수 있는 방법은 없고. 그랬을 때 굉장히 그런 마음이 많이 들었죠. 뭔가 제 대로 이렇게 좀 밝혀내고 싶고 그런 일이 왜 일어났는지를 조금 저 기 하고 싶은데 현실적으로는 되는 게 거의 없다 보니까… 마음은 막 해야 된다는 그런 생각은 지배적인데, 몸은 좀 무기력해지는 그 런 상황도 있었어요, 사실은. 그랬을 때는 거의 죽고 싶은 생각도 있었고. 근데 과연 그냥 '나 하나 편하자고 이렇게 죽으면 과연 우 리 애들 일은 누가 밝혀줄까' 그런 생각도 들고, 굉장히 많은 생각 을 했었죠, 버스에 타 앉아가지고.

# 3
## 슬픔, 죽음에 대한 생각과 '활동이 곧 치료'

**면담자**　　　잠시, 죽고 싶다는 생각까지도, 버스 안에서 그런 생각도 하셨단 말씀이지요?

**수진 아빠**　　많이 했었죠, 그 전에도 했었고 죽고 싶단 생각은. 너무 우리 애들한테 미안하니까, '과연 내가 나는 이렇게 살아서 부모 입장에서 자식한테 해준 것도 없는데, 과연 이렇게 살아 있는 게 맞는가' 그런 생각도 했었고. 그렇지만 뭔가 일을 할려면은 부모가 자식 일을 나서서 하는 게 맞는 거라는 그런 생각도 했기 때문에, 아마 대다수 부모님들[은] 다 그런 생각을 거의 공통적으로 갖고 있었어요.

**면담자**　　　아버님은 그런 생각이 드셨을 때 수진 어머님께 토로하신다거나.

**수진 아빠**　　저는 못 했죠. (면담자 : 한 번도 얘기하신 적이 없으신가요?) 예. 왜 그냐면은 수진이 엄마도, 특히 여자들은 그게 더 힘들거든요, 사실은. 같은 자식이라도 엄마는 몸에 열 달을 품고 있다가 고통으로 자식을 낳았잖아요. 물론 저는 아버지지만은 곁에서 지켜보는 입장 정도의 그런 상황이었다고 봤을 때, 엄마들은 자식에 대한 애정이 더 각별할 수밖에 없다고 보거든요. 같은 부모지만 그런 과정을 겪었고 또 배가 아파서 직접 낳았고 또 젖을 물리고 키웠고 그러면은 아무래도 자식에 대한 애정도는 아빠보다는 더 있으면 더 있지 덜하지는 않을 거라고 생각하면, 그랬을 때 과연 수진이 엄마는 그런 생각을 안 했을까? 했을 때는 아마 나보다 수십 번 수백 번 더 했을 거란 얘기죠, 죽고 싶다는. 그런데 나마저 그런 얘기를 만약에 하면, 진짜 중심을 잡고 가정을 이렇게 꽉 잡고 있어야 되는 가장이, 가장마저 그런 얘기를 해버리면 어찌될까 하는 그런 생각도 있었거든요. 그래서 나만이라도 중심을 잡고 가정을 지키자 그런 생각이었기 때문에 그런 얘기는 입 밖으로 못 꺼냈죠, 사실은.

**면담자**    반대로 어머님은 아버님한테 그런 얘기를 하신 적이 있나요?

**수진 아빠**    가끔 그런 얘기를 했었죠. "이렇게 사는 게 맞는 거냐 부모로서". 죽고 싶다는 이야기도 했었고, 수진이한테 가고 싶단 얘기도 했었고, 보고 싶다고 하면서 그런 얘기를 가끔 했었죠, 2014년도도 그렇고 15년도도 그렇고. 어떤 날은 또 갑자기 밤에 없어졌는데… 전화도 안 되고, 근데 분향소에서 연락이 온 거예요. 그때는 당직을 서고 있었기 때문에, 수진이 분향소 안에 영정 사진 앞에 울고 있다고. 그래서 가보니까는 퍼질러 앉아서 울고 있더라고요, 수진이 이름 부르면서 엉엉. 분향소 직원들은 어떻게 할 수도 없으니까, 부모가 자식 보고 싶어서 온 거니까. 저도 억지로 일으켜 세워서 데리고 나오진 않았어요. 엄마가 자식이 보고 싶어서 앉아서 우는데 풀어질 때까지 좀, '그래 실컷 울어라' 그게 뭐 조금 마음의 위로가 된다면 그것도 낫겠다 싶어서 옆에서 기달려줬죠. 실컷 울고 나올 때 그랬다가 한참 있다가 데리고 나오고 그런 적도 있었고 그랬었죠.

면담자　　　그런 생각들이 사실 유가족분들이 많이 경험하셨는데, 아버님은 관련해서 상담 치료나 이런 것들을 받아보신 경험이 있으신가요?

수진 아빠　　　거의 직함을 달고 활동하는 부모들, 그다음에 열심히 또 활동하는 부모들은 그걸 안 받았어요. 어떻게 보면 못 받았다고 해야 되나? 활동하기 바빠 가지고 상담을 하러 뭐 온마음센터 간다든가 그런 생각도 안 했을뿐더러 시간도 없었으니깐요. 맨날 밖으로 돌아다녔으니까, 그래서 안산에 있는 시간도 거의 없었고 그래서 그런 생각은 거의 못 했죠. 그리고 '활동하는 게 치료하는 거다' 그런 생각도 있었어요 사실은, 활동하신 부모님들은. 의사 선생님 만나가지고 상담하고 그게 뭐 치료일 수도 있겠지만은, "우리 아이들을 위해서 뭔가를 더 하는 게 오히려 더 치료가 아니냐" 이런 얘기들을 많이 했었거든요.

　　사실 그게 또 굉장히 힘을 내고 살아가는 데 도움이 많이 됐었고. '물론 몸은 힘들고 저기 하지만 그래도 아이들을 위해서 내가 이렇게 한다'는 그런 생각이 들잖아요? 집에서 아이 생각하면서 우는 거보다는 그래도 우리 애들이 왜 이렇게 됐는가를 조금이라도 밝혀주고 우리 애들의 억울함을 조금 풀어줄 수 있는 그런 활동을 한다는 게, 부모로서 세월호 참사 당시에, 4월 16일 그 당시에 아무것도 못 했던 부모가 아닌, 지금은 뭐라도 애들을 위해서 뭐라도 하고 있는 부모라는 그런 위로감도 있고 하니까. 저희들은, 활동하는 부모들이나 직 있는 부모들은 그런 생각을 많이 했던 것 같아요. 이게 치료고 상담이고 그런 걸 많이 생각을 했죠.

면담자　　　"활동이 곧 치료다"라는 표현이 아주 아버님의 마음을 잘 드러내주는 표현 같기도 한데요. 지내시다가 정말 어쩌다 한 번씩 마음이 무너져 내린다거나 그랬을 때 어머님은 분향소에 가서 우시기도 하셨다고 말씀하셨는데, 아버님은 그런 경우 마음이 무너졌을 때는 어떻게 스스로를 보듬으셨나요?

수진 아빠　　　좀 힘들 때는 저도 분향소 갔어요. 근데 모르게 갔죠. (면담자 : 아무도?) 네, 새벽에. 저희 같은 경우는 그때 분향소가 있을 때는 1반부터 10반까지 돌아가면서 날짜별로 당직을 섰거든요. 그러면 당직도 반에서는, 반에서도 또 돌아가면서 서요. 우리가 뭐 1일, 11일, 21일, 31일 이렇게 1자 들어간 날이 1반이니까 당직이 10일에 한 번씩 돌아오니까 서면, 반에서도 10월 1일은 누구네 누구[네] 두 가정, 11일은 누구네 누구네 두 가정, 21일은 누구네 누구네 이렇게 돌아갔거든요, 저희들도. 그러면 저도 당직을 섰으니까요, 반 대표지만 그때 당시. 그랬을 때 힘들 때는, 힘들고 보고 싶을 때는 낮에는 못 갔죠. 낮에는 못 갔는데 새벽에 당직 서면서 그런 생각이 들 때마다 한 번씩 가서 수진이도 보고 분향소도 한 번 둘러보고 그렇게 해서 조금 추스렸던 것 같아요. 그렇다고 엉엉 울지는 못하고. 아무래도 가장이고 또 남자로서의 그런 중심도 잡고 앞으로 언제 몇 년이 갈지도 모르는데 진짜 끈질기게 할려면 뭔가 좀 마음을 다잡지 않으면은 힘들겠다는 그런 생각도 했었기 때문에, 진짜로 힘들고 그랬을 때는 가끔가다 새벽에 분향소에 가고 당직 아닐 때는 밤늦게 또 가고 그랬었죠. 드러내놓고 하지는 못했어요, 그런 이유 때문에.

## 4
## 세월호 인양업체 선정 과정과 인양 작업 참관 요구 좌절

**면담자**　　　아버님들이랑 뭐 술 한잔, 아 아버님은 술 안 하시니까 (수진 아빠 : 네, 네) 그럼 그렇게 푸시지도 못했을 것 같고요. 그죠? 약간 또 주제를 바꿔서 인양 얘기를 좀 여쭤보겠습니다. 인양 확정됐던 거는 이제 1주기 지나서 저번에 말씀해 주셨고요. 8월 4일 날 상하이샐비지 컨소시엄이 최종 선정되고 19일부터 인양 작업이 시작되는데, 당시에 뭐 인양업체 선정 문제 이런 것들과 관련해서 가족협의회 내부에서 논의됐던 것들에 대해서 기억나는 것은 없으신지요?

**수진 아빠**　　　그니까 인양업체는, 사실 인양에 대해서 나온 거는 진즉부터 나왔었어요, 사실은요. 가족들이 2014년도부터 아마 그 얘기가 있었… 나중에 알았지만 그 얘기를 인양 얘기를 검토했던 걸로 알고 있거든요, 해수부에서. 그래서 외국 업체에 용역도 맡겨 놨던 내용도 나중에 알았고, 또 그때 용역업체가 조사했던 걸 인양이 결정되고 나서, 또 똑같은 내용으로 조사한 경우도 있었거든요. 저희들은 인양이 결정됐으면 빨리 인양업체 선정해서 인양에 돌입해라 이 요구하던 때였는데, 해수부에서 해저 상황을 조사해야 된다고 조사를 하고 그다음에 인양을 위한 그런 좀 위원회를 구성했었던 기억이 나요, 해수부에서. 그래서 거기에 대해서 관련 전문가들이 논의를 하는 게 있었는데 가족들은 거기에 못 들어갔죠. 저희들이 요구를 했었거든요, "그 위원회에 우리가 참관만이라도 할 수 있게 해달라" 그랬는데 그것마저도 거부당했는데.

거기서 실시한 게 또 똑같은 내용의 그런 인양, 해저 상황 조사. 똑같은 게 14년도 해수부에서 외국에 의뢰했던 조사 내용이 거의 한 두세 번씩 반복이 됐던 거 같애요. 거의 시간 끌기죠, 그래서 저희들이 거기에 대해서 굉장히 항의를 많이 했던 거 같고. 근데 해수부는 뭐 들은 체도 안 하고 이렇게 시간 끌기로 하다가 결국에는 발표를 한 게 뭐냐면 기술력이 90, 그다음에 비용이 10프로 해가지고 선정하겠다고 처음에 이야기를 했었거든요. 그런데 상하이샐비지로, 그때 당시에도 상하이샐비지는 굉장히 낮았었어요, 순위가, 선정 순위가. 그리고 외국의 네덜란드인가 거기 업체가 1위였던 것 같애요. 근데 결과가 딱 뚜껑을 열었을 때 상하이샐비지가 1등이 된 거예요, 그래 선정이 된 거예요. 굉장히 저희가 반발을 많이 했죠. 상하이샐비지는 어차피 언딘하고도 관계가 있고, 그래서 안 된다고 했는데 해수부에서 거의 반강제적으로 상하이샐비지로 선정을 하고 계약을 맺은 거죠.

근데 나중에 보니까는 기술력 90이라던 그런 게 거꾸로 된 것 같애요. 비용이 90이고 기술력은 10프로, 이렇게 선정이 된 느낌이 강하더라고요, 상하이샐비지라고 했을 때. 젤 수주 비용이 낮았었거든요, 사실은. 그리고 거의 한 2, 300억 차이 났었던 것 같은데 1위 업체하고 네덜란든가 거기 하고, 근데 결과론적으로는 상하이샐비지가 결정이 되고. 상하이샐비지가 결정이 되고 나서는 저희들이 아무리 항의를 하고 저기 해도 받아들여지지가 않았으니까, 그래서 그거는 어쩔 수 없이 그렇게 넘어갔었고.

근데 상하이샐비지가 결정되고 나서도 굉장히 저희들은 불안한 감이 좀 없지 않아 있었어요, 여러 가지 문제들이 있었으니까. 언딘하고 그런 관계라든가, 그다음에 과연 이 상하이샐비지라는 회사가 이렇게 무거운 것을 인양해 본 경험이 없거든요, 사실은요. 근데 할 수가 있느냐 하는 것부터 시작해 가지고 여러 가지 있었지만은 그래도 일단은 빨리 인양해야 된다는 그런 생각은 있었기 때문에 일단 선정된 건 어쩔 수 없더라도 빨리 인양에 착수하기를 저희 가족들은 바랬었죠, 그 대신에 안전하고 그다음에 선체 훼손이 없이 안전하게. 그 당시는 인양 방법이 공개되기 전이었거든요. 그랬을 때 저희 가족들은 '얘네들이 절단해서 인양하면 어떻게 하지?'

이런 생각도 했었거든요, 사실은. 그래서 선체 원형을 그대로, 원 상태로 그냥 그걸 저희들이 강조를 했었죠, 처음부터.

면담자　　　　인양의 구체적인 방법이나 '절단하지 말고 온전한 인양을 해야 된다'라고 이야기 결정하기까지에는 관련된 전문가들의 도움을 따로 받으신 게 있으신가요?

수진 아빠　　　저희들도 일단은 국내에서뿐만 아니고 [국제적으로도] 좀 유례가 힘든[드문] 인양이었기 때문에, 굉장히 저희들도 많이 자문을 했었고, 완전하게 인양이 가능하다는 것도 저희들은 어느 정도 자문을 통해서 알고 있었어요. 근데 문제는 해수부에서 선정한 이 업체가 과연 우리의 요청대로 해줄 것이냐 그게 문제거든요. 우리가 아무리 "이거 자문 얻어보니까 완전하게 완전한 선체 인양할 수 있다고 하더라, 비록 만 톤 정도의 무게가 나가지만. 그러면 너네도 그렇게 해야 하지 않냐", 이렇게 요구한다 한들, 만약에 해수부나 상하이샐비지가 말을 맞춰가지고 "토막 내서 인양해야 된다. 안 그러면 인양이 힘들다", 이렇게 밀고 나가면은 또 막 싸움이 시작될 그런 상황인 거잖아요?

그럼에도 불구하고 저희들은 일단은 우리가 바라는 건 완전한 선체 인양이고, 왜 그냐면은 선체가 증거기 때문에 증거를 훼손하는 절단이라든가 이런 거는 있을 수 없다고 주장을 많이 했었거든요. 그래서 상하이샐비지가 "구멍을 내야 된다" 이런 거 할 때 굉장히 반대를 했던 이유도 그런 거였어요, 증거가 훼손될 수밖에 없기 때문에. 그리고 과연 얘네들이 인양을 위해서 구멍을 뚫는 건지 증거를 훼손하기 위해서 구멍을 뚫는 건지는 저희들은 모르잖아요, 바닷속에 있기 때문에. 그렇다고 우리가 상하이샐비지 작업하는 걸 모니터링을 하게끔 해준 것도 아니고 접근도 못 하게 하는데, 물론 나중의 일이지만. 그런 상황을 어느 정도 예견했었기 때문에 저희들은 굉장히, 상하이샐비지하고 해수부의 그런 선정 관계라든가 아니면 상하이샐비지와 언딘하고의 그런 관계 이런 거를 좀 보면서 굉장히 우려를 했었던 기억이 나요.

**면담자**　　인양업체가 선정되기 이전부터 '인양을 하게 된다면 인양 감시를 해야겠다' 생각하고 있었던 건가요?

**수진 아빠**　　당연히 우리는 참관해야 된다고 생각을 하고 있었죠, 피해자 가족이니까. 그래서 당연히 참관할 수 있도록 해줄 줄 알았죠. 우리가 작업을 옆에서 하는 것도 아니고 작업하는 걸 그냥 보는 것 정도기 때문에, 참관 정도기 때문에 그거는 해줄 줄 알았는데 그것마저도 해수부는 거부를 했던 거죠. 그런 모든 게, 사실 인양 작업을 하다 보면 세월호 선체에 관련된 거, 그다음에 내부에 관련된 게 드러날 거잖아요? 그럼 우리가 만약에 처음부터 참관을 하게 되면 그런 모든 과정들이 우리한테 속속들이 보여진다는 게 굉장히 싫었던 거죠, 해수부는. 상하이샐비지야 뭐 그러든 말든 어쨌든 우리 정부의 요청에 따라서 하는 거니까 상하이샐비지는 신경 안 쓰겠지만은 해수부는 그런 게 아니잖아요. 박근혜 정부 때 해수부는 우리한테 감춰야 했고 그다음에 드러나는 진실을 어떻게든지 호도를 해야 됐고, 그런 상황의 정부였기 때문에 개네들로서는 우리가 참관하는 게 굉장히 껄끄러웠다고 생각을 해요. 그렇지만 우리는 요구할 수밖에 없었고, 그런데 결국은 그게 관철이 안 됐죠. 그래서 저희들이 동거차도를 만든 거예요, 초소를. '직접적으로 참관을 못 하게 되면 밖에서라도 우리가 감시를 하자' 해가지고.

면담자      해수부 담당자들과 정부 고위 관료, 고위 공무원들과 만나셨을 기회가 여러 차례 있었을 것 같단 생각이 제가 드는데요.

수진 아빠      아마 인양 결정하기… 결정하고 나서 거의 인양추진단장 정도겠죠, 국장급. 물론 장관은 저희들이 요청해서 만난 적은 있지만, 뭐 그렇게 자주 만날 수도 없는 거고. 그래서 실질적으로 그걸 추진하는 단장, 물론 단장이라 해서 자기 맘대로 결정하는 건 아니겠지만 윗선의 지시를 받아야 되겠지만, 단장이나 부단장 이런 사람들은 만나서 우리 뜻을 전달을 했죠. 정부 세종청사도 갔었고.

면담자      고위 공무원, 장관급과 같이 지명되는 인물들이 아니라, 국장급이나 과장급 공무원들과 만나서 이런 이야기를 나누실 때에는 뭐 어떤 인상들을 받으셨습니까?

수진 아빠      거의 뭐 비협조적이죠 사실은. 그리고 우리가 요구한 부분에 대해서는 "그거는 뭐 사실적으로 어렵다"는 그런 답변. "기술적으로 어렵다"든가 아니면은 여러 가지 이유로서 우리들 요구 사항이 거의 거부당했던 때기 때문에, 그럼에도 불구하고 우리가, 우리는 계속적으로 요구를 해야 되는 거잖아요. 저들이 무슨 이유를, 말도 안 되는 이유를 들어서 거부를 하든 어쨌든 우리는 우리가 필요한 부분을 계속적으로 요구를 해야 되고, 관철이 안 되더래도. 그리고 100을 요구를 해서 최소한 2, 30을 얻드래도 요구를 하고 관철되도록 노력하고, 100을 다 얻으면 좋겠지만 안 되면 2, 30이라도 얻어내야 되기 때문에. 저희들은 사실 우리가 을이고 아쉽잖아요, 모든 걸 틀어쥐고 있는 건 정부고 청와대고 박근혜 정부니까, 박근혜니까. 그래도 우리가 필요한 부분을 어떻게든 얻어 낼려면 계속적으로 요구를 하고 싸워야 되고, 우리가 요구하는 부분이 다 얻어내진 못하더래도 일부분만 얻드래도 거기에 또 우리는 맞는 활동을 해야 되고 대처를 해야 되니까. 그런 게 조금 어려웠었고 그런 분위기였어요.

면담자    공무원들이 아버님이나 아니면 가족협의회, 아버님 개인적으로라도 회유한다거나 아니면 좀 일종의 협상 카드를 제시한다거나 이런 경험을 해보신 적은 없으신가요?

수진 아빠    개인적으로는 그런 경우는 없었던 것 같아요. 왜냐면은 그럴 만한 내용도 없었고, 일단 어느 일 개개인이 그걸 결정할 수 있는 구조가 아니잖아요, 모든 부분에 있어서. 우리 가족들 임원들은 임원들 전부가 논의를 하고 결정을 해야 되는 부분이기 때문에…. 그래서 저희 가족들은 모든 결정은, 위원장도 할 수도 없는 거고 관련 분과장부터 시작해 가지고 각 반 대표들에서 논의

수진 아빠 김종기

를 해서 결정하는 구조기 때문에, 한 사람한테 딜한다고 해서 그게 어떻게 진행되는 건 아니거든요.

면담자　　　전원 유가족들이 협의한 후에 결정을 하는 구조다.

수진 아빠　　그렇죠. 지금도 마찬가지고.

면담자　　　의견이 팽팽하게 갈려서 투표를 해보신 적은 없으십니까 내부에서?

수진 아빠　　투표라기보다는 거순데, 그런 경우는 좀 애매한 경우가 많이 있긴 있었죠. 저희들도 그래서 그런 건 거수로 결정해서 민주적으로 이렇게 결정하고 했었던 기억이 있어요. 지금도 마찬가지, 지금도 어떤 논의 사항이 올라가서 이 의견이 좀 있고 저 의견이 있을 때, 그런 의견들에 종합적으로 논의를 하고 그 의견에 대한 찬반으로 해서 거수로 해서 이렇게 결정을 하는 거죠. 그렇다고 그걸 서로 논쟁이 팽팽하다 그래서 그걸 다음 기회로 다음 기회로 계속 미룰 수는 없잖아요? 결정을 해야 되니까. 그랬을 경우에는 다수결로 결정을 하고 그랬었죠.


## 5
## 인양 감시 작업 준비와 동거차도 어민들의 협조


면담자　　　네, 아까 전에 말씀해 주셨다시피 그래서 가족협의회가 동거차도에서 인양 감시 작업을 시작했습니다. 인양 작업 감시를 하게 되기까지 결정하는 과정에서 약간의 말씀을 해주셨는데, 실제 준비하고 천막 설치하고 처음엔 돈도 아니었잖습니까? 그것에 대해서 좀 이야기를 해주십시오.

**수진 아빠**        이제 인양이 결정되고 인양해저기술위원회가 활동이 끝나고 정상적으로 상하이샐비지가 인양이 들어간다고 인양 작업이 들어간다고 이렇게 얘기가 됐을 때, 저희들이 요구했던 사항이 하나도 받아들여지지를 않았잖아요? "인양 작업에 참관을 하고 싶다"[고 했지만]. 그래서 저희들이 할 수 있는 방법이 뭘까를 좀 생각을 했죠. 그렇다고 뭐 저희들이 배를 타고 주변을 뺑뺑 돌 수도 없는 거고, 또 그 비용을 감당할 수도 없을뿐더러 낚싯배를 빌려서 24시간을 돌 수도 없는 거고, 그래서 생각한 게 그러면은 상하이샐비지가 작업하는 데서 가장 가까운 데가 어딜까 생각했는 게 동거차도였거든요. 그리고 동거차도 정상에 올라가니까는 보이드라고요, 물론 거리는 한 2킬로 정도 돼도 직선상에 있으니까. 그래서 그 정상에 올라와 보니까는 그때 세월호 참사 당시에 언론사들이 아마 거기에 조금 며칠 머물렀었던 것 같아요, 찍을려고. 그랬던 그런, 아시바라고 해야 되나요? 그런 뼈대가 있더라고요. 그래서 거기다 [천막을] 씌우고 [감시 초소를] 설치했던 거죠.

그리고 다시 한번 확대운영회의에 안건 올린 게 "감시를 돌아가면서 감시를 하자 반별로", 그렇게 해서 9월 1일부터 감시가 들어갔어요, 가족들이 돌아가면서. 그 첫 번째가 우리 1반이었고 제가 갔었죠. 그래서 아빠들로 세 명 해가지고 저하고 지금 팀장하고 있는 민지 아빠 김내근 사무처 팀장하고, 그때 당시 소영이 아빠 해가지고 세 명이서 1차로 일주일 갔어요, 그때 첫 타로. 거기서 인제 전기는 밑에서 끌어오고… 그 동거차도 마을에서. 거기 그때 당시에 참사 때 우리 애들 끌어올려 주고 구조한 그런 어민들, 어민분들이었잖아요. 서거차도, 동거차도 주민들이 굉장히 협조적으로 해주시더라고요. 그래서 전기는 밑에서 끌어오고 거기서 물은 저희들이 밑에서 필요하면 내려가서, 한 15분 걸리거든요, 내려가는[데], 산꼭대기에서부터 마을[까지]. 저희들 도와주는 그분 집까지 내려가서 (면담자 : 이옥영 씨를 말씀하시는 건가요?) 이옥영 [씨 집에서]. 물 채우고, 올라가는 거는 시간이 더 걸려요, 그 대신에. 내려가는 건 그냥 편하니까 내려가는데 올라오는 건 힘들잖아요. 그것도 지고 올라오면 거기서, 생수통에 물 담아갖고 와서 그걸로 양치질하고 세수는 물티슈로 하고, 물이 부족하니깐요. 중간에 하루 정도는 내려가서 이옥영 씨 집에 가서 샤워하고 다시 올라오고 그랬었어요. 그렇게 생활했죠. 먹는 것도 위에서 여기서 일주일 치 준비해 가지고 밑반찬이랑 사가지고 가서 햇반 돌려서 젓갈에 먹고, 또 라면 사갖고 와서 라면 끓여 먹고 그랬던 기억이….

24시간 감시를 했어요, 저희들이 돌아가면서. 왜냐면 얘네들이 낮에는, 어느 기간이 지나면서 낮에는 작업을 안 하더라고요. 너무 잘 보이잖아요. 저희 망원렌즈로 된 카메라를 저희들이 계속 찍고 있었거든요, 동영상을. 그리고 일지를 계속 적었어요, 무슨 특이한 사항이 있으면 몇 월 몇 일 몇 시에 예를 들면 "상하이샐비지 바지선 우측에서 배 한 척 접근" 해가지고 뭐 "상하이샐비지에다가 건네주고 돌아감" 이런 식으로 다 적었거든요, 일지를, 상황 일지를. 근데 밤에는 또 돌아가면서 얘네들이 항상 밤에 작업을 하니까, 그럼 소리가 텅텅텅텅 하면서 소리가 계속 났었어요. 밤에는 또 조용하니까 다 들리잖아요. 라이트 비추면서 막 작업하고, 그럼 저희들도 세 명 다 깨 있을 수가 없으니까 두 명 자고 한 명은 감시하고, 일어나 가지고 교대하고. 또 얘네들이 낮에는 작업을 별로 안 하고 배만, 이렇게 연락선이라고 해야 되나요? 연락선 왔다 갔다 그 정도만 하니까, 낮에는 카메라 거기 고정시켜 놓고 자고. 그렇게 한 일주일씩 돌아가면서 했었죠, 반별로.

면담자      현지 동거차도 어민이나 주민분들의 관계나 에피소드 같은 게 따로 기억나시는 게 있나요? 인양 감시 과정에서.

수진 아빠      자주 갈 상황은 아니잖아요, 동거차도로. 팽목항까지 가서도 날씨가 안 좋으면 동거차도로 못 들어갔거든요, 동거차도에서 나오는 것도 마찬가지고. 감시 활동이 날짜가 됐을 때 들어간다든가 그런 때 외에는 가기도 너무 멀고 안산에서. 그래서 자주 간 경험은 없는데, 갔을 때 물론 이장님 이하 여러분들도 잘 해주시지만은 특히 이옥영 씨 같은 경우에는 4월 16일, 그 세월호 참사 당시에 좀 특별한 인연으로 가까워졌거든요. 〈비공개〉 그래서 지성이 아빠하고 굉장히 형, 동생으로 친하게 됐거든요. 그래서 동거차도에 그런 걸 마련했을 때 우선적으로 연락을 할 수 있었던, 연락하는 어민이 이옥영 씨였고 또 동거차도 주민들이나 그 이장님들도 호의적이었으니까 우리가 필요로 하는 부분에 대해서 요청을 하면은 흔쾌히 도와주셨고. 그래서 우리가 이옥영 씨 집에다가 우리 생필품 같은 것도 한쪽 방에다가 쌓아놓고 우리들이 필요할 때 내려가서 갖고 가고 이런 게 가능했었죠. 거기 있던 어머님하고 둘이 사는데 이옥영 씨가, 어머님도 안타까워하시면서 저희들한테 밥도 해주시고, 굉장히 저희 집같이 이용할 수 있게끔 많은 도움을 주셨죠.

면담자    가족협의회 내 인양분과는 인양 작업 하기 이전에도 있었던 건가요? 안 그러면….

수진 아빠    그때는, 그쵸. 인양분과는 인양이 시작되면서 명칭을 바꾼 거고요. (면담자 : 새롭게 만들어진 것인가요?) 만들어진 건 아니고 이름, 명칭을 바꾼 거죠. (면담자 : 그 전에는?) 전에는 뭐였지? 진도… 진도분과였나? 왜 그냐면 그때는 세월호 수습, 미수습자 그러니까 실종자 수습 활동이 있었던 시기기 때문에 아마 그 명칭으로 불렸을 거예요, 진도분과[라고].

면담자    실종자 수습을 지원하는 분과?

수진 아빠    그렇게 길지는 않았었고 찾아봐야 되겠는데 저도 그건, 기억이 선체인양분과만 기억이 있는데. 그 뒤로 인양이 결정되고 상하이샐비지가 저기 한다는 내용에 따라서 선체인양분과로 명칭을 바꿨죠. 그래서 활동은 그 전부터 계속해 왔던 게 인양 쪽으로 초점이 맞춰지면서 명칭도 바꾸면서 계속 활동을 이어나가게 된 거예요.

**면담자**　　　예. 2015년 9월 23일입니다. 9월 23일에는 진상 규명이랑 책임자 처벌 건을 요구하면서 정부랑 청해진해운 상대로 손해배상청구소송을 제기했었는데 (수진 아빠 : 15년 9월 23일이요) 예, 이 소송은 어떻게 제기하도록 결정이 된 건가요?

**수진 아빠**　　　그때 아마 2015년도 9월 달쯤이면 아마 해수부가 저 배·보상 안내를 하던 시기였을 거예요, 아마. 그래서 배·보상을 언제부터 언제까지 지급하니까 신청하라는 그런 때였던 걸로 기억이 나는데, 그러면서 배·보상 금액이 인제 한 4억 7000 됐거든요. 근데 그때 해수부에서 5000만 원 정도의 위로금을 지급하는 게 있었어요. 이게 어떻게 된 거냐면 국민성금이, 우리가 2015년도 4월 2일 날 삭발하고 시행령 폐기하라고 농성하고 진상 규명 그다음에 선체 인양 이렇게… 막 집중적으로 농성하고 할 때 얘네들이 발표를 했거든요, 언론에다 그때 말씀드렸다시피. 그때 그래 가지고 국민성금 3억에 여행자보험 1억에 그다음에 청해진해운에서 든 선박보험 3억 2000에 이런 걸 다 뭉뚱그려 때려가지고 세금으로 나가는 양 이렇게 했던 때가 있었는데. 그때 3억이란 국민성금이 실지급이 2억 5000밖에 안 됐어요, 사실은. 왜 그렇냐면 저희들이 "우리 희생자 가족뿐만이 아니고 생존자들도 피해자다"[는 입장을 갖고 있었어요. 사실 국민성금 거기 공단에서는 생존자는 생각을 안 하고 있었거든요. 희생자한테만 3억 정도로 그렇게 책정을 했던 건데, "아니다. 피해자는 생존자도 피해자다" 해갖고 생존자도 돌아가게 끔 하니까 2억 5000 나오더라고요. 그러다 보니까 해수부에서 그 5000을 또 맞춰준 거죠 사실은, 위로금 성격으로 해가지고, 지네들 이 발표한 게 있으니까. 그래서 4억 2000에서 4억 7000이 된 거예 요. 근데 만약에 우리가 배·보상도 안 받고 우리 애들 진상 규명하 기 위해서 증인들… 민사지만, 그래도 증인들 법정에다 세워가지 고 위증, 어차피 위증죄는 똑같으니까, 뭐라도 하나 더 밝히게 하 면은 되지 않냐 그랬을 때, 아마 정부가 우리를 밉보게, [정부에게] 밉보였을 것이고 그러면 정부에서 주는 위로금 5000을 나중에 안 줄 거라는 각오하고 '우리는 하자. 손해 볼 걸 각오하고 우리는 하 자'는 생각이었거든요. '진상 규명할려면 우리가 그까짓 5000만 원 안 받으면 안 받더라도 진상 규명 활동을 위해서 손해배상소송을 청구하자', 그래 가지고 131가정 정도가 참가를 했었죠.

**면담자**       이 아이디어는 특별히 주도해서 내신 분들이?

**수진 아빠**       뭐 저희 확대운영회의에서 그런 것도 다 논의가 되 니깐요. 어떤 사안이 있으면 진상 규명에 관련해서 활동을 하는데 어떤 방법이 있을까를 논의를 하다 보면은, 그런 얘기도 나오면 "아, 그 방법이 좋겠다" 하면 그 방법을 일단은 해보자고 결정이 되 면, 그다음 회의 때는 좀 더 진전되는 안을 가지고 논의를 하고. 논의를 하고 해갖고 시행을 하는 거죠, 대부분 그런 식이죠.

면담자     예, 잠깐 쉬었다가 이어 하도록 하겠습니다.

(잠시 중단)

## 6
## 교실 존치 운동과 관련한 이야기

면담자     예, 10월부터는 교실 존치 운동이 시작이 됐었습니다. 특히 이 문제는 가족협의회도 있고 안산시민연대도 있고 경기도교육청이 있고 단원고가 있고요, 또 학부모 집단도 의사가 다른 분들도 계셨고 했는데, 가족협의회 분들이 이 문제를 어떻게 접근했는지부터 얘기를 좀 시작해 보죠.

수진 아빠     저희들은 교실은 우리 애들의 흔적이 마지막으로 남아 있는 곳이었고, 또 우리 애들이 생활해 왔던 곳이었거든요. 우리 집 외에 또 하나의 공간이 교실이거든요, 우리 애들한테는. 거기서 밥도 먹고 친구들하고도 어울리고 놀고 하루 종일 젤 오랜 시간 있었던 게 집하고 사실은 교실이고. 또 우리 애들이 마지막으로 젤 처음으로 간직했던 것이 교실이라고 생각했고 흔적이 또 남아 있고, 그대로 책상 그대로. 그래서 저희가 항상 주장했던 게 "잊지 말고 기억해 달라"는 것이었기 때문에. 거기에 가장 적합한 장소는 교실이었거든요, 사실은. 그래서 교실을 외부 사람들이 흔히 말하는 보수단체라든가 이런 사람들이, 그다음에 세월호에 관련해서 굉장히 안 좋게 얘기하는 학부모들이 주장하는 그런 곳이 흉물스럽다든지 그런 곳이 되지 않게끔 할려고 가족들이 반별로 자기 반 교실들은 청소도 하고 또 찾아가도 가보고 그랬었거든요. 그래서 우리 가족협의회는 물론이고 같이 연대해서 활동하시는 단체라든가 분들은 '교실은 꼭 있어야 된다'는 그런 생각이었죠.

인제 거기에 반해서 단원고 재학생 부모들은 여러 가지 이유를 들어서 교실을 "이제 그만 빼야 되지 않냐", 이런 얘기를 많이 했었어요, 사실은. 처음에는 "교실이 모잘라다, 지금 새 학년에 올라가면은. 이 10개 반을 비워놓으면은 어떻게 수업을 해야 되냐", 이런 주장이었거든요. 그래서 거기에 대한 대안을 제시를 했었어요, 사실은 저희들도 무조건적으로 반대만 한 게 아니고. 그러면 "운동장 한 켠 쪽으로 세 개 층 건물 정도로 해가지고 지으면은 10개 교실을 해도 더 필요한 공간이 만들어질 수가 있으니까 학교 측으로서도 더 좋을 것이다, 필요한 공간이 늘어나기 때문에. 그래서 1층을 주차장으로 하고 요즘 그 빌라 짓듯이 2층, 3층, 4층부터 세 개 층으로 해서 만들면 되지 않느냐". 그렇게까지 대안 제시를 했는데, 그 대안 제시가 나간 뒤로는 또 "분위기가 안 좋다", 처음에는 장소 문제로 이렇게 반대를 하다가 교실 존치를 반대를 하다가 그 대안을 제시를 하니까 이번에는 또 말이 바뀌어서 "면학 분위기가 조성이 안 된다. 애들이 싫어라 한다", 이런 걸 또 주장을 했거든요.

근데 싫어라 하는 애들이 거의 없었어요. 어떤 밑의 우리 애들

후배 애들은 쉬는 시간에라든가 점심시간에 올라와서 지 친했던 언니들 선배들 책상에 앉아서 이렇게 있기도 하고 그랬었거든요. 근데 "애들이 싫어한다"는 그거는 저희들로서는 용납이 안 됐고, "면학 분위기 해친다"는 그런 얘기도 용납이 안 됐었고. 어떻게 보면 하나의 핑계, 어떻게든지 교실을 빼게 할려는 재학생 부모들의 생각이 드러난 거기 때문에 저희들은 동의를 할 수가 없었죠, 그래서 계속적으로 교실 존치를 주장을 했었고. 이 교실은 단순히 교실만의 의미가 아니고, 다시는… 단순히 우리나라의 교육체계가 바뀌어야 돼야 된다는 그런 의미도 있었고, 이런 참사는 기억에서 지워지면은 언젠가는 또 반복이 된다는 그런 위기의식도 있었고.

또 우리 애들이 마지막으로 머문 공간이기 때문에 그런 이유에서도 보존을 해야 된다는 가족들의 생각이 있었던 거죠. 그리고 이런 공간이 없어짐으로 해서 참사가 반복된다는 그런 교훈도 가족들은 주고 싶었어요. 그래서 이 공간이 단순히 죽은 공간이 아니고, 우리 아이들로 인해서 이 공간이 교육의 장이 되고, 안전에 대한 교육의 장이 되고 그런 장소로서도 충분히 가치가 있겠다고 생각을 했기 때문에 교실 존치를 주장을 했던 거죠, 가족들은, 가족협의회 입장으로서는.

**면담자**　　　당시에 교실 존치를 위한 이야기들을 꺼낼 때 제일 반대가 심하다고 피부로 느끼셨던 집단은 어떤 집단이었습니까?

**수진 아빠**　　　재학생 부모들이었죠. 거기에 주도적으로 활동했던 사람도 있지만은 재학생 총회라고 해야 되나요, 거기에 저희 가족들도 참석을 했었어요, "왜 우리는 못 하냐 참석을. 할 권리가 있다, 아직도" [하면서]. (면담자 : 재학생 총회?) 네. 그 학부모 총회가 있었거든요, 강당에서. 그때 우리도 강력하게 요구를 해서 [참석을 했어요]. 들어가면은 명단에다가 부모 이름 옆에다가 사인하게 있는데 처음에는 우리는 아예 뺐거든, 제외를 했었어요. 근데 우리도 엄연히 자격이 있다 해가지고 참석을 했었죠. "왜 우리 애들은 아직도 2학년에서 3학년 올라갔다면 3학년이고 엄연히 누릴 권리가 있다", 해가지고 참석을 했었고 (면담자 : 그걸 재학생 학부모들이 "참석할 필요 없다"라고 이야기를 했던 건가요?) 아마 학교 측이 얘기를 했겠죠. '재학생이 아니다', 뭐 그런 논리였겠죠, '이미 참사로 희생이 됐기 때문에 없는데 무슨 재학생이냐'. 근데 저희들 생각은 달랐기 때문에, '진상 규명이 되지 않는 한은 우리 애들이 왜 죽었는지 밝혀지지 않고 진상 규명이 되지 않고 아무런 진행된 것도 없고 결과도 없는데, 어떻게 우리 아이들을 어떻게 뺄 수가 있느냐' 그런 기조였기 때문에 저희들은 참석을 해서 조금은 충돌이 있었어요. 여튼 그래서 아마 제일 많은 반대를 했던 부분이 재학생 부모들이었죠.

**면담자**       경기도교육청은 당시 어떤 인상이셨습니까?

**수진 아빠**       교육청은 저희들이 수시로 접촉을 했어요. 그래서 교실 존치에 대해서 우리 가족협의회의 입장도 계속적으로 피력을 했었고. 왜 교실 존치가 필요한지는 금방 얘기해 드렸다시피 그런 이유 때문이라도 "교실은 존치해야 된다"고 얘기를 했었기 때문에, 교육청으로서는 저희들 입장에서 얘기를 할 수밖에 없었지만, 그래도 현실적으로 중간자적 입장이기 때문에 단원고라든가 단원고 재학생 부모들의 얘기 그다음에 우리 가족들의 얘기 이 양쪽에서 어떻게든 중개자 역할을 할려고 했는데 사실은 그걸 제대로 못 했었죠, 교육청이.

**면담자**　　　제대로 못 했다는 건 어떤 의미인가요?

**수진 아빠**　　　그니까 우리 가족들이 요구한 교실 존치에 대해서 재학생 부모들 설득을 못 한 거예요. 그런 역할을 해줘야 되잖아요? 어떻게 보면은 경기도교육청이 이 모든 문제를 결정할 수 있는 권한을 갖고 있기 때문에 거기에서 충분히 역할을 하고, 우리 가족들이 나서서 그걸 설명하기 이전에, 가르치는 교사라든가 교사 입장이라든가 그런 교육적인 행정을 담당하는 곳에서 적극적으로 홍보를 하고, "이런 부분 이러한 부분에서 교실 존치가 필요하고 거기에 따른 재학생들의 어려움은 이런 식, 이런 대안으로 우리가 풀어드리겠다" 이렇게 제시를 하고 재학생 부모들을 설득을 해야 되는데 그런 활동을 안 했다는 거죠 전혀. 양측에 들어오는 의견만 듣고 그 행동은, 해결책은 제시를 못 하고 행동을 안 했기 때문에, 굉장히 그런 부분에 대해서는 가족협의회도 엄청나게 교육청에다가 얘기를 많이 했었죠.

**면담자**　아버님도 경기도교육청이나 단원고 내지는 재학생 학부모 총회 이렇게 세 단위에 전부 다 접촉하신 경험이 있으신 겁니까?

**수진 아빠**　네, 교육감 만날 때도 같이 있었고 그다음에 나중에 일이지만은 재학생 그때 학부모 총회 때도 있었고, 2016년도 5월 달에 우리가 단원고 농성을 할 때 그때 재학생 학년대표들이 있었어요. 1학년, 2학년, 3학년 그 부모들하고 미팅을 할 때 그때 저도 있었죠. 그때는 사무처장이었으니까 그때 다 접촉을 했었죠.

**면담자**　재학생 학부모를 대면했던 때, 함께 회의도 하셨던 그 재학생 학부모들과 만나서 이야기하시는 것들을 들으셨을 텐데, 물론 교실 존치를 반대하는 입장에서 이야기하셨을 테고. 그때 기억나시는 거라든가 인상이 있습니까?

**수진 아빠**　일단은 지금 학교를 다니고 있는 학생들의 부모잖아요. 그랬을 때, 처음에 만났을 때는 굉장히 조금은 어색했고 좀 서먹했고, 어떻게 보면은 부러웠기도 하고. 지금 다녔으면 우리 애들이 3학년 올라갔을 건데 그러지 못한 상태에서 다른 문제로 이 재학생 부모님들을 만났을 때 첫 심정은 그런 거였어요. '아, 우리 애들도 살아 있었으면 지금 계속 학교를 다니고 있었을 텐데' 그거였고, 우리 애들과 관련한 부분에서의 반대 의견을 내놨을 때는 굉장히 야속했죠. '과연 니네들이 그렇게 당했을 때 그렇게 얘기를 할 수 있겠느냐', 물론 직접적으로 얘기는 안 했지만 속으로. 그러면서 하는 반대적인 얘기를 하는 걸 들었을 때 한편으로는 또 이해가 가면서도 한편으로는 굉장히 서운했어요.

**면담자**    한편으로 이해가 갔다는 건 무슨 뜻입니까?

**수진 아빠**    그니까 그 사람들이 자기 자식들을 위해서 그렇게 하는 거잖아요 사실은요, 그리고 저희들도 우리 자식들 위해서 하는 일이고. 그럼 뭔가 접점이 있어야 되는데 접점이 없다 보니까…. 그렇다고 그래서 저희들이 오로지 내 자식만을 위하는 게 아니고 가족협의회 우리 부모들은 나중에 우리 지금의 재학생들 우리 후배들, 애들이 똑같은 그런 일이 발생하면은 안 되겠다는 그런 생각도 있었거든요, 교실 존치라는 큰 의미에서 보면. 그랬기 때문에 단순히 우리 애들의 생활공간뿐만이 아니고 여러 가지 진짜 이유가 있어서 교실 존치를 해야 된다는 저희들의 입장이었고. 재학생들 부모들은 오로지 지금 학교에 다니는 자기 자식들의 입장만을 대변하는 거였기 때문에 부모가 자식 입장을 대변하는 건 맞는 거잖아요? 그렇지만 그걸 조금 포용적으로, 지금 당장이 아니고 이 이후를 조금 생각을 해야 되는데 그게 안 되는 거에 대해서는 이해가 안 됐었던 거. 근데 자식들 일에 나서는 거는 이해가 됐어요. 저도 자식들, 내 자식 일이기 때문에 만사 제쳐놓고 활동을 하고 있는 거니까 어쨌든. 다만 조금, 그래도 부모면 어른이고 그러면 조금 더 앞을 내다보고 내 자식이 지금 현재뿐만 아니고 이후에 어떻게 살아갈 것인가 대한 부분도 고려를 해서 그런 의견들을 내줘야 되는데, 당장의 눈앞에 그것만 가지고 얘기를 하니까 그런 부분에서는 조금 서운하기도 했었고 그랬었죠.

**면담자**　　　그 표현 중에 특별히 좀 가슴에 꽂히셨다거나 상처가 됐던 말이 있으셨나요?

**수진 아빠**　　　부모들은 그거였어요. "흉물스럽다. 흉가 같다" 이런 얘기까지도 했던 거거든요. 근데 사실은 전혀 그렇지도 않은데, 가 보면은 정리정돈 항상 깨끗이 돼 있고 위에는 이쁜 꽃다발들이 이렇게 놓여 있기 때문에 가면은 흉물스럽지는 않아요. 근데도 반대를 위한 의견을 내다 보니까 그런 주장까지 하게 되는 거잖아요. 그랬을 때 거기 그 부분에 대해서는 굉장히 야속하고 그랬죠. 역지사지라고 입장을 바꿔놓고 봤을 때도 그런 얘기를 할 수 있겠는가….

**면담자**　　　경기도교육청도 이제 만나셨는데, 아버님이 만났던 공무원이라고 하면 해수부 관료들 있고 도교육청의 교육공무원들이 있는데 어떻든가요, 서로 다 비슷비슷한가요? 좀 차이가 있나요? 어떻게 느끼셨어요?

**수진 아빠**　　　그래도 교육, 경기도교육청을 그래도 진보 교육감이라는 타이틀을 가지고 교육감이 계셨고 그 밑으로 관련 장학사라든가 이런 관련 공무원들이 있었는데, 그래도 박근혜 정부보다는 낫죠, 아무래도. 어쨌든 교육, 경기도교육청이 정부의 그런 저기지만 어떻게든 교육감 수장이 진보라면 진보 출신이고, 또 거기에 관련해서 세월호 관련된 문제들은 교육청이 할 수 있는 부분은 하겠다고 얘기를 계속적으로 하고 있는 상태였기 때문에 그나마 우리의 의견을 잘 전달하고 실행시킬 수는 있었어요, 박근혜, 해수부라든가 이런 정부보다는.

그럼에도 교육청의 입장이 있잖아요. 우리 가족들의 의견을 전적으로 수용할 수 있는 부분이 있고 그렇지 못한 부분, 특히 교실 존치 같은 부분은 양쪽의 입장이 너무 첨예하게 대립하다 보니까 교육청으로서도 난감한 거예요, 이러지도 못하고 저러지도 못하고. 그러니까는 뭘 진행을 할 수도 없고 교실 존치 쪽으로 진행을 하겠다고는 얘기를 했지만은 워낙에 재학생 부모들의 반대가 거세니까 제대로 진전도 안 되고. 그니까 양쪽 눈치만 바라보는 그런 부분에 대해서는 굉장히… 우유부단하고, 우리 앞에서만 그렇게 하겠다고 얘기를 하지만 뒤돌아서면은 그런 어려움이 당면해서는 강력하게 헤쳐나가지 못하는 그런 부분을 봤을 때 조금은 불만이었죠. 그럼에도 저희들은 일단은 계속적으로 학교라든가 교실에 대한 부분은 교육청한테 요구를 할 수밖에 없는 부분이기 때문에, 교육부는 저희들은 생각도 안 했고 교육청하고 계속적으로 접촉을 했었죠 그런 부분에 대해서.

면담자    안산시민연대를 비롯해서 안산의 시민단체들은 당시에 좀 어떠했던 것으로 기억하십니까?

수진 아빠    15년도에는 안산시민연대가, 안산시민연대가 15년도에 결성이 됐나? 15년도에는 안 된 것 같던데[2016년 6월 발족]. 그때는 아마 그냥… 시민, 안산에 활동하는 시민단체들이 좀 활동하는 수준이었고, 나중에 한 사십몇 개 단체가 모여가지고 안산시민연대를 만든 걸로 기억을 하고 있거든요. 그래서 그때는 거의 뭐, 물론 단체들이 만나서 논의하고 했겠지만은 크게 드러나게 날 정도의 그런 활동은 없었던 것 같애요, 제 기억에는. 기억이 별로 없는 걸 보니까.

## 7
## 세월호 관련자 대법원 판결과 해수부 지침문건 공개

면담자      그럼 다음 질문 또 드리겠습니다. 김한식 청해진해운 대표, 그러니까 10월 29일에 대법원에서 최종 유죄 확정 선고를 받습니다. 그리고 11월 12일에는 이준석 선장이 무기징역을 선고받았는데요. 당시에 아버님은 요 판결을 어떻게 보셨는지, 혹시 기억나시는지요?

수진 아빠      저희들은 다 불만이었죠. 저는, 저희 가족들은 그냥 "이준석이 무죄로 내보내 주라" 이럴 정도였어요, "우리가 때려죽인다"고. 그 정도였거든요. 그냥 "무죄로 석방해 주라. 우리가 그냥 말려 죽이든 어떻게 하든 그렇게 할 거니까", 이런 정도였으니까. 무기징역은 저희들 가족들 성에는 전혀 안 찼죠, 사형시켜야 된다고 했으니까. 304명을 죽인 사람을 어떻게 살려줘요. 현장에서 직접적으로 배를 침몰시킨 거는 선장이잖아요. 선장 이하 그 승무원들, 물론 그 일을 계획을 했든 뭘 했든 그런 거는 둘째치고라도 그걸 실행한 사람은 선장이거든요, 사실은. 그렇다고 봤을 때 왜 살려주냐고요? 나중에 무기징역이 장기수 복역하면은 감형되고 그렇다고 물론 그 나이에 살아서 나올 가능성 극히 적지만 혹시 알아요, 또? 오랫동안 살아가지고 교도소 나올지. 그거는 진짜 가족들로서는 감당하기 힘든 결정이죠, 무기징역이라는 건데(침묵).

**면담자**　　11월 19일에 특조위의 청와대 조사를 저지하기 위해서 해수부가 작성했던 지침문건이 이때 공개되는 게 있었습니다, 이때 이 문건에 보면 '여당 추천위원 총사퇴' 이런 것들도 언급이 되어 있었고. 이런 지침문건이, '해수부가 작성한 것들이 있었을 것이다'라고 애초에 짐작은 하셨었나요?

**수진 아빠**　　지침문건으로 그렇게 한다는 거는 짐작은 안 했어도 아마 그런 서로 간에 연락은 할 것이라는 짐작은 당연히 했었죠. 왜냐면은 해수부에서 파견된 공무원들이 일하는 거 보면은 거의 방해 수준인 것도 있고, 또 그 당시 새누리 여당 출신 특조위원들이 하는 행태를 보면은 충분히 해수부하고 이렇게 뭔가 모종의 연락을 취하면서 특조위 활동을 할 것이란 거는 짐작은 했었죠. 다만 해수부의[해수부가] 지시를 내려서 그렇게 할 거라는 거는 쪼금 의외였어요. 왜냐면 그래도 특조위는 독립된 기관이고 해수부 공무원들이 아니잖아요, 특조위 위원들이. 말 그대로 변호사라든가 이런, 다른 직책에 있던 사람들을 여당에서 추천한 거기 때문에 사실은, 해수부 직속 관계자들도 아니고 공무원들도 아니고 부하 직원도 아닌데 그런 지시를 내려서까지 특조위 활동에 방해를 하라고 했다는 거는…….

'아니, 이 특조, 명색이 그래도 대통령한테 임명장을 받은 특조위원들인데 얘네들은 자존심도 없나? 왜 단순히 정부 관련 부처에 지시대로 꼭두각시 행동을 하나?' 이런 생각도 들었거든요. 어떻게 보면은 야 진짜… 의아하다고 해야 되나? 최소한의 자존심은 가지고 있다면은 해수부가 "너 이거 해, 너 이거 해, 너 이거 해" 한다는 거에 대해서 굉장히 기분 나빠 해야 될 상황이잖아요. 근데도 지시대로 똑같이 움직였다는 거는 '아마 해수부뿐만이 아니고 그 윗선의 어떤 지시가 작용을 했지 않았나' 그렇게 생각이 들더라고요, 그때 당시에는… 문건이 밝혀졌을 때. 그렇다고 해수부가 독단적으로 그런 문건으로 해가지고 지시는 하지 않았을 거고 해수부도 위에 지시를 받아서 그만큼 문건을 작성하고 아마 지시라는 명목으로 전달을 했을 거라는 그런 생각이 들더라고요.

면담자    문건이 왜, 가족협의회 내부의 반응도 말씀했던 것과 비슷했던….

수진 아빠    거의 거셨죠, 의심이 확실로 드러나는 순간이었으니까. 그래서 거기에 대한 기자회견도 저희부터 했고 거세게 해수부에 항의를 했지만은, 뭐 매년 똑같잖아요? 해수부는 발뺌하고 우린 그런 사실 작성한 적 없다고. 물론 나중에 그게 밝혀졌지만, 작성자가 밝혀지고, 밝혀졌지만 그때 당시에는 뭐 오리발이죠, "뭔 소리냐 우리가 그럴 이유가 전혀 없잖냐" 이런 식으로. 근데 보면은 행동은 똑같이 기자회견 하고 정론관에서, 특조위원들 총사퇴하고 여당 국회의원들 막말 쏟아내고 똑같이 진행이 됐잖아요, 문건하고. 근데 뭐 자기네들은 "이런 문건 본 적도 없다" 이런 식이니까. 그래서 저희들은 어쨌든 그럼에도 불구하고 우리가 생각했던 바가 드러났기 때문에 거기에 대한 해수부에 강력 항의하고 기자회견 하고 규탄 기자회견 하고 집회하고 그랬었죠.

## 8
## 세월호 청문회, 그리고 가족협의회의 특조위 관련 활동

면담자      예, 그래서 그 일이 있고 12월 14일부터 16일입니다. YMCA 대강당에서 (수진 아빠 : 네, 청문회) 예, 1차 청문회가 있었습니다. 공식 명칭이 4·16세월호참사 특별조사위원회 1차 청문회였군요. 청문회에 앞서서 가족협의회에서 별도로 준비한다거나 논의를 했던 게 있었는지요?

수진 아빠      이제 청문회의[와] 관련해서 특별히 뭐 저희들이 준비한 건 없고요. 그 전에 조사가 개시됐을 때 저희 가족협의회 입장에서 조사할 안건은 전달을 했던 건 있고. 청문회 했을 때 사실은 장소 섭외도 굉장히 어려웠었거든요, 정부에서 다 차단을 시켰으니까 청문회 장소를 못 해주게끔. 그랬다가 결국은 YMCA에서 그나마 그 자리를 외부 압력에도 불구하고 마련해 줘가지고 거기서 하게 됐는데, 그때 당시에 가족들은 그거였어요. 이 청문회란 게 사실은⋯ 이 참사의 청문회면은 굉장히 이슈거든요. 그런데 아무것도 중계를 안 해요, MBC건, KBS건, SBS건. 공영방송은 이런 건 해야 되잖아요, 사실은요. KBS면, 국민이 내는 수신료로 방송국을 운영하는 KBS면 이건 당연히 해야 되는데 KBS 다 안 하거든요. 그랬을 때 저희들이 뉴스타파나 이런 데다가, 오마이뉴스나 이런 데다가 요청을 해가지고 인터넷에다 생중계해 달라고 이런 정도였으니까 상황이 얼마나 열악해요.

그럼에도 불구하고 이거를 이슈화시킬려면 가족들이 많이 참여를 해야 된다는 그런 우리 내부의 논의는 있었어요. 물론 첫 청문회고 하기 때문에 당연히 가족들이 관심이 있었지만 그래도 '특별히 밝혀진 게 뭐 있나?' 이런 식의 가족들의 생각이 있으면 안 되니까, 가족들의 참여도 독려를 하고 주위에는 많이 알렸죠, 청문회가 열린다는 것도 몰랐으니까 외부 사람들은. 왜 그냐면은 보통 이런 국감이라든가 청문회 하면 뉴스에서라도 한 번씩 보도를 하잖아요. 언제부터 한다 그럼으로써 국민들의 관심이 쏠리고 그래야 되는데 관심 쏠린 거를 차단했잖아요, 박근혜 정부가. 그렇기 때문에 청문회가 열리는지도, 언제 하는지도, 어디서 하는지도 [모르고],

중계도 안 하고 보도도 안 하고 그러니까, 그걸 어떻게든지 가족들이라든가 특조위도 마찬가지고 시민단체도 마찬가지고 어떻게든지 외부로 알려서 조금이라도 국민들의 관심을 환기시키고 이슈화시키게 저희가 노력을 많이 했었죠.

**면담자**    청문회 현장에 직접 계셨지 않습니까? (수진 아빠 : 네) 어떠셨습니까?

**수진 아빠**    그니까 일단은 뭐, 좀 힘들었죠 사실은. 왜 그냐면 청문회가 그때 당시 일을 되짚어야 되기 때문에 하나하나 그걸 보는 게 힘들었고. 거기에 나온 증인들의 무성의한 답변 태도, 그다음에 말도 안 되는, 어떻게 보면 우리가 보기에는 '저거 거짓말인데?' 하는 것들, 이런 것들을 현장에서 직접 그때 당시의 그 증인들이라든가 그런 사람들한테 들어야 되잖아요. 그랬을 때 그런 치미는 분노감이라든가 그런 거는 굉장히……. 그렇다고 해서 그 사람들을 쫓아가서 막 이렇게 할 수도 없는 거고 물리력을 행사할 수도 없는 거고 때릴 수도 없는 건데, 거기에 앉아서 지켜본다는 게 진짜 사실은 힘들어요, 가족들이. 그런데도 일단은 그걸 과연 얘네들이 거짓말하는지 위증하는지 아니면은 어떤지를 우리 눈으로 확인하고, 어떻게 보면 압박을 줘야 되기 때문에 가족들이 많이 있는 거하고 없는 거하고는 차이가 나거든요. '그래서라도 우리 가족들은 자리를 지켜야 된다' 이런 생각이었기 때문에 청문회를 지켜봤었죠, 3일 동안.

면담자     시행령이 결국 좀 기능을 약화시켰다고 평가를 받았
긴 했습니다만 어쨌거나 세월호특별법에 의해서 이런 것들이 이
루어지는 건데, 청문회 과정에서 어느 정도는 새롭게 알려지는 사
실들이 많이 있고 기대에 부응할 거라는 기대를 처음에는 하셨었
나요?

수진 아빠     했죠, 당연히. 그 청문회가 독립적인 기구잖아요? 그
리고 위원장도 우리 가족들이 추천한 사람이 위원장이었고 소위원
회, 소위원장도 우리 가족들이 추천한 사람이기 때문에 '그래도 뭔
가 밝혀질 것이다. 그리고 그거에 대한 이슈도 밝혀져서 국민들한
테 조금은 어필할 것이다' 그랬었는데 그게 인제 우리가 생각만큼
되지도 않았고 이슈화도 되지 않았고, 그래서 조금은 어떻게 보면
은 절감을 했죠, 아… 이 시행령이 사실은 거의 이 특별법을 무력
화시킨 시행령이라는 걸 그때 조금 깨달은 것 같아요. 그 전에 뭐
시행령 내용물 보면 '야, 이게 뭐 시행령이냐' 이렇게 할 정도의 생
각은 들었지만 직접적으로 그 결과가 드러나는 현장이 돼버렸거든
요, 청문회가.

면담자     체감할 수 있었다 이런 뜻인 건가요?

수진 아빠     그렇죠. 청문횐데 여당 특조위원들은 뭐 청문회에
참석도 안 하고, 그렇다고 참석했다 해도 뭐 말도 안 되는 얘기로
일관하고, 나온 사람들도 뭘 믿고 그러는지 제대로 대답도 안 하고
어영부영 그냥 모르쇠로 일관하고, 그런 걸 봤을 때 '정부가 적극적

으로 나서서 그런 청문회를 시행을 하고 이 특별법에 명시된 특검을 시행을 했다면은 과연 저렇게까지 할 수 있었을까' 그런 생각이 들더라고요.

사실은 특검도 할 수 있게끔 해놨잖아요, 특별법에서. 그리고 김재원 그때 원내수석부대표가 우리한테 이완구, 이완구 대표 사인까지 받아가지고 특검, 특검 임명할 때 그런 내용까지 우리가 서약서를 받았는데도 불구하고 그게 하나도 지켜지지도 않고 아예 특검조차도 실시도 못 하고 그런 상황이었을 때 진짜 무력감을 느꼈죠, 그때는. 그 시행령이라든가 그런 정부의 의지가 진짜로 이 사건을 덮을려고 한다는 거를 명명백백하게 느끼는 게 그런 청문회 자리였던 것도 같아요. 그 전에야 우리 가족들을 대상으로만 그런 작업을 했지만은 이거는 정부의 조사 기구잖아요, 어떻게 보면 특조위가. 그런데 그런 독립된 조사 기구마저도 무력화시키는 그런 걸 봤을 때, 아… 그때 체감을 했죠.

면담자     2016년 1월 10일에 겨울 방학식 했었는데요. 혹시 뭐 거기에 대해서 기억나시는 게 있나요?

수진 아빠     저는 방학식엔 안 갔어요. 방학식이란 게 물론 뭐 그런 취지도 있었지만 저는 그게 싫드라고요. 방학식은 안 갔는데 '아, 우리 애들이 과연 방학식을 하는 게 맞는 건가' 하는 생각도 들고, 또 괜히 거기 가기가 싫었거든요, 사실은. 방학식이란 거 자체를 제가 못 받아들였는지도 모르겠어요. 그때 방학식에는 참석을

수진 아빠 김종기

안 했었죠(침묵).

면담자    네, 다시 또 잠깐 특조위 얘기를 해보자면요. 3월 11일이 사건조사 신청 접수가 마감이 됐었고 그때까지 가족협의회가 239건에 대한 조사 신청을 냈었습니다. 실제 조사하겠다고 결정난 거는 176건이었고요. 조사 신청을 이렇게 냈었을 때 어떤 기조로 좀 내겠다, 애초의 기획 의도랄까 혹은 생각하셨던 방향이 있었을까요?

수진 아빠    기획 의도라기보다는 우리는 모든 부분에 대해서 다 조사를 해야 된다고 봤어요. 그때 4월 16일이 세월호가 15일 저녁에 왜 출항했었는지서부터 시작해 가지고, 출항하기 전에 선생들이라든가 여행사는 어떤 얘기를 했는가, 그 부분부터 저희들은 일단은 조사를 해야지 된다고 봤기 때문에 아마 그 조사 신청 건수가 그렇게 많았던 거 같아요. 그래서 그날 안개가 그렇게 꼈는데도 불구하고 세월호만 출항하게 된 이유부터 해갖고, 출항하면서 중간에 뭐 어떤 그런 움직임, 잘못된 움직임, '쿵' 하는 소리가 들리고 배가 흔들렸는데도 불구하고 그냥 진행했던 부분 해갖고, 하여튼 우리가 의심할 만한 상황들은 전부 다 조사 신청서에 넣기 때문에 아마 그렇게 건수가 좀 있었던 것 같고.

면담자    이 신청 건수를 누가 어떻게 모아서 이렇게 건수로?

수진 아빠    그거는 관련 진상 규명 관련 분과가 있고 (면담자 : 진상분과) 진상규명분과가 있잖아요. 진상규명분과가 있고 거기에 관련된 논의는 일단 확대운영회의에서 하고, 거기와 관련해서 직접적인 자료 수집이라든가 신청을 할 만한 내용들을 구분하고 한 거는 진상규명분과였죠. (면담자 : 주축이 된 거는 진상규명분과고, 관련된 논의는 확대운영회의에서) 그렇죠, 뭐든지 논의해서 결정은 확대운영회의에서 하는 거예요.

면담자　　개별로 하나의 안건을 올릴 것이냐 말 것이냐 여부도 이 두 군데서 검토되고 이루어진 건가요?

수진 아빠　　각 분과에서 검토를 해서 안건을 올려야 되겠다고 결정이 되면 확대운영회의에서 문건이 올라오고요. 확대운영회의에서 이 부분은 해야 될 것인가 말아야 될 것인가를 결정하게 되면 결정하고요. 결정하게 되면 그다음 진행 사항은 그다음 회의 때 보고를 하고, 이 진행 상황을 보고를 하고 또 거기에 추가로 논의할 게 있으면 논의하고, 안 그러면 쭉 진행해서 가는 그런 구조로 했었죠, 저희가.

면담자　　2016년 즈음이 되면 진상규명분과나 인양분과와 같은 분과 단위의 가족협의회 활동이 조금 더 주가 되는 느낌을 받거든요. (수진 아빠 : 네) 실제 그러했습니까?

수진 아빠　　그럴 수밖에 없었는 게, 저희들은 2016년뿐만 아니고 2015년도도 분과 주축으로요, 일단 아까 말씀드렸다시피 일을 할 수밖에 없어요. 왜 그냐면은 이 분과라는 게 집행위원이거든요, 사실은. 2015년도 1월 25일 날 사단법인 조직체계로 가면서 그렇게 조직을 정비를 하고 그 과의 과장들은, 분과장들은 최전선에 나가서 이렇게 직접적으로 논의를 하고 미팅을 하고 하는 사람들이었기 때문에. 그런 사람들이 그 결과를 가지고 확대운영회의에서 이러이러한 일이 있고 진행 상황이 어떻게 되고, 보고를 하면은 거기에 대해서 운영위원들은 각 반에 반 대표들 그다음에 선생님이라든가 이런 단위의 대표들, 그래서 저희들은 1반부터 해가지고 그 단위를 소단위라고 구분을 했거든요. 소단위, 소단위 대표들이 14명이에요. 1반부터 10반까지 10명 다 하고 생존[자], 화물[기사], 선생님 그다음에 일반인 그래 가지고 4개 단위 합쳐가지고 14개 소단위 대표들이 있고, 그 위에 집행위원장은 아니, 운영위원장이 운영위원들 회의를 주최를 하고 집행위원장이 사무처를 비롯해서 각 분과, 다섯 개 분과 집행회의를 주재로 하고. 이… 사실은 이게 나눠져 있었거든요.

근데 그러하기가 상황이 조금은 어려우니까 '따로따로 해가지고 이걸 또 합쳐서 하는 거보다는 아예 처음부터 합쳐서 하자' 이래 가지고 확대운영회의로 명칭이 개편이 된 거였어요. 그래서 모든 업무적인 부분이 집행위원들, 그니까 각 분과별로 이렇게 안건이 생기기 때문에, 운영위원들은 그 분과 집행위원들이 가지고 온 안건을 운영위원들하고 같이 논의를 하고 결정하고, 또 가족들이 나서서 해야 될 필요가 있다면은 운영위원들이 각 반에 전달을 하고 가족들 참여를 독려를 하고 이렇게 동원을 하는 그런 형태로 여태까지 유지가 된 거였죠. 그래서 반 대표들은 대내적으로 가족들한테 가족협의회 진행 상황이라든가 이런 걸 각 반에 전달을 하고 그걸 또 피드백받아서 확대운영회의 때도 전달을 하고, 그다음에 각 가족들이 좀 필요한 일에는 또 각 반별로, 단위별로 필요한 인원을 섭외를 해서 해온 구조였죠, 저희들이 지금까지도.

**면담자**　네, 그 3월 10일부터 가족협의회가 세월호특별법일 부개정법률안 그리고 특검임명의결요청안을 국회에서 의결해 달라고 얘기를 하면서 삭발 단식 농성에 들어갔습니다. 이거에 대해서 기억나는 게 있으신가요?

**수진 아빠**　아무래도 거기 특조위 기간하고도 연관이 있어서 그런 거 같은데, 그때 박근혜가 특별법을 2014년도 11월 달에 제정하고 아마 2015년부터 계산을 했던 거 같아요, 박근혜 정부에서는. 근데 사실은 한 7, 8개월 뒤에 아마 그때 처음으로 자금이, 예산이 책정이 되고 배분이 됐잖아요. 그렇다고 보면은 명목상의 특조위는 이름뿐인 거예요, 1월 달 1월 1일은. 그때는 특조위원도 없었고, 근데 어떻게 하든지 기간을 줄여야 되니까 박근혜 정부는, 1월 1일로 산정을 해가지고 하다 보니까 아마 2016년도 6월 달이 특조위 종료 시간으로 잡은 거예요, 얘네들은.

그런데 우리들은 아니다, 아니다 당연히 주장을 한 거죠. "무슨 소리냐? 특조위원들이, 특조위원들도 없었고 이 조사특별, 특조위 기구니까 조사할 수 있는 조사관들이 있는 때는 8월 달인데 8, 9월인데, 최소한도 그 사람들이 활동을 시작했을 때가 시작점이지 어떻게 특별법 제정해 가지고 1월 1일이 특조위 활동 기한으로 잡을 수 있냐?" 그건 누가 봐도 그렇잖아요. 그런데도 불구하고 이제 우기는 거죠. 그렇기 때문에 우리는 특조위 기간 연장에 대한 특별법 개정하고, 그다음에 아까 말씀드린 대로 "특검은 원하면은 하겠다, 여야에 합의해서 하겠다", 우리가 그렇게 해가지고 "특검 안 하면 말짱 꽝 아니냐" 할 땐, "절대 그럴 일 없다"고 약속을 했거든요, 특별법 만들 때. 그랬는데 그 약속이 안 지켜지니까 특조위에서 특검 요청해도 뭐 법사위에서는, 그때 새누리당 [의원이] 법사위원장 맡고 있었고 법사위에서 거부. 아예 안건도 안 올라가 버리고 특검 열릴 생각을 안 하고 그러니까 이제 기간하고 특검을 가지고 저희들은 그런 촉구를 했던 거죠, 시작을.

**면담자**  예, 다음은 2차 청문회입니다, 3월 28일, 29일 서울시청에서 양일간 하는 청문회가 있었고, 이후에 3차 청문회까지 있었는데, 물론 첫 번째 청문회가 가장 인상, 기억에 많이 남으실 테고 시행령이라는 것이 체감됐던 경험이라고 말씀해 주셨는데, 2차 청문회와 3차 청문회에 대해서 또 특별히 기억나시는 것들이 있으신지요?

**수진 아빠**  그니까 저희들은 청문회가 중요하다는 생각은 여전히 갖고 있었고, 그게 어떻게 하든지 이슈화되어야 된다는 거는 또 마찬가지로 갖고 있었어요. 근데 현실적으로 부딪치는 게 이 청문회 장소였거든요. 장소가 없어요. 안 내줘요. (면담자 : 두 번째, 세

번째에도?) 네. 그래서 그래도 그나마 가족들이 박원순 시장하고 관계도 좋았고, 박원순 시장도 어떻게든지 세월호 관련해서는 해줄려고 하는 그런 생각을 갖고 있었고, 그래서 광화문에 있는 세월호 광장도 유지가 되고 있었던 거거든요. 서울시 소속인데 서울시 시장이라든가 서울시에서 그거 치우라고 얘기해 버리면 그거는 행정적으로 치워야 되는 건데 오히려 박근혜 정부 때 서울시, 서울시 박원순 시장이 그걸 박근혜 정부의 요청에도 불구하고 끝까지 고집해 가지고 세월호 광장을 지켜줬거든요.

물론 사단법인도 서울시에서 허락을 해준 거고. 박원순 시장한테 저희들이… 워낙에 박근혜 정부[의] 방해로 신청을 등록할 만한 부처가 없는 거예요. 그래서 마지막에 서울시에다가 요청을 해가지고 박원순 시장이 오케이해서 서울시로 해가지고 사단법인도 등록하게 됐었던 거고. 그래서 청문회 장소도 마땅치 않았었는데 또 서울시장님이, 박원순 시장님[의] 조그만 도움으로 서울시청에서 열렸었던 것 같아요. 그래서 어떻게 하든지 이 방해가 있다는 이야기는 어떻게든지 청문회가 열리면은 안 좋다는 반증이 되는 거잖아요, 박근혜 정부라든가 해수부라든가. 그럼으로써 우리는 더 이 청문회를 해야 되고, 더 이슈화시켜야 되고, '어떻게든지 이 청문회의 팩트들이 국민들한테 알려져야겠다' 그런 생각을 하고 있었었죠, 2차, 3차 마찬가지로. 그래서 가족들도 어떻게든지 많이 참석을 할려고 했었고.

면담자       공중파에서 생중계를 하지 않았다고 말씀을 아까 전에 해주셨는데, 1차, 2차, 3차 청문회를 하고 나서 시민들이나 국민들이 여기에 대해서 어떠한 반응을 보였다고 당시에 느끼셨습니까?

수진 아빠 　　일단 몰랐던 부분이 전혀, 알려지게 된 게 전혀 없었다고는 말할 수 없는 것도 있어요. 물론 가족들도 몰랐던 부분도 청문회 때 밝혀진 것도 있기야 있기 때문에, 국민들이 만약에 이걸 어떻게 접했던 간에 그런 사실들을 접했을 때 가족들하고 똑같이, '진짜로 이런 일이 있었구나' 하고 [그] 정도만 알아도 저희들은 그 청문회가 성공했다 보거든요. 뭐 청문회를 해가지고 이 사람들은 뭐 검찰에 기소를 하건 특검을 하건 그걸 떠나서, 청문회의 주목적이 그런 사실을 밝혀가지고 수사를 하게 하고 하는 것도 있지만은 이 팩트를 국민한테 알리는 것도 가장 중요한 목적 중에 하나거든요, 목표 중에. 그렇다고 봤을 때 이 청문회가 그러한 노력을 전혀 달성을 못 했다고도 할 수도 없고, 그렇다고 완전히 이 청문회의 기능 중의 하나인 그 국민들한테 알리는 거를 제대로 달성했다고 볼 수도 없고.

　　다만 이 청문회의 그런 취지를 국민들한테 어느 정도, 몰랐던 사실들을 알렸던 거는 아마 청문회에서도 역할을 좀 했지 않나 그런 생각을 하는 거죠. 왜냐면 그때 청문회는 말 그대로 사실에 입각해서 하는 거잖아요. 그때 영상이라든가 문서라든가 그런 증거 자료로써 하는 거기 때문에, 그것까지 부인을 한다면은 아마 그거는 완전한 우리들이 흔히 말하는 '수구 꼴통 박근혜 일당들' 외에는, 아마 그 청문회 내용을 봤다면은 몰랐던 정보, 잘못된 정보를 알고 있던 분들도 그 청문회 내용을 보고 '아, 그랬었구나' 하는 그런 기능은 아마 청문회에서 했다고 봐요, 비록 제한적이었지만.

### 단원고 기억교실 협약식과 학생들의 제적처리, 국가행정에 대한 생각

면담자          네. 좀 뒤로 이어가서 5월 9일입니다. 단원고 기억교실의 이전 보존 및 복원에 대한 협약식이 있었고, 그와 동시에 학생들의 제적처리가 알려졌어요.

수진 아빠          그게 우리가 교실 존치를 그렇게 부르짖고 했어도 재학생 부모들의 반대로 해가지고 전혀 그게 진전이 안 됐었어요. 그래서 나온 대안책이, 그러면 단원고 앞에 원고잔공원이라고 있거든요. 그다음에 그 앞에 도로로 해서 해가지고, 기억교실을 골로 [그리로 옮겨] 똑같이 복원하겠다는 그런 안을 저희들이 내놨고, 그걸 어느 정도 수용을 하는 단계로 계속적으로 논의를 하다가, 5월 9일 날이 그걸 그렇게 하겠다고 협약식을 하는 날이었거든요, 사실. 그 단체가 경기도라든가 경기도의회, 안산시, 가족협의회, 단원고 그다음에 7대 종단 해가지고 일곱 개 단체가 협약식을 하는 그날이었어요, 사실은 분향소 앞에서.

근데 갑자기 인제 연락이 온 거죠. 3반에, 3반인가 어떤 엄마가 학교에 가서 서류를 떼라고 보니까는 제적처리가 됐다고 나오는

234
•
수진 아빠 김종기

거예요, 우리 애들이. 그래서 "무슨 소리냐" 난리가 난 거죠, 협약식 하는 날. 부모들이 쫓아간 거예요. "왜 우리 아이들이 제적처리가 되냐 사망신고도 안 했는데. 그리고 지금 아직 아무것도 밝혀진 것도 없고 지금 결과도 안 나왔는데, 그게 무슨 소리냐?" 해가지고 그날 농성을 시작한 거예요, 협약식은 했지만. 그래서 가서 보니까 카톡방에는 우리 협약식 하는 날, 우리 혹시라도 협약식을 했어도 이 사람들은 믿지를 못하는 거예요, 과연 우리가 [교실을] 뺄까 하는. 근데 제적, 제적 그 문제까지 불거지니까 안 그래도 교실 이전하는 거에 대한 협약식을 하니까 불만이잖아요, 사실은. 우리 애들 교실을 보전하고 싶은 게 우리 가족협의회고 부모들의 입장인데 그러지 못해가지고 다른 차선책으로 민주주의 민주시민교육, 가칭이지만 같이 민주시민교육원을 만들기로 협의하는 날인데, 우리 애들이 제적까지 됐다고 하니까 부모들이 더 화가 난 거죠. 그래가지고 쫓아가 가지고 농성을 하게 된 거예요.

사실은 단원고에, 저희들은 많은 농성을 했잖아요. 국회라든가 광화문이라든가 청운동이라든가 뭐 세종시 해수부라든가… 많이 했거든요. 그런데 단원고만은 저희들이 안 했어요, 왜냐면 우리 애들의 추억이 있는 곳이고 또 우리 애들의 후배들, 선배들이 공부하는 곳이고, 교육의 장소기 때문에 우리 부모들이 그거는 좀 자제를 하자 그런 생각들이었거든요. 근데 그런 생각들이 전부 깡그리 무시됐잖아요, 제적이라는 그 한 단어로. 그래서 저희들도 그런 생각을 아예 안 한 거예요, 그래서 학교에 주저앉게 된 거고. 그래서 한 거진 일주일 했는데 그때 당시에, 그때 재학생 학년대표들이 조금 얘기를 했었고, 행정실에다 물어보니까 이거는 학사에 어떠한 행정적인 부분으로 처리를 한 거라고 이렇게 얘기를 하더라고요. (면담자 : 누가요?) 그 단원고에서요. 단원고 행정실장이라든가 "이거는 행정적으로 처리할 수밖에, 처리할 수 없는 부분이다" 이렇게 했어요. 그래서 "무슨 소리냐?" 그랬더니, 그게 뭐 교육법이든 뭐든 하여튼 뭐 법적인 처리 때문에 이렇게 제적처리를 했다고 그래 가지고, 저희들이 교육청이랑 말하자면 이제 얘기해서 "그럼 이걸 제적처리를 안 할 수 있는 방법을 갖고 와라" 그렇게 해서 임시로 제적처리를 안 했었고 나중에는 그게 제적으로, 나중에 이런 참사가 일어나도 또 그런 희생된 학생들이 생겨도 제적으로 처리 안 하고 나중에 명예졸업 할 때까지 학적부를 놔두는 그런 걸로 좀 저희들이 바꿔놓은 거거든요, 행정적인 처리 부분을. 그래서 우리 가족들이 또 한 가지 그런 걸 만드는 계기가 된 거죠, 사실은.

　　그 제적이라는 문제, 그래서 지금은 학교를 다니다가 무슨 일을 당해가지고 사망을 했다든가 했을 때, 그런 일을 당한 것도 억울하고 학교 졸업 못 한 것도 억울한데, 그게 제적이라는 게 사실은 어떤 학생들의 자의의 어떤 문제라든가 그런 걸로 해서 처리되는 게 제적이잖아요 사실은요, 정확하게 말하면. 근데 그런 일을 당하고도 그런데 제적까지 당하면 얼마나 이중 삼중으로 고통을 받는 거기 때문에, 기간이 좀 지나서 '2학년이면 1년 더 지나서 명예졸업' 이런 식으로 저희들이 그걸 좀 바꿔놨죠. 우리가 한 것 중에 또 하나에 일인 게 됐어요, 그것도. 그래서 우리 아이들뿐만이 아니고 다른 학생들도 그런 행정이, 행정 처리가 적용이 되게끔 만들어놨다고 봐야죠.

면담자　이런 행정 처리라는 것 그리고 공무원들과 만나는 것, 사실 이런 과정에서 여러 가지 경험들을 계속 지속적으로 해오신 건데요. 이런 국가 운영 내지는 행정 처리에 대한 불만이 조금 더 커진다거나 이런 것들은 없으셨던 건가요?

수진 아빠　당연히 커졌죠. 저희들이 생각하기에는 그 담당이 물론 세월호에 관련된 일이니까 본인이 못 하는 거일 수도 있어요. 왜 그냐면은 다른 문제 같으면 그 담당이 자기가 생각하는 한도 내에서 자기 권한 안에서 이렇게 처리할 수도 있지만은, 그것마저도 세월호에 관련된 건 못 하는 거예요, 자기한테 어떤 불똥이 튈지 모르니까. 자기 권한 안에서 그걸 허용을 해줬는데, 그 위에서는 "야, 세월호 관련해서 왜 이렇게 처리했어" 이렇게 얘기할 수도 있는 부분들이 그 세월호 관련된 공무원들의 뇌리에 있는 것 같더라고요. 그래서 "왜 다른 사람들은 되고 우리는 안 되는 거야" 이런 얘길 많이 했었거든요.

그랬을 때 굉장히 어떻게 보면은 '복지부동의 표상' 같은 느낌을 그리 받았었죠, 자기 밥그릇만 지킬려고 하고 소신 없고. 물론 공무원이란 조직이 일반 회사 조직보다 더 조금 보수적인 건 있긴 하지만, 그럼에도 불구하고 그런 어떠한 자기 소신의 일을 못 하는 걸 보고 굉장히 좀… 어떻게 보면은 실망도 하고 화도 나고 그랬어요. 그런 걸 몇 년 동안 지켜봤잖아요, 저희들은요. 하다못해 정부 공무원부터 시작해 갖고 교육공무원, 뭐 일반… 하다못해 시 공무원들까지도 그런 똑같은 행동을 보였으니까. 세월호를 지원하기 위해서 만든 안산시 세월호지원단도 어떠한 부분에서는 그런 자기 주도적인 결정을 못 하고 윗선에 보고해 가지고 일일이 지시를 받는 그런 행동을 보였었기 때문에, '다른 중앙 부처라든가 교육 부처는 오죽했을까' 하는 그런 생각도 들었죠.

**면담자**　안산시 세월호사고수습지원단은 어떤 일이 주로 그렇게 속상하게 하시던가요?

**수진 아빠**　그니까 뭐가 안산시에서 해야 될 부분이 있잖아요. 경기도에서 해야 될 부분이 있고 그다음에 중앙 부처에서 해야 될 부분이 있고, 청와대에서 해야 될 부분이 있는데, 안산시에서 해야 될 부분은 세월호지원단이 전적으로 담당을 하기 때문에, 안산시는. 그럼 세월호지원단에 얘길 하면 그래도 계장, 과장들이 이렇게 단을 꾸려가지고 가족들을 지원을 하는데 사실은 바로 한 단계만 올라가면 되잖아요, 시장으로, 중간에 보고할 사람 국장들도 없을 거고. 근데도 뭔가 얘기를 하면은 진행이 안 되는 거예요. 맨날 그니까는 어떻게 보면 '안산시도 청와대 눈치를 보나?' 이런 생각도 들 때도 있었고, 요구한 게 진행이 안 될 때는. 뭐 예산이 없다는 핑계를 댄다거나 [하면] "아니, 예산이 없으면 예비비로 하고 나중에 예산 신청을 해라". 오히려 우리가 공무원이었다니깐요. 뭔 일을 함에 있어서 "이렇게 하고 이렇게 하면 되지 않냐. 행정 처리를 그렇게 하면 되지 않냐" [하고] 오히려 우리가 요구를 하는 경우도 많았었고.

**면담자**  구체적인 방법까지?

**수진 아빠**  예, 그러면 자기네들은 그렇게 할 수 없다 난색을 표하고. 그니까 뭐 돈 들어가는 일이라든가 어떤 결정을 했을 때 생기는 뒷감당이 어떻게 보면 두려운 거죠, 본인들은, 그때 당시에. 지금, 지금은 그래도 좀 나은데 박근혜 정부 당시 때는 그랬었죠. 2016년도는 그런 때였잖아요, 박근혜 정부니까.

**면담자**  아버님, 오늘도 긴 시간 상세한 말씀 주셔서 감사드립니다. 너무 피곤하실 수 있어서 오늘은 여기서 마무리하려고 하고요. 다음번에는 8월 달에 있는 가족협의회 무기한 단식 건이 있는데 그 얘기부터 이어서 이야기를 하도록 하겠습니다. 수고하셨습니다.

# 5회차

2018년 12월 13일

# 1
## 시작 인사말

**면담자**　　　본 구술증언은 4·16 사건에 대한 참여자들의 경험과 기억을 기록으로 남김으로써 이후 진상 규명 및 역사 기술에 기여하고자 합니다. 지금부터 김종기 씨의 증언을 시작하겠습니다. 오늘은 2018년 12월 13일이며, 장소는 안산시 단원구 4·16기억저장소입니다. 면담자는 이봉규이며, 촬영자는 문향기입니다.


# 2
## 특조위 선체조사 보장 촉구 단식과 민주당 점거 농성

**면담자**　　　지난 면담에서, 2016년이죠? 5월 달 당시 있었던 협약식 진행하면서 학생들 제적처리 문제가 드러난 것까지 이야기를 해주셨습니다. 이어서 오늘은 8월 달 중순, 하순쯤 되겠군요. 24일에 특별법 개정 그리고 특검 의결, 세월호 특조위의 선체조사 보장을 입법부에 촉구하는 내용을 담은 가족협의회의 무기한 단식 선언이 있었습니다. 그리고 25일에는 더불어민주당 당사를 6일간 점거해서 농성을 진행한 적도 있었는데요. 그 내용에 관해 기억나시는 대로 이야기해 주십시오.

**수진 아빠**　　　그거는 아마 특조위원장님이 먼저 단식을 시작하셨을 거예요. 시작을 하고 그러면서 사실은 어떻게 보면은 여론… 그때 당시에도 어쨌든 박근혜 정권에서 세월호에 관련된 여론 형성을 시키지 못하도록 그렇게 조치를 해왔었잖아요, 박근혜 정부가. 그러다 보니까 사실은 특조위원장이면 장관급인데 넓은 그 광화문 광장에서 단식을 해도, 진짜 JTBC나 극히 한정적인 언론에서만 잠간 다루고 그 외는 아무런 언론에 방송되지 못하다 보니까, 국민들이 그러한 사실도 알지도 못할뿐더러 뭣 때문에 이 단식을 하는지도 몰랐었거든요, 사실은. 그런 부분에서 저희들이 항상 같이하는 인터넷 언론사라든가 그런 언론매체도 같이 그런 부분에 대해서 다뤄주길 요청하는 부분도 있었지만, 단순히 그 부분을 떠나서 이 특조위가 제대로 된 활동을 사실은 못 하고 강제 종료를 당했거든요, 6월 30일 날. 그것도 6월 30일이 또 기한도 아닌데.

그럼에도 불구하고 강제 종료를 당하다 보니까는 가족들이 그때 당시에는 거의 특조위가, 1기 특조위가 거의 진상 규명의 마지막 보루라고 이렇게 생각을 하는 가족들이 거의 대부분이었고, 진상 규명을 할 독립적인 기구였잖아요, 1기 특조위가. 근데 박근혜 청와대서부터 해수부 그다음에 정부 여당이 전방위적으로 방해를 하고 진상 규명을 방해하는 그런 활동을 하고, 거기에 또 더불어서 6월 30일에 강제 종료까지 당하다 보니까, 사실은 가족들의 거의 마지막 희망이었던 1기 특조위가 제대로 활동도 못 하고 기간도 뺏기고, 그런 어떻게 보면은 마지막적인 심정이었을 거예요, 저희 가족들이. 그 와중에 집행위원장[특조위위원장]님이 단식을 활동 기한 보장을 위한 단식이라든가 했을 때 가족들이 또 가만히 있으면은 안 되겠다는 절박한 심정도 있었고, 그래서 동조 단식을 시작했던 거고. 말 그대로 활동 연장이라든가 그동안 또 특조위에서 조사했던 부분에 대한 특검이 실시가 돼야 된다는 그런 요구, 그다음에 한창 선체 인양에 대한 부분이 많이 저희 가족들뿐만 아니고 염원하던 그런 때였고, 선체 인양이 계속 어떻게 보면 지지부진하던 때였기 때문에 그런 걸 다 종합적으로 한 단식이었다고 제 기억이 됩니다.

**면담자**　　特조위원장이 단식을 결정하시고 시작하시는 과정에서 가족협의회 간부분들이랑 미리 사전에 논의한 것이 있었나요?

**수진 아빠**　　아니죠. 특조위원장님이 단식하는 걸 저희들이 논의할 수는 없고요. 다만 어느 정도의 그런 분위기는 저희들이 전달은 받았었죠. 특조위 내부에서도 물론 여당이라든가 그때 당시에 자유한국당이죠, 새누리당 거기 새누리당에 좀 가까운 조사관들이라든가 파견공무원들 이런 사람들은 쑤욱 어떻게 보면 받아들이는 입장이었지만, 그 외의 조사관들이라든가 특조위 관계자들은 전혀 받아들이지 못하는 상황이었기 때문에. 대부분의 조사관들도. 그래서 어떤 특별한 행동이 있어야 되겠다는 그런 분위기는 있었어요. 물론 저희들도 그걸 전달해 들었었고, 근데 그게 특조위원장님의 단식으로 시작이 된 거죠.

**면담자**　　아시지는 못했군요. 더불어민주당 당사에 가셨던 것은 기억이 나십니까?

**수진 아빠**　　저는 거기 단식에는 안 갔지만 제가 또 가족협의회에서 베이스를 지키면서 지원을 해야 되는 그런 위치였다 보니까 직접적으로 단식에는 참여를 안 했지만은, 사실은 "왜 더불어민주당 당사를 점거 농성을 했냐?" 하는 사람들도 있었어요 사실은, "새누리당을 가야지". 근데 저희들이 물론 새누리당이나 이런 정부여당은 당연히 우리가 싸워야 할 대상이었지만 사실은 야당인 민주당의 그런 무기력한 모습에 더 실망을 했거든요. 특조위의 기간연장에 대해서 사실은, 입법부인 국회가 특별법을 만들고 특별법에 의해서 특조위가 구성이 됐고, 특별법에 대한 기간보장이 정부여당에 의해서 그다음에 정부에 의해서 해수부[의] 자의적인 해석으로 그 해수부의 그런 잘못된 시행령, 그다음에 청와대에 의해서 사실은 국회의 어떻게 보면은 권한이 침범당한 거거든요 사실은, 법을 만든 국회가. 특별법의 내용이 단순히 1월 1일부터 특조위가 시작된다는 그런 문구는 없어요, 사실은요. 그럼에도 불구하고 그런 자의적인 해석으로, 해수부의 자의적인 해석에 의해서 강제 종료됐을 때 사실은 아무 목소릴 내지 않았거든요.

**면담자**　　비판하는 논평이나 이런 것도 없이?

**수진 아빠**　　그런 논평은 있었겠죠. 그렇지만은 거기에 대한 강력한, 뒤따르는 행동이 없었다는 거, 말로만 하고. 그랬다고 봤을 때, 야당에 건 우리 가족들의 기대가 많이 꺾인 부분도 있었고 또 실망한 부분도 있었고, 그래서 그러한 자성의 목소리를 좀 내달라

하는 의미로서 민주당을 점거하게 된 거죠, "왜 똑바로 안 하느냐" [하는 뜻으로]. 여당은 정권을 잡은 여당이니까 박근혜 정권이니까 그렇다 쳐도, 그런 여당에 질타를 하고 잘못된 부분이 있으면은 고치게끔 얘기를 하고 같이 바로잡아가야 되는 게 야당의 역할인데, 그런 역할을 하지 못한 부분에 대한 가족들의 어떻게 보면 시위였죠, 민주당 점거 농성이. 물론 며칠 만에 풀긴 했지만, 그런 의미에서 점거 농성을 했던 것 같아요.

**면담자**        생각하기에 따라서는 그래도 당사를 점거한다는 것은 굉장히 적극적인 저항의 표현이지 않겠습니까? (수진 아빠 : 그렇죠) 그렇다면 그 행동이 여당에 행하지 않고 우선 당시 야당이죠, 더불어민주당이 되었다는 건 좀 받아들이기 어려운 여론들도 있었을 거란 생각도 들기도 하고요. 내부에서도 좀 그런 우려들이 있지 않았을까 하는 (수진 아빠 : 있기는 있었죠) 그런 생각이 듭니다.

**수진 아빠**        국회에서 하자는, 다시 한번 국회에서 하자는 얘기도 있었고 (면담자 : 당시에요?) 새누리당 당사를 점거해야 된다는 얘기도 있었고 하지만은, 금방 말씀드렸다시피 새누리당은 박근혜 정부의 당이고 보수 정권이기 때문에 보수당이기 때문에 그렇다 치면, '진보면서 야당인 역할을 제대로 못 하는 민주당도 이건 분명히 큰 책임이 있다' 이렇게 생각을 했기 때문에, 기존에는 새누리당 당사 가서 오물도 던지고 그런 게 있었기 때문에, 여튼 '야당이 좀 뭔가 자성하는 부분을 우리가 좀 일깨워 줄 필요가 있다' 그런 마음에서 했고. 4·16연대라든가 그런 부분들도 다 어느 정도 공유를 하고 진행했던 부분이 있었죠. (면담자 : 아, 본격적으로 하기에 앞서서 4·16연대에) 예, 4·16연대하고 인제 그런 부분도…….

**면담자**　　　4·16연대 이외에 다른 집단과도 사전에 논의가 있었던 걸까요?

**수진 아빠**　　　그건 아니고요. (면담자 : 4·16연대하고만) 네, 그렇죠. 왜냐면 4·16연대하고 공유가 되면 4·16연대에서 또 지방에 세월호 활동을 하는 조직이라든가 단체에 그런 내용들이 다 공유가 되기 때문에, 저희들이 각 단체별로 다 이렇게 할 필요까지는 없었어요.

3

### 단원고 기억교실 임시 이전과 재학생 부모, 일선 교사들에 대한 생각

**면담자**　　　예, 그 일 조금 앞서서 있었던 일이 8월 20일에 있었던 일입니다. 이제 단원고 기억교실을 안산교육지원청으로 임시 이전한다고 했는데 (수진 아빠 : 임시 이전이었죠) 네, 임시 이전이었고. 그 이전하기 전날 밤이었나요? 갑자기 이삿짐센터 차량들이 막 들어와서, 유가족들의 마음을 자극하기도 했었던 일들도 있었습니다.

**수진 아빠**　　　네, 어렴풋이 기억이 나는데 그때 아마 밤에 그 학교 들어가면은 건물 뒤쪽으로 이삿짐센터 차량이 있다는 걸 누가 발견하고 그걸 밴드에 올리면서 발단이 됐고, 그래서 가족들이 밤에 쫓아가서 교실을 지키자 이렇게 해가지고 당직을 선 기억이 있어요, 그래서 못 빼 가게. "이삿짐센터 차량이 웬 말이냐. 이게 우리 아이들이 쓰던 책상이라든가 이런 게 어떻게 이삿짐 취급을 하게 되냐" 그렇게 저희들이 반발을 했고 그래서 이삿짐센터 차량을 일단 철수를 했고, "무진동 차량으로 준비를 해와라. 무진동 차량으로 하고 그다음에 이걸 옮기는 데에도 짐짝 취급하지 말고 예우를 갖춰서 해라. 아이들의, 어떻게 보면 아이들이 쓴 유류품일 수도 있는데, 유류품인데 그걸 이렇게 함부로 이삿짐 하듯이 하지 말라"고 그렇게 요구를 했어요. 해서 무진동 차량으로 바꿨고 거기에 단원 교육지원청으로 단원고에서 이전을 하고 가족들은 걸어서 행진을 하고 그렇게 했었던 거죠, 그 당시.

면담자     그때 아버님은 좀 구체적으로 기억나시는 풍경이랄까요, 기억들이 있으세요?

수진 아빠     그때는 뭐 각 반별로 하나하나 그게 좀 시간이 많이 걸리긴 했는데, 반별로 해서 저희들이 일단 책상에 있는 것들은 부모님들이 가서 다 싸고, 그다음에 일련표 붙이고. 왜냐면 섞이면 안 되니까요. 왜 또 일련표가 있어야만이 이 책상이 1반 거고 누구 거고 어디 자리에 있고 이게 다 되거든요. 창틀에도 일련표를 붙였으니까요, 칠판에도 붙이고. 그래서 이게 다 나중에 옮겨갔을 때 제대로 위치하고, 그래도 단원고의 교실과 어느 정도는 그래도 좀 형태가 같아야 되겠다는 그런 게 있었기 때문에 목록화 작업도 다

하고 했었죠. 그래서 이걸 다 옮겼었고요.

그걸 정리하는 날은 부모님들이 많이 속상해했죠, 정리하면서 우시는 부모님도 있었고. 어떻게 보면은 사실은 쫓겨난 거잖아요. 저희들은 '쫓겨났다'고 생각하거든요. 왜 그냐면은… 그 2015년도 2014년도, 2015년도 초까지만 해도 그런 얘기를 안 하다가 슬슬 그런 얘기들이 나오기 시작하고 15년도 초부터, 인제 재학생 부모들의 그런 집단행동이 있고, 어떻게 보면은 저희 우리 부모들은 불안했었죠. '혹시 또 누가 밤에 몰래 와서 또 어떻게 하지 않을까. 사실은 이것도 기록인데', 그래서 밤에 순차[순찰] 순번 이렇게 보기도 했고, 학교 측에다가도 요구를 하기도 했고 "보호 대책을 세워달라"[고].

그럼에도 불구하고 재학생 부모, 어떻게 보면 처음에 장소 문제, 그다음에 장소 문제를 대안[으로] 제시하니까는 학습 분위기 문제, 또 보기에 안 좋다는 얘기까지 흉가 같다는 얘기까지 막 나오면서 굉장히 많이 어떻게 보면 서운했었죠. 학교를 다니고 있었으면은 선배일 수도 있고 친구일 수도 있고 후배일 수도 있잖아요, 우리 애들이. 근데 진짜 참사로 원하지 않는 그런 죽음을 맞이한 선배나 후배들의 그런 물건들이 있는 곳을 무조건적으로 빼야 된다는 그런 요구를 했을 때, 사실은 어떤 대안도 없었거든요, 그 사람들은. "어떻게 어떻게 하자. 그러니까 좀 옮기는 게 어떠냐", 이런 논의도 없이 무조건 "빼야 된다. 치워야 된다" 그 주장만 했기 때문에 저희 가족들이 그걸 수용할 수가 없잖아요. 뭔가 대책을 세

수진 아빠 김종기

우고 그런 애기를 했을 때 '아, 그럴 수도 있겠다' 하고 한발 물러서서 이렇게 생각해 볼 수도 있는 건데, "무조건적으로 빼야 되고, 없애야 되고 한다"는 그런 주장만 하다 보니까 당연히 부모로서 수용할 수 없었고.

그래서 그 사람들이 내세우는 주장에 대해서 우리 나름대로 또 대안을 제시를 했고, 근데 받아들이진 않았죠, 그 사람들이. 그런 대안을 수용할 그것 때문에 반대를 한 게 아니고 무조건 빼기 위해서 반대를 했기 때문에 어떠한 대안을 제시를 해도 받아들이지 않았고, 그게 농성으로 이어졌고, 사실은 저희 가족들이 우리 애들이 다니는 학교에서만큼은 "박근혜 정권하고 싸웠던 그런 모습을 보이지 말자"고 다짐을 했었는데, 그 제적처리 사건이 그걸 우리 가족들이 깨는 그런 이유를 만들었었고, 그래서 농성도 했고 농성 결과로서 인제 임시, 교육지원청으로 임시 이전을 하게 됐지만….

물론 농성하면서 제적처리가 다시 철회되고 명예졸업이라는 그런 것도 만들어지고 그런 거는 어떻게 보면 가족들의 활동의 또 하나의 결과물일 수도 있고 그렇지만, 저희 가족들이 사실은 단순히 우리 아이들 유류품으로서 이 교실이 있기를 바라는 건 아니었거든요. 잊으면은 반복이 되는 거는 이건 사실이에요. 그동안의 모든 사건, 사고들이 거기에 대한 대비를 하지 않고 그때만 조금 막 요란스럽게 떠들다가 잊어버리고, 또 시간이 어느 정도 지나면 또 반복되고 그런 게 계속적으로 반복이 됐기 때문에, 잊어버리고 반복이 됐기 때문에 다시 발생을 하는 거기 때문에, 가족들은 이 기억교실이 말 그대로 기억에 남아서 진짜 이런 어처구니없는 참사가 국민들뿐만 아니고 배우는 이런 학생들, 모든 대한민국 사람들이 겪지 않았으면 하는 그런 기억의 장소로 남았으면 했거든요. 또 그게 맞는 거라고 저희 가족들도 생각했고, 주변에 그런 일을 당하신 분들이라든가 아니면은 그걸 잘 알고 있는 분들의 하나같은 말씀이었어요.

근데 그게 재학생 부모 입장에서는 거기까지는 이해를 안 한 거죠. 일단 눈앞의 자식들이 공부해야 된다는 거, 그다음에 대입시험을 봐야 된다는 이런 부분 때문에 나중에 일은 뒷전으로 밀리고 바로 당장 눈앞의 그것만 보게 하는 그런 결과가 된 거죠. 어떻게 보면 안타깝기도 했어요. 물론 우리 기억교실이 이전해서 안타까운 것도 있지만, 그런 우리 부모들이 어떻게 보면 조금 더 생각하고 아이들을 위해서는 어떻게 하는 게 좋은가를 생각할 수 있는 계기가 세월호 참사라고 생각을 하는데, 사실은 이거는 어떻게 보면 우리 애들한테는 비극이지만은 대한민국이나 다른 부모들한테는 어떻게 보면 기회일 수도 있거든요. '이 기회를 바탕으로 뭔가 변화를 하고 제대로 된 우리 애들이 또는 우리 국민들에 대한 제대로 된 걸 만들어가야 되지 않냐' 하는 그런 기회로 삼았으면은, 물론 당장은 힘들더라도 '5년이 지나고 10년이 지났을 때 더 환경적으로나 사회적으로 그다음에 가정적으로 더 나아진 사회가 돼 있지 않을까' 그런 생각을 가족들은 몇 년 동안 했거든요. 그런데 반대되는 입장의 부모님들은 거기까지는 생각을 안 하고 저희와 어떻게 보면 대치하는 그런 상황이 됐었던 거죠. 그래서 이 기억교실이 우리 부모들한테 갖는 의미는 단순히 '우리 애들이 그래도 배웠던 곳이니까 보존해야 돼' 단순히 이것뿐만은 아니었었어요, 사실은. 그런 게 있었죠.

면담자   주로 기억교실을 유지하지 말고 이전하자는 입장이 중심이 된 재학생 부모 대표 그룹들이 부모님들과 만나셨을 텐데 유가족분들과 만나 뵈었을 텐데. 그 외에 다른 재학생 부모님들하고 지지를 받거나 이런 경험은 없으셨나요?

수진 아빠   개인적으로는 만나보지 않았는데 물론 전체 다 부모님들이 반대한 건 아니더라고요, 얘기를 들어보니까. 극소수지만 그래도 "이거는 기억교실로서 남겨둘 필요가 있다고 생각하시는 재학생 부모님도 계시다"고 저희들이 들었어요. 근데 그게 뭐 누구 부모, 누구 부모라는 건 몰랐기 때문에.

면담자   "극소수"라고 칭하신 이유는 무엇인가요?

수진 아빠   그러니까 전체 재학생 부모 중에 몇 명 안 된다는 거죠. 예를 들어서 재학생 200명이면 거기서 한 몇십 명 정도? 그 부모님들은 "아, 기억교실을 보존할 필요도 있다" 이렇게 말씀하셨다고 들었거든요. 그래서 그런 부모님들한테는 어떻게 보면 고맙죠. 저희들 우리가 어떤 의미에서 이 기억교실이 있어야 된다는 걸 그래도 어느 정도 이해는 하고 있다는 부모님들이잖아요. 그래서 어떻게 보면 같은 편인 거 같아서, 또 기분도 좋았고. '재학생 부모님들이 사실은 다 그런 생각을 갖고 있는 게 아니구나' 하는 것도 확인하는 거였기 때문에, 어떻게 보면 한편으로는 거기에 위안이 됐었죠.

**면담자**       이전하자라는 입장을 두고서 교육청이 좀 우왕좌왕했달까요? 중간에 조율을 잘 못 했단 이야기를 지난번에 한 번 해 주셨던 것 같고. 단원고 측 재학생 부모, 또 유가족 이렇게 여러 단위들이 이 문제와 관련해서 존재했는데, 학교에 있는 고등학교 선생님들, 일반 평교사들과도 혹시 대화를 나눠보시거나 이 문제에 대해서 상의해 보신 적 있으셨나요?

**수진 아빠**       선생들하고는 상의한 적은 없고요. 근데 학교운영위원회 부모님들 그다음에 부장선생님, 우리 가족협의회 부모님들 해서, 그다음에 교육청 이렇게 몇 번 만난 적은 있어요, 단원고에서. 그래서 이 기억교실을 어떻게 할 것인가에 대한 얘기는 한 적은 있거든요. 물론 인제 어떤 결론이 난 건 아니지만 뭐. 학교운영위원회는 재학생 부모님들이잖아요. 학교운영위원회는 이런 이유로 저런 이유로 "교실을 빼야 된다", 우리는 금방 말씀드렸다시피 그런 이유로 "존치가 돼야 된다", 어떻게 보면 평행선이죠. 그러다 보니까 교육청에서는 두 부모님들의 말을 어느 한쪽으로만 이렇게 들어줄 수 없는 입장이 돼버린 거잖아요. 그래서 아마 이런 결정을 못 하고 좀 지지부진, 우왕좌왕했던 것 같아요.

**면담자**       교육행정을 담당하는 교육청 입장에서는 조정이 쉽지 않았을 것 같다는 생각이 들긴 드는데, (수진 아빠 : 그렇죠) 교사라고 하는 직업이 또한 한국 사회에서 요구하는 특정한 소양들이라는 게 있고 그러다 보니까 조금 다른 목소리를 내면서 지지 의사들을 내지 않았을까 하는 궁금증에서 여쭤본 것입니다.

**수진 아빠**　　근데 선생님들도 그런, 아마 교육청에서도 그렇게 어떤 결정이라든가 목소리를 못 내는데 선생님들이 그런 목소리를 내시는 분은 없었죠. 왜 그냐면 아무래도 학교, 교육청의 눈치를 봐야 되잖아요, 선생님 입장에서는. 물론 교육자지만 어떻게 보면 학교가 직장이거든요. 그랬을 때 돌아올 수 있는 그런 불이익도 생각을 안 하지는 않았을 거예요. (면담자 : 그런 것들이 서운하지는 않으셨어요?) 당연히 서운했죠. 그래도 교육자면 그런 불이익이 좀 온다 그래서 진짜 교육자로서 내야 할 목소리를 내주지 않는 거에 대해서는 서운했지만, 그래도 한편으로는 뭐 그렇다고 강제로 "야, 왜 선생님이 되어가지고 왜 그런 얘기를 안 해?" 이럴 수는 없잖아요. 그래서 서운한 감정은 있었지만, 거기에 대해서 따지거나 그런 건 없었죠. 어쨌든 우리…, 어떻게 보면 1학년 때 선생님일 수도 있고, 2학년 선생님들은 많이 돌아가셨지만은 1학년 때 담임선생님일 수도 있고 가르쳐준 선생님일 수도 있으니까 우리 아이들에 대한 선생님이니까, 거기에 대해 기본적인 예의는 또… 저희들이 존중을 해드렸고, 저희 입장에서는 그래도 좀.

**면담자**　　예, 그다음에 9월 30일에 [특조위] 활동 기간 종료 통

255
·
5회차

보가 왔네요.

수진 아빠  특조위 (면담자 : 네) 네, 그때가 아마 백서 만드는 기간이 3개월 또 있거든요, 특조위가. 근데 그 기간이 이제 만료돼서 그게 없었을 거예요.

4

**최순실 게이트를 마주한 기억과 촛불집회 적극적 참여**

면담자  11월 달로 올라가 보도록 하겠습니다. 11월 이때 최순실 게이트. (수진 아빠 : 한창 태블릿 PC 때문에) 네, 그것 때문에 4·16가족협의회랑 4·16연대가 세월호 참사 헌정 파탄을 규탄하는 시국선언하고 기자회견 이런 것들을 가졌었는데… 아버님, 준비하시면서 기억나시는 게 있으신가요?

수진 아빠  그게 시국선언은 가족협의회가 준비한 건 아니고 연대라든가 재야 단체들이 아마 그걸 준비를 했을 거예요. 저희는 그 단체 중의 하나로 저희들이 참석을 했지만, 그때 당시에는 어쨌든 어떻게 보면 이 정권이 세월호 참사를 그렇게밖에 대할 수 없었던 하나의 이유가 될 수도 있거든요, 최순실 게이트가. 그게 '단순히 최순실 게이트가 세월호 참사에 관련됐다' 그건 아니지만, 이 정부가 이렇게 개인에 의해서 좌지우지되고 국민의 생명을 제대로 지키지도 않은 그리고 그러한 참사에 진상 규명을 하지 않는 그런 무능한, 아니면은 어떤 이유를 가지고 있는 그런 정부라는 생각을 우리 가족들은 했기 때문에 시국선언에도 참석을 했고, 또 거기에 관련돼서 '이거는 분명히 밝혀내야지 세월호 참사도 어떠한 연관성이 분명히 있을 것'이란 생각을 했죠, 저희들이 가족들이. 그래서 촛불집회에도 참석을 했고요.

면담자　　　처음 태블릿 PC 건이 JTBC 뉴스에서 보도되었을 때 혹시 보셨나요?

수진 아빠　　　처음에는 못 봤고요. 몇 번 뉴스가 계속되면서 사회적인 파장이 점점 커지기 시작하면서 보기 시작을 했었죠, 그때 당시.

면담자　　　접하셨을 때 어떤 느낌이셨습니까?

수진 아빠　　　(한숨 쉬며) '참, 이런… 이래서 우리 아이들이 구함을 받지 못했나?' 이렇게 생각을 했죠. 어떻게 보면은 최순실이라는 그 여자가 얘기하는 대로 박근혜가 어떻게 따라간 거잖아요. 자기, 그렇다고 했을 때 항간에 떠도는 뭐 인신공양설도 있고 그런 여러 가지 기괴망측한 얘기들이 돌았을 때, '진짜로 그랬지 않았을까?' 하는 생각도 번뜩 들게 만드는 사건이었어요, 최순실 게이트가. 왜냐면은 "최순실이가 점도 보러 다니고 그랬다"는 얘기가 있었기 때문에. 그래서 '최순실이가 이거 세월호 참사에도 어떤 박근혜한테 영향을 미쳤나?' 이런 생각도 있었고요. 그래서 최순실 게이트에 대한 관심이 쏠렸었고 거기에 관련돼서 촛불집회에 물론 가족들도 당연히 참석을 했죠.

**면담자**      이후 "탄핵을 할 것이냐", "하야를 요구해야 된다"라는 여러 사회적 논의들이 있었고요, 이후로 탄핵 정국으로 이어졌었습니다. 탄핵 정국에 맞추어서 가족협의회 활동은 어디에 초점을 맞춰 진행이 된 거라고 볼 수 있을까요?

**수진 아빠**      일단 그 당시에는 매주 하는 촛불집회가 가장 컸었죠. 왜 그냐면 그건 국민들의 모든 동력을, 마음을 모으는 계기잖아요, 시발점이잖아요. '촛불집회가 없었으면은 탄핵이 됐을까?' 그런 생각도 들어요. '탄핵이 되고 과연 이 박근혜가 그런 탄핵 선고를 받을 수 있었을까, 헌재에?' 생각했을 때는, 아마 이 촛불집회가 가장 큰 아마 원동력이었다고 생각하거든요. 그래서 저희들은 매주 토요일 날 하는 촛불집회에 가족협의회 역량을 좀 모았죠. 그리고 만약에 박근혜가 탄핵이 되면 어쨌든 박근혜 정부가 끝장이 나는 거잖아요? 어떤 정부가 들어서든지. 그랬을 때 생각할 수 있는 거는, '지금의 여당이나 박근혜 보수가 집권할 가능성은 없다'고 저 같은 경우는 판단을 했어요. 왜 그냐면은 이명박, 박근혜 정부 9년 동안 해왔던 결과가 박근혜 탄핵이잖아요. 그렇다고 봤을 때는 '보수 정권이 다시 들어올 가능성은 희박하겠다' 촛불집회를 하면서 국민의 마음을 현장에서 느꼈을 때, '그렇다면은 정권이 바뀌고 만약에 진보정권이 들어서면 진상 규명할 수 있는 우리 활동이 조금 더 힘을 받고 진상 규명을 더 수월히 할 수 있지 않을까?' 하는 생각들이 가족들한테는 있었죠. 저를 비롯해서 아마 다른 가족들도 그렇게 생각했을 거에요. 그래서 더욱더 열심히 촛불집회에 나가

수진 아빠 김종기

서 참가하고, 행진할 때는 맨 앞장서서 하고 그랬었던 것 같애요.

면담자    "역량을 모았다"는 말씀을 말씀 중에 해주셨는데, 역
량을 구체적으로 어떻게 모으셨다는 건가요?

수진 아빠    그니까 시민단체라든가 이런 부분은 연대하고 긴밀
하게 협의하고 진행을 했지만, 가족들이 사실은 11월 달 12월 달
굉장히 추워지는 겨울로 가는 대목[길목]에서 외부로 활동을 하기
가 쉽지는 않거든요, 사실. 그럼에도 불구하고 박근혜가 탄핵돼야
되는 그런 이유가, 저와 같은 생각을 갖고 있는 그런 사람들의 생
각을 좀 다른 가족들도 많이 공감하고 참여를 할 수 있게끔 해야
되는 그런 상황이 되었기 때문에, 기본적으로 어떤 기자회견이든
어떤 일이 있을 때 가족들의 참여율이 한 50명, 40명이었다면은 촛
불집회 때는 100명 뭐 이런 식으로, 한 명이라도 더 참여할 수 있게
끔 굉장히 가족협의회에서 신경을 많이 썼죠. (면담자 : 전화 연락도
더 많이 하고) 그렇죠, 각 반별로. 그래서 "집회에 꼭 나가야 된다"
[고 연락을 돌렸죠]. 처음에는 태극기부대 [탄핵] 반대집회가 없었어
요. 11월, 12월 정돈가? 12월 아마 들어서부턴가 하여튼, 나중에
촛불집회가 좀 진행되고 10만, 20만, 50만 이렇게 돼갔을 때 뒤늦
게 태극기집회가 반대집회를 열기 시작했지 처음에는 없었거든요,
태극기집회 반대집회가. 저희들은 처음부터 참가를 하면서 '이게
아마, 이 기회가 아마 굉장히 우리 가족들한테는 어떻게 보면은 전
환점이 될 수 있는 기회가 되겠다', 박근혜를 진짜, 박근혜 하야 얘

기가 나왔을 때 '아, 이거는 박근혜가 진짜 내려와야 된다'는 그런 생각을 했기 때문에, 가족들한테 굉장히 그런 부분을 많이 내용을 전달을 하고 굉장히 많은 참석을 독려를 했죠.

**면담자**　　　탄핵을 요구하는 촛불집회의 열기가 점점 올라가지 않았습니까? 그 열기보다 가족협의회 구성원들 그리고 유가족들이 촛불 시위에 나왔던 게 오히려 좀 더 [시기적으로] 앞서서 더 많이 결집했다고 보시는 건가요?

**수진 아빠**　　　아, 저희들은 물론 촛불집회 참석하는 내용으로 해서 가족들을 결집했지만은 사실은 저희들은 그 전부터 활동을 해 왔잖아요. 가족들이 2014년도부터 시작해서 2015년도 촛불집회 전까지 국회든 청운동이든 광화문이든 노상 농성은 숱하게 밥 먹 듯이 해왔으니까, 촛불집회라 해서 딱히 뭐 다를 건 없었어요. 다 만 조금 더 가족들이 '이 기회를 국민들의 마음을 더 앞장서서 느끼고 모아야 되겠다'는 그런 생각은 있었기 때문에, 그래서 저희들이 항상 촛불집회 때마다 맨 앞에, 무대 맨 앞에 앉아서 집회하고 행 진 때는 가족, 우리 가족협의회 방송 차량을 앞세워 가지고 제일 앞으로 행진을 하고 그랬었거든요, 가족들이. 그래서 아마 3년, 2016년 14년, 15년, 16년… 2년이 넘게 걸렸죠, 청와대 100미터 앞 까지 간 게 촛불집회 때 처음으로, 그때 가족들도 많이 울었고. 제 일 가까이 간 건 청운동 사무소까지였거든요. 근데 촛불집회 하면 서 그 안에까지 들어갔었고, 그런 게 아마 가족들이 생각하는 부분에 '어떤 [변화가] 나타난 게 아닌가' 그런 생각을 해요.

면담자     유가족으로 함께 활동이 뜸해지던 유가족들은 이 시기에 이미 꽤 있었다고 보시나요? 안 그러면 이때까지는 괜찮았다거나.

수진 아빠     어느 정도는 있었죠. 왜 그냐면 2014년도, 2015년도 초까지는 그래도 많이 결집을 했었고 그다음에 4월 달에 시행령 폐기 삭발부터 해가지고 2015년도까지는, 2015년도 중반 그때까지는 그래도 많은 가족들이 했었어요. (면담자 : '1년 정도는 정말 결집도가 높게 활동을 했다'라고 보시는 거군요) 그렇죠. 근데 이제 인양이 결정되고 인양 작업에 들어가고 하면서 15년도 후반부로 들어가면서부터 조금씩 조금씩……. 왜 그냐면은 어느 정도 기간이 지나다 보니까 다시 직장을 또 다녀야 되는 그런 사람들도 있고, 또 다시 들어갔다가 나왔던 사람들이 다른 걸 하기 위해서… 생활을 해야 되니까.

어떠한 직책을 달고 하지 않는 사람들은 쭉 놀면서 하기가 힘들었을 거예요, 아마. 그래서 직장을 또 알아보고 자영업이라든가 이런 걸 굉장히 고심하는 부분이었기 때문에 아무래도… 집중도가 좀 떨어질 수밖에 없었죠. 그리고 이제 16년으로 넘어가서 그게 더 심화됐는데, 박근혜·최순실 게이트가 터지면서 그랬던 부분의 가족들까지 동참을 하게 된 거죠. 또 주말이다 보니까 더 그런 참여도도 높고 (면담자 : 그건 체감하실 정도로?) 그렇죠. 왜 그냐면은 평상시에는 버스 한 대 정도 인원이, 촛불집회 때는 거의 두 대씩 왔었 거든요, 촛불집회 하러 (면담자 : 배가 된 셈이네요) 매주 광화문에. 그렇다고 봤을 때 거의 두 배 정도의 참여율이었다고 보게 되는 거 죠. 그만큼 가족들도 아마 염원을 했을 거예요, 박근혜가 내려와야 된다는 걸.

면담자        전국적으로 촛불집회가 열렸었습니다. 안산에서 벌 어진 촛불집회도 있었나요?

수진 아빠        그때 당시에 안산은 저희들이 사실 신경을 못 썼어 요. 박근혜가 탄핵되고 나서 이제 그 뒤부터 안산 쪽[을] 돌아보기 시작했지 그 전에는 전부 서울이었거든요. 왜 그냐면은 국회도 서 울에 있고 그다음에 모든 당사들도 거기 있고, 그다음에 광화문은 말할 것도 없고 청와대가 있고 이게 다 서울에 있다 보니까 서울에 집중할 수밖에 없었고, 안산에서 아무리 목소리 내봤자 전달이 안 되잖아요. 직접 그 앞에 가서 목소릴 내야 되기 때문에 서울로 집 중할 수밖에 없었고. 그래서…, 안산에 촛불집회도 있었을 거예요, 근데 저희들이 참석은 못 했어요, 왜 그냐면 서울로 갔기 때문에. (면담자 : 아, 모든 유가족들은 서울로) 서울로 집중을 했죠.

면담자        아까 "가족협의회에서 반별로 연락을 적극적으로 돌 렸다"라는 말씀을 해주셨는데, 사실 아버님이 지난번 증언에서 말 씀해 주셨듯이 반별 중심으로 가족협의회가 꾸려지다가 소위라고 했었나요? (수진 아빠 : 소단위) 네, 소단위 중심으로 변화했다고….

수진 아빠    그니까 명칭만 바뀐 거죠. 왜 그냐면은 저희 피해자 가족협의회가 단원고 1반부터 10반까지만 있는 게 아니었거든요. 화물기사, 그다음에 선생님, 그다음에 생존 학생 이렇게 있다 보니까 1반, 5반, 10반 이렇게 나누는 것도 조금은 어떻게 보면은 위화감을 느낄 수가 있어서 그냥 그러면 "각 반을 소단위로 하자" 그래서 선생님도, 선생님은, 선생도 소단위 어쨌든 소단위 선생님 대표, 뭐 생존자 대표 그것보다는 그냥 소단위 대표로 이렇게 하는 게… 어떻게 보면 공동체적인 기분도 들고 그래서.

면담자    제가 아까 설명을 잠깐 잘못 드린 것 같은데, "반별로 처음에는 운영이 되다가 인양분과나 심리분과, 그러니까 분과 중심으로 가족협의회 활동 거점이 조금 이동했었다"는 증언을 해 주셨잖습니까?

수진 아빠    거점이라기보다는 활동이 조금은, 어떻게 보면은 분과가 활동하는 부분이 좀 비중이 커진 거죠.

면담자    그러면 그 커졌던 비중에서 촛불집회, 이른바 탄핵 정국이 돼서 다시 반별 (수진 아빠 : 그렇죠, 소단위) 그게 더 세진 것으로 이해해도 되는지요?

수진 아빠    소단위 참여율이 더 활발해졌다고 봐야죠. 그때 당시에는 거의 뭐 물론 분과별로 할 일이 있지만 그래도 제일 크게 중점[적으로] 해야 될 부분이 촛불집회였기 때문에, 각 분과별로도 마찬가지고 거의 집중을 했었어요. 거기에 각 부모님들 참여가 절

실했기 때문에 그때 당시에는 각 반에 아마 활동이라든가 그런 것도 비중이 커졌었죠, 그때 당시.

면담자 　　　네, 알겠습니다. 잠깐 쉬었다가 계속 이어가겠습니다.

(잠시 중단)


5

**사회적참사특별법 입법 준비의 배경과 주요 논의 주체**

면담자 　　　탄핵 정국이 진행이 되면서 제2의 세월호특별법 이야기도 다시 또 나오기 시작하고 그런 과정들이 있었습니다. 그때 관련해서 기억나시거나 따로 준비한 게 있으셨는지 궁금합니다.

수진 아빠 　　　제2의 특별법이 그때… 그때 당시에는 사실은 특별법을 다시 만들기가 힘들었어요, 사실은요. 그래서 우리 세월호만 가지고 특별법을 다시 한다는 거는 굉장히 어려웠거든요. 그래서 한 게 가습기살균제 피해자들하고, 그때 당시에 가습기가 사회적인 이슈로 막 이렇게 여론이 형성될 때였었거든요. 그래서 명칭도 '사회적참사특별법'으로 한 이유가 그거였고, 세월호만 있는 게 아니고 가습기살균제 피해자까지 포함을 하는 그런 사회적 참사로서 큰 틀에서 특별법 명칭을 정했었던 이유이고요. 그래서 아마 법사위에 올릴 때 환노위[환경노동위원회]로 올린 이유도 그거거든요. 사실은 그때 당시에 "법사위원장이 자유한국당 의원이, 국회의원이

위원장으로 있었기 때문에 세월호 문제만 가지고는 분명히 법사위에서부터 막힐 것이다" 해가지고 법사위로 안 하고 환노위를.

면담자   그때 환노위는 간사가 상임 간사가 누구였죠?

수진 아빠   그때 이름은 모르는데 하여튼 야당 (면담자 : 민주당 의원이었나 보죠?) 네, 의원이 위원장[홍영표 의원]이었기 때문에, 환노위는 "아, 가능하다. 다만 이제 그 선진화법에 의한 신속 처리 법안으로 했을 때는 90일을 기달려야 된다, 그 뒤에는 자동 상정이다"[라고 했고]. "이 내용으로 가자"는 게 주로 얘기가 논의됐었죠. (면담자 : 90일이 지나면 상임위에 계류 중이지 않고 바로 본회의로) 본회의로 상정이 된다는 걸, 고걸 노리고 저희들이 환노위를 해서 진행을 했었죠.

면담자   가습기살균 피해자들과 이 사안을 결합시켜서 '사회적참사에 관한 특별법'을 만들겠다고 생각했던 구상은 가족협의회로부터 출발한 것입니까?

수진 아빠   가족협의회뿐만이 아니고 4·16연대 그다음에 박주민 의원도 많이 도움을 줬고요.

면담자   처음 구상을 제안했던 게 기억나십니까?

수진 아빠   그것까지는 제가 기억을 못 하겠어요. 처음 얘기가, 어쨌든 얘기가 나오면 저희들하고 같이 공유가 되긴 되는데 그게 '누가 냈다' 이렇게까지는 공유가 안 되고, "이렇게 얘기가 나왔다"

고만 공유가 되기 때문에 그 내용으로 공유를 했던 것 같애요. 사회적 그, 민주당의 박주민 의원이라든가 아니면은 전해철 의원 아니면, 그때는 농해수위[농림축산식품해양수산위원회] 의원들이 유승희 의원이라든가 그런 분들이 있었고, 그런 분들의 국회의 전반적인 문제 같은 경우는 저희들이 좀 잘 확실하게 알지 못하다 보니까, 그 의원분들의 조언도 듣고 도움을 받았죠. 그래서 "이 부분은 이렇게 가는 게 좋겠다"고 이렇게 조언을 하면 저희들이 그 내용으로 [4·16]연대라든가 주변에 이런 쪽 부분에 활동하시는 분들 내용 조언도 듣고, 가족들하고도 또 얘기를 해서 방향을 결정하고 진행을 시켰던 부분이에요.

면담자　　　그러면 그거는 말하자면 가족협의회 내에서 확대운영위원회를 통해서 논의가 되는 건가요?

수진 아빠　　어떤 방향이 결정이 되면 확대운영회의에 보고를 하죠, "이러이러한 게 있어서 이렇게 간다"고. 그거는 저희들이 확대운영회의에서 결정할 그런 사항은 아니고요, 논의 사항은 아니니까. "이런 사항인데 이렇게 가는 게 맞다"고 이렇게, 어떻게 보면은 그쪽 부분에 국회의 민주당이라든가 이런 의원들의 어떠한 조언, 그다음에 [4·16]연대와 우리 그 해당 분과장이라든가 집행위원장, 운영위원장 이런 사람들의 논의 끝에 이쪽 방향으로 결정이 됐다는, 어쨌든 보고 형식으로 확대운영회의 때 보고가 됐었고, 그러면 같이 회의 참석했던 소단위 대표라든가 이런 사람들은 "아, 그쪽으로 같이 역량을 모으는 게 맞겠다" 이렇게 공유가 된 거죠, 사실은. 논의 내용이 공유되는 자리였고 일단 뭐 크게 결정을 해야 되는 그런 자리는 아니었어요, 이 부분에 대해서는.

면담자    그럼 특정한 문제에 대한 법률적인 문제에 대한 자문이든, 이후에 활동 투쟁활동에 대한 전망이라든지 이런 것들을 얘기할 때에는 주로 전명선 위원장 같은 소수 몇몇의 위원장분들이 주축이 돼서 이런 논의를 해나갔다고 이해하면 될까요?

수진 아빠    그니까 전체 다 임원들이 어떤 회의라든가 참석을 할 수 없잖아요. 그랬을 때는 담당 진상 규명에 관련된 부분은 진상규명분과장이라든가 그다음에 집행위원장, 운영위원장, 사무처장 이런 식으로 어느 정도 몇몇의 임원들이 회의라든가 미팅에 참석을 해서, 거기에 논의를 하고 그 논의에 대한 결과를 확대운영회의에 보고를 하고, 다시 보고하고 나서 확대운영회의 때 얘기가 된 부분을 다음에 가서 전달을 하고 거기에 어떠한 결과를 도출하고, 이런 식으로 된 거죠. 몇십 명이 가서 만날 순 없으니까요. 그런 식으로 진행을 했었던 거예요, 어떤 일이 있을 때마다. 그래서 나중에 '사회적참사특별법'을 가습기살균제하고 세월호하고 만들 때 저희들이 가습기살균제 피해자들하고 어떤 회의 체계를 구성을 했었죠. "며칠날 몇 시에 어디서 미팅을 하자, 정기적으로" 해서 참여연대 회의실에서 거의 밤 10시에 일주일에 한 번씩 만났죠. 그래서 서로 사회적참사특별법을 통과시키기 위한 그런 내용, 그다음에 거기에 뭐가 들어가야 되는지도 서로 간에 필요한 부분에 대한 토의 그런 걸 진행했었죠, 저희들이.

**면담자**　　아버님은 그런 모임이 있을 때는 거의 다 (수진 아빠 : 네) 참여하신 건가요?

**수진 아빠**　　예. 그래서 뭐 대협, 심리 그다음에 운영위원장, 집행위원장 물론 있고, 그때는 운영위원장은 처음에 한 두어 번 정도 참여하고 대신에 운영위원장이 빠지고 집행위원장이 인제 들어왔었고, 저도 들어가 있었고. 아, 진상… 인양분과는 목포에 배가 있다 보니까 목포에 집중하고 있었고.

**면담자**　　그때도 계속 동수 아버님이 하신 건가요?

**수진 아빠**　　그렇죠. 그다음에 뭐 진상분과팀장 이런 식으로 한 다섯, 여섯 명이서 세월호 피해자를 대신해서 대표로 해서 미팅에 참석을 했었고, 박주민 의원도 매 회의 때마다 왔었고, 4·16연대에도 왔었고 그랬었죠, 가습기 피해자.

**면담자**　　그 회의가 언제 처음 시작됐는지 기억나십니까?

**수진 아빠**　　글쎄, 그게 정확하게 기억이 안 나는데…. 여튼 사회적참사특별법 만들기 몇 달 전부터 저희들이 모였었어요. 모여서 그걸 논의를 하고 그 논의된 결과를 인제 전달을 민주당에 전달을 하고 그래서, 어떻게든 통과를 시키게끔 저희들이 계속적으로 푸시를 했죠.

**면담자**　　그럼 민주당에 푸시를 하기에 앞서 함께 모여서 사회적참사특별법을 입안준비를 한 거죠? 입안준비를 할 때에는 박주민 의원 그리고 가족협의회에선 아버님이 말씀해 주셨던 사람들이 왔었고, 또 다른 분들도 계셨나요?

**수진 아빠**　　가습기살균제 피해자분들하고, 거기에서 피해자들을 좀 대변할 수 있는 최성용[최예용] 소장, 환경연구소 소장, 지금 2기 특조위 소위원장이죠. 1기[소위] 소위원장인데, 최성용[최예용] 소장 뭐… 그다음에 또 누구… 한 명이, 하여튼 그분들이 그 회의에 참석을 했었고, 피해자들의 가습기살균제 피해자들의 목소리, 그다음에 저희들은 저희들의 목소리, 그다음에 그런 부분을 정치적인 차원에서 조금 조언해 줄 수 있는 분, 박주민 의원 이렇게 해가지고 모여서, 황필규 변호사 모여서, 그 자리에서 아예 같이 모여서 했어요, 저희들이. 그래서 바로바로 각 해당되는 분야별로 해야 될 일이 있으면은 그 자리에서 서로 토의하고, 다음 회의 전까지는 어떤 결과물이 나올 수 있도록 했었죠, 진행을. 국회 쪽은 박주민 의원이 담당을 했다고 보시면 돼요.

**면담자**　　회의 등을 할 때 사무처장은 어떤 역할을 해야 한다거나 이런 생각을 갖고 활동을 하신 건가요?

**수진 아빠**　　일단 원래 사무처는 행정적인 지원 그다음에 행정 일 쪽으로는 어떤 가족들이 필요로 하는 부분, 예를 들어서 버스라든가 이런 부분 또 야외 활동할 때 필요한 부분들을 전체적으로 총괄하는 자리긴 하지만, 그런 자리에서는 저도 피해자의 한 명으로서 그런 사무처장이라는 직책을 갖고 있지만, 피해자 한 명으로서 '과연 사회적참사특별법에 세월호에 관련해서는 어떤 부분이 들어가는가'에 대한 그런 걸 생각하고 참석을 한 거지, 사무처장의 직책으로서 사무처의 업무를 하기 위해서 참석을 한 건 아니거든요, 사실. 그래서 아마 집행위원장도 그렇고, 저도 그렇고, 분과장도 그렇고 아마 그런 생각으로 회의에 참석을 했던 것 같아요.

면담자       아버님께서 "입법을 준비하는 과정에서 몇 달간 회의를 지속했다"고 말씀을 해주셨습니다. 그 과정에서 특별히 집중해서 아버님께서 강조하고 싶었던 내용 등을 말씀하신 적이 있으신가요?

수진 아빠       특별히 저만의 강조하는 부분은 사실은 크게 없었어요. 왜 그냐면은 저희들은 어떠한 논의를 먼저 저희 가족협의회랑 가족협의회 부분에 논의된 부분은 확대운영회의에서 먼저 결정을 하고, 그다음에 그걸 기본적인 베이스[기초]로 해가지고 그 미팅에 참석을 해서 가습기살균제 피해자의 얘기와 우리 얘기를 사실은 조율을 하는 그런 미팅 성격도 있었기 때문에, 저희들은 통일된 의견을 갖고 그 미팅에 참석을 했었죠. 근데 가습기살균제 피해자들은 워낙에 피해자 단체들이 많다 보니까 대표성을 띨 수 있는 단체가[를] 사실 확보하기가 좀 힘들었어요. 거기에 황필규 변호사님이 가습기살균 피해자들에 대한 법률을 조금은 도와주고 있던 상태였

고, 또 환경문제연구소[환경보건시민센터] 그 소장[인] 최예용 소장님
도 그러한 역할을 하고 있었던 분들이기 때문에 그런 분들의 얘기
하고, 우리 가족들은 이미 한 단체로서의 그런 게 딱 틀이 잡혀져
있기 때문에 회의할 때 어떤 의견은 도출된 의견에 대한 의견은 할
수 있어도 했지만은, 새롭게 특별나게 내 의견을 가지고 한 그런
거는, 이미 우리는 그런 걸 거치고 회의를 하기 때문에, 그런 거는
딱히 특별나게는 없었죠. 우리가 얘기할 때 그런 부분은 있었을지
몰라도, 그때 당시에 그 가습기살균제 피해자들하고 얘기할 때는
우리는 어느 정도 결정된 사항을 가지고 논의를 하기 때문에 개인
적인 의견을 크게 거기서는 안 나왔었어요.

## 6
## 참석하지 않는 가족 모임

면담자        조금 다른 얘긴데요, 2017년 상반기 즈음 얘기가 나
오고 있는 건데 이 시점에 아버님의 일상이랄까요, 언제 일어나시
고 주로 누구를 만나고 이런 것에 대해서 좀 기억나시나요?

수진 아빠        그 일상은 딱 그거 하나죠 뭐. 가족협의회에 활동을
하는 거, 그리고 친구들은 사실 저뿐만이 아니고 여기 활동하는,
직책을 가지고 활동을 한다든가 직책을 안 가지고 활동을 한다든
가 해도, 주변에 친구를 만나고 돌아다닌다든가 이런 거는 거의 없

었어요. 없고 그 대신에 참사 이후로 새벽 늦게 자는 거, 새벽 한 4시 5시에 자는 거, 그다음에 보통 아침 회사원들같이 딱 9시에는 안 나와도 최대한도로 그 비슷한 시간에 맞춰서 나올려고 4, 5시에 자도 한 9시나 8시 반에 일어나서 씻고 나오고 했었거든요. 그러고 친구들하고 모임이라든가 그런 건 없었어요. 그런 건 없고, 활동하기도 시간도 빠듯하지만 친구들하고 뭐 그런 자리를 만들고 싶은 생각도 없었고.

면담자   가령 16년에서 17년 넘어갈 때는, 지금도 이제 그런 때잖습니까? 송년모임이 있고 이런 때인데.

수진 아빠   안 갔죠. 저희들이 단적인 예로 친구들 모임이 아니고, 저희 처갓집은 어떻게 보면은 그 마을이 한, 거의 집성촌 스타일이에요. 다른 성도 있긴 있지만 남씨 성을 가진 사람들이 거의 많이 살거든요. 그래서 처가 쪽 아버지 형제 쪽하고 사촌들하고 매년 모임을 해요, 1박 2일씩. 그런데 참사 일어나고 나서 안 갔죠. 14년도에는 그 모임이 아예 없었고, 참사 때문에. 15년도에 1년 지나고 15년도에 한 번 하자고 그랬는데 안 갔고, 16년도에 안 갔고 계속 안 갔죠. (면담자 : 지금까지도 안 가신?) 네, 그것조차도 못 가는데.

면담자   어머님 혼자서 가시는 것도 아니고 그냥 두 분 다 안 가시는 건가요?

수진 아빠   그렇죠, 내가 안 가는데 뭐. 그래서 가족 모임도 못 가는데 친구 모임이라든가 그런 거 갈 생각은 더더욱이 안 하죠.

그러고 가고 싶은 마음이 딱히 안 나요. 가면은 또 뻔한 얘기 나오고 거기에 또 괜히 마음 상하고. 그 사람들한테 뭐 싫은 소리 할 이유는 없잖아요, 싫은 소리 들을 이유도 없고. 물론 처음에는 위로한다는 얘기가 나올 수 있겠지만 얘기하다 보면 일반 국민들하고 똑같은 사람들이니까 어차피 친구라 해도, 잘못된 얘기 듣고 그런 얘기 물어본다든가 한다든가 했을 때 받을 상처가 또 싫었거든요. 그래서 굳이 친구 만난다든가 모임이 있다든가 그런 데는 참석을 안 했죠, 지금도 마찬가지고.

**면담자**　　　참사 이후에 그런 만남을 가지셨다가 지금 말씀하신 것과 같은 뻔한 이야기들이나 여느 국민들이 하던 이야기들을 들어서 속상했던 적이 있으셨나요?

**수진 아빠**　　　아니요, 아예 그런 데 참석할 시간이 없었죠. 참사 이후론 14년, 15년 전부 저는 밖으로만 돌면서 농성하던 때니까 그런 개인적인 생활은 없었어요. 그리고 14년, 15년 지나면서는 그런 얘기들이 너무, 국민들 사이에도 그렇고 많이 좀 회자가 됐었잖아요. 그래서 나도 마음도 없었지만 나도 혹시 또 그런 모임에 나가면 그런 소리 듣지 않을까 이런 생각 때문에라도 저기를 안 했었고. 또 하나는 친형제한테도 그런 얘길 들었기 때문에 "박근혜가 무슨 잘못이 있냐?" 이런 이야기를 들었기 때문에, (면담자 : 언제 그런 얘기를 들으셨나요?) 그게 2014년도일 거예요, 아마. (면담자 : 그 해에?) 2014년도 아마 여름인가 가을인가 그때쯤. (면담자 : 가족 모임 가지셨나요?) 가족 모임이 아니고 전화가 왔어요. 전화가 와서 그런 얘기를 하더라고요. 쌍욕 하면서 싸우고 끊었죠. 그리고 아직까지도 쳐다보지도 않으니까, 형제간이라고 해도.

면담자      그때는 "박근혜가 무슨 잘못이 있냐?"라고 이야기하시면서 어떤 발언을 아버님께 하시던가요?

수진 아빠      그때 당시에 우리 한창 진상 규명을 요구할 때잖아요, 2014년도면은. 그리고 그 서울광장에서 집회할 때 세월호 집회할 때 그때 전화를 받았으니까, 소란스럽던 틈에서. 그랬을 때 나온 얘기가 "박근혜가 그렇게 한 것도 아닌데 왜 박근혜한테 그렇게 응? 그러냐" 그런 얘기서부터 하다 보니까 막말이 오가게 되잖아요, 얘기하다 보면. 그래서 결국에는 싸우고 끊었죠.

면담자      욕도 하셨어요? (수진 아빠 : 당연히 했죠) 아버님 욕 잘 안 하시잖아요.

수진 아빠      그때 당시에는 뭐 아무리 형제간이라 해도 그래도 〈비공개〉 이렇게 그런 참사를 겪었는데 모르는 일반 친구나 사람들이라면 그나마 좀 이해를 하는데 그래도 피붙이잖아요? 피붙이가 그런 얘기를 했단 거에 대해선 더더욱 용납이 안 되는 거죠. 설사 다른 사람이 그런 얘기를 하드래도 형제로서 오히려 다독거려 주고 위로를 해줘야 될 그런 위치에 있는 형제가 도리어 그런 소릴 한다는 거에 대해서 더 화가 난 거죠. 그래서 처음에는 언사 높이는 정도로 하다가 결국에는 막 점점 더 그게 더 격해져 가지고 서로 욕까지 하는 그런 상황까지 가서 전화를 끊고 그 뒤로는 지금, 지금까지도 연락을 안 해요. (면담자 : 그 일이 어쩌면 이후에 아버님이 어떤 모임이나) 그게 하나의 영향이 됐죠. (면담자 : 예, 그렇군요) '가족도 그러는데 다른 사람들이야 오죽할까?' 그런 생각. 들리는 얘기도 있었고…, 우리 피해자 가족들, 유가족들 사이에서도 친정엄마한테서도 그런 얘길 들은 사람도 있고, "그만해라" 그런 사람도 있고, 뭐 친구한테서 그런 사람도 있고…. 그런 얘기가 자꾸 들리다 보니까 '나도 똑같겠구나, 나가면' 그런 생각에서 더 안 나갔었던 것 같아요.


# 7
## 수면 패턴과 TV 시청


면담자　　아버님은 술을 아예 안 하시죠?

수진 아빠　　아예 안 하는 건 아닌데, 거의 안 먹죠.

면담자　　4~5시에 잠드신다고 하셨는데, 그러면 그때까지 잠 못 들고 뒤척이시는 건가요?

수진 아빠　　뒤척거리지는 않아요. TV로 뉴스를 본다든가 그런 걸로 시간을 보내고, 아니면 핸드폰에 검색한다든가.

면담자　　2017년 초반 시점에서도 역시?

**수진 아빠**    지금도 그래요.

**면담자**    그때 만연된 일상이 지금까지도 그대로 이어져 온단 말씀이신 거죠?

**수진 아빠**    2014년도부터죠. 2017년도부터가 아니고 14년도 참사 이후부터, 누워서 뒤척거리다 보면은 3시간, 4시간인데 그럴 바에는 차라리 그냥 앉아 있다가 졸리면 누워서 바로 자는 게 낫겠다 싶은 거예요. 그래서 2014년도, 15년도에는 한참 활동도 많고 밖에 있던 시간이 많고 그러다가 15년 넘어오고, 16년 넘어오면서 안산에 좀 집중을 하게 됐잖아요. 그러다 보니까는 그때는 임원 텔방이 있는데 임원 텔방에 새벽 3시, 4시에도 글이 올라오면 거기에 답하고 막 그랬었거든요. 다른 임원들이 "시끄러워서 잠 못 자겠다고" 이런 농담도 하고, "잠도 없냐?" 그러고. 그런 새벽에 "안 자고 시끄럽게 하는 주범이 집행위원장"이라든가 저라든가 그랬었거든요, 그래서 그렇게도 시간 보냈었고. 뭐, 주로 TV는 뉴스, 뉴스를 봐야죠. 뉴스는 뭔가 좀 새로운 내용이 있는가 그러면서, 지금도 시간을 그렇게 보내고.

**면담자**    예능 프로그램이나 드라마 같은 건 안 보시고요?

**수진 아빠**    드라마는 옛날부터 원래 잘 안 봤고요. 예능도 뭐 다 그게 그건 거 같아서 잘 안보지만, 2014년도에는 그런 [게] 볼 생각도 못 했고 밖에 있다 보니까는 TV 시청은 하지도 못하니까. 그냥 뭐 인터넷 검색이나 하고 그랬었죠. 지금은 이제 뉴스 보고 또 생활에 관련된 그런 부분의 방송은 또 좀 봐지게 되더라고요. 그다음에 다큐멘터리라든가 그런 거.

**면담자**　　　뉴스나 이런 딱딱한 시사적인 문제를 다루는 것 이외의 프로그램들을 언제부터 이제 보시기 시작했던 것 같으세요?

**수진 아빠**　　그게 이제… 올해가 18년도니까 17년도 정도? 근데 지금도 대기실에 가면은 뉴스 채널을 보거든요. 23번, 24번 YTN이라든가 15번 JTBC 그런 걸 주로 봐요, 드라마는 안 보고. 뭐, 영화 채널도 잘 안 보고. (면담자 : 아, 원래부터?) 그런 게 좀 굳어지더라고요, 그렇게. (면담자 : 아, 참사 이후에?) 네, 자동적으로 틀어지게 돼요, 24번, 15번 뉴스 채널. 물론 세월호에 관련된 뉴스가 안 나오더래도 또 그런 게 관련돼 있는 뉴스들이 나올 수도 있고, 또 국회에[서] 돌아가는 상황이라든가 이런 게 그래도 무언가 좀 알아야지 나중에 우리에 관련된 일을 할 때 거기에 또 좋은 정보가 될 수 있으니까.

# 8
## 분향소 업무와 식사 그리고 집안일

**면담자**　　　사회적 참사 관련 입법을 준비하셨을 당시에, 아버님은 새벽 3, 4시에 주무셔서 9, 10시에 집을 나서는 일상을 계속하신 건지요? 그때 집행위원장이나 운영위원장님을 거의 매일 만나신 건가요?

**수진 아빠**　　　아니죠. 일정들이 있다 보니까 집행위원장은 밖으로 돌고 거의 사무실에 잘 못 나오고. 왜냐면 일정들이 있으니까 계속 집에서 자고 일어나면은 거기에 미팅이든 회의든 가야 되고, 운영위원장도 시간이 되면 사무실에 들어오지만 안 되면 그 일정에 맞춰서. 저 같은 경우엔 그 가족협의회 사무처에서 좀, 어떻게 보면 안방마님 역할이니까. 저는… 분향소 있을 때는 분향소뿐만이 아니고 분향소 주변에 컨테이너, 그다음에 가족협의회 사무처, 전 모든 부분을 제가 좀… (면담자 : 살피시는 거군요?) 그렇죠. 총괄해서 봐야 되기 때문에, 또 외부 활동도 미팅도 있지만은 내부적으로도 제가 자리를 지키고 있었죠.

**면담자**　　　그러면 사무처장이 되시고부터는 쭉 그렇게 가족협의회 사무실이나 그때는 정부합동분향소 거기에서 (수진 아빠 : 네, 대기실) 거기로 출근을 하시는 거네요, 말하자면. (수진 아빠 : 그렇죠) 퇴근은 대개 언제쯤 하셨던 것 같습니까?

**수진 아빠**　　　퇴근은 분향소가 24시간이잖아요. 그러면 각 반, 보통은 한 6시 넘으면 다 나왔던 부모님들도 들어가요. 그러면 한 7시쯤부터는 담당, 당직 서는 반 부모님들이 한 명, 두 명씩 이렇게 나오기 시작하거든요. 그럴 때는 들어가고, 집에 들어가서 저녁 먹고 조금 있다가 새벽이 되면 자고. 그 분향[소] 일이 매일 있더라고요, 보면은 살펴야 될 일이. 분향소에서부터 시작해 가지고 겨울에는 또 외부 온도하고 차이가 나니까 천막이라서 결로가 생겨가지고 물 떨어지는데, 물 떨어진다고 부모들이 또 와서 얘기하면 가봐야 되고. (면담자: 컨테이너에서도 추우면 늘 그런 문제가 생겼죠?) 네, 그래서 컨테이너도 송풍, 온풍기가 있긴 하지만은 사실 쇳덩어리라 그런 부분도 있고. 그래도 일단은 일차적인 건 분향소니까, 분향소가 곰팡이라든가 피면 안 되고, 또 젖으면 안 되고, 또 어디가 새면 안 되고, 그런 부분들은 제일 신경 쓰는 건 어쨌든 분향소였죠. 우리 애들이 있는, 영정 사진 있는 분향소.

면담자    분향소에는 안산시에서 나왔었나요? 그러면 공무원들이 나와서 지원하지 않았었습니까?

수진 아빠    시에서 거기를 담당해서 근무한 건 아니고요. 업체, 상조업체하고 계약을 맺어서 거기서 담당을 해요.

면담자    위탁관리를 하는 셈인 거군요?

수진 아빠    왜냐면 전문 분야니까, 그 사람들이. 그래서 그 사람들이 제단 청소, 향도 갈고, 그런 분향객들이 조문객들이 오면은 조문객 안내하고 단체로 오면 단체로 안내하고. 그다음에 거기에 또 관계된 문자 서비스, 알림 서비스 그거 담당하는 거는 다른 업체에서 와서 하더라고요, 시에서 관리를 안 하고. 그것도… 상조업체에서 담당하는 거, 그거 관리는 안산시에서 하지만은 안산시에서 매일 나와서 하지는 않으니까 저희들은 항상 거기에 있잖아요, 대기실에. 그래서 수시로 들여다보고.

**면담자**　잠깐 일상적인, 일상이란 표현을 쓰기가 좀 조심스럽다는 생각이 들긴 합니다만, 시 공무원들이나 혹은 위탁 관리를 했던 상조업체 직원들과 매일 부대끼고 생활하셨던 셈인데요. 특히 사무처장이셨으니까 여타 유가족들보다는 그분들과 접촉이 더 많으셨을 거 같은데요, 어떤 인상을 받으셨나요?

**수진 아빠**　그래서 이게 수의계약이라든가 이런 게 아니고 입찰이거든요, 사실은. 이 업체들이 서류를 준비해서 내고 안산시에서는 그 서류에 의해서 선정을 하는 건데, 그게 일괄적으로 어느 업체한테 몰아줄 수 있는 것도 아니고 해서, 그런 부분에서 어떤 업체는 또 우리 가족들이 그나마 "아, 괜찮게 잘한다" 하는 업체도 있고 진짜 못한다는 업체도 있고 있잖아요, 보면은 다 잘할 수는 없으니까. 그런데 "아, 이 업체가 계속했으면" 하는데 시의 입장에서는 그게 그럴 수 있는 부분이 아니니까. (면담자 : 몇 개월 단위로 바뀌나요?) 그게 2개월일 때도 있고 보통 한 2개월 정도? 3개월, 이렇게 2, 3개월 이렇게 단위로 바뀌더라고요. 근데 조금은 잘하는 업체가 계속했으면 하는 부분도 있는데 그게 상황이 안 되다 보니까 업체 바뀔 때마다 본부장이라든가 팀장하고 면담을 해요 저희들이, 바뀔 때마다. "이런 부분 이런 부분들은 조금 유념해 주시고, 이런 부분들이 있으면은 바로 저희들한테 얘기해 주시고" 이런 걸 미팅을 하면 하죠. 그러다 보면 했던 팀들이 계속 로테이션 도는 거예요. 그니까 한 서너 개 팀 업체들이 있는데 돌아가면서 해도 한 1년 지나면은 전부 다 아는 얼굴이 되는 거예요. 그러면 '아, 이

업체가 계속 했으면 좋은데 이 업체로 바뀌었구나' 하고. 그 대신에 따로 특별하게 미팅을 할 일은 없죠, 그 사람들도 다 한 번씩 해봤으니까. 그 대신에 그럼에도 불구하고 조금 부탁을 하죠, 저희들이, 바뀔 때마다.

면담자　　　좀 잘한다는 업체는 어떤 걸 잘하던가요?

수진 아빠　　　그니깐 뭐 이 분향소 관리에서부터 조문객 대하는 것까지 진짜 '예[의] 있게 잘하는구나' 이렇게 느끼는 업체가 있고, 조금은 '덜 신경 쓰나? 저기는 왜 그러지?' 조금 이런 부분에서 조문객들이 오면 안내도 좀 하고 제대로 좀 친절하게 하고 항상 그 똑바로 몸가짐을 하고 있어야 되는데 그렇지 않은 업체들이 가끔 이렇게 눈에 띄었거든요. 막 앉아서…, 분향소인데 자기네들끼리 웃고 떠들고 놀다가 조문객들이 오면 닥쳐서… 그건 아니잖아요. 어떻게 보면은 저기도 빈손데 거기서 웃고 떠들고 놀고 하는 건 아닌 것 같은데, 그걸 부모님들이 애 보러 들어가면서 우연히 목격하고 그런 불만은 얘기를 하셔요.

면담자　　　그런 불만은 주로 아버님에게 접수를 하나요?

수진 아빠　　　거의 사무처에다가 얘기를 하는 거죠. 그러면 가서 "부모님들이 마음 상하지 않게 좀 몸가짐 잘해달라. 예의 좀 갖춰서" 이런 주의를 좀 주고 했죠. 그런데 그런 업체도 가끔 있어요. 물론 하루, 이틀 하는 게 아니고 일반 빈소같이, 막 몇 개월을 하다 보니까 좀 흐트러질 수 있는데 그래도 본인들 '동생이다, 조카다'

이렇게 생각하면은 그렇게 하면 안 되는 거잖아요. 그래서 그런 부분들 좀 아쉬운 업체들도 있었고, 그런 부분에서는 또 잘 해주는 업체도 있었고 하기 때문에 그런 거는 좀 있더라고요.

면담자 일상이랑 정부합동분향소 주변에서 일어나는 일들에 대해 질문을 드리고 있는데요. 저녁 6시나 7시쯤 되면 특별한 일이 없는 경우에 귀가를 하신 것은 2017년이신가요? 2016년에도 그러셨던 건가요? (수진 아빠 : 그렇죠) 아버님의 일상이 2015년도 하반기부터 말씀하신 대로 자리 잡혔다고 보면 될까요?

수진 아빠 2015년 아예 밖에서 이렇게 생활할 때는 그게 안 됐었는데 2016년도에는 사무처장 맡고 나서 분향소, 화랑유원지 분향소에 거의 출퇴근하다시피 할 때는 그랬죠, 거의 분향소 집, 분향소 집 했었고. 그러고 분향소[에 대해] 여름에는 장마라든가 태풍 걱정하고, 겨울에는 내부 온도 차이나 그런 부분 추위 걱정하고.

면담자 그러면 아까 전에 사회적 참사 관련 입법 등을 준비하기 전에 "가족들끼리는 통일된 입장을 표현하기 위해서 입장을 맞춘다"고 얘기하셨잖아요. 그러면 그런 회의는 어떻게 하셨습니까?

수진 아빠 그게 확대운영회의예요. 확대운영회의에서 그 전에 미팅했던 내용을 보고하고, 거기에 관련해서 우리 가족들이 얘기도 또 추가로 소단위 대표들이라든가 분과장한테 듣고 그 내용을 가지고 또 미팅하고 이랬었죠. (면담자 : 그때 당시에는 확대운영회의는 매주 한 번씩?) 매주 화요일. (면담자 : 매주 화요일) 네, 화요일에 했었죠.

면담자    지금도 그렇습니까?

수진 아빠    지금은 격주로 해요, 2주에 한 번씩. (면담자 : 언제부 터 2주로 바꾸시게 되었습니까?) 그게 18년도 초반이었나? 정확하게 기억은 안 나는데 18년도에 그렇게 2주에 한 번씩 하는 걸로. 옛날 보다는 막 해결해야 되고 그런 사안들이 줄어들었잖아요. 그렇기 때문에 일주일에 한 번씩 할 건들이 그렇게 많이 없어서, 불필요한 시간 낭비가 될 수도 있기 때문에 안건이 없으면은 안 하고 안건이 있으면은 매주 한 번씩 하다가 아예 "차라리 2주에 한 번씩 하자" 해가지고 2주에 한 번씩 하게 된 거죠.

면담자    그 사무처장 맡으시고 한창 활동하실 당시에는 '밥값 식당'이 있었을 때죠? (수진 아빠 : 네) 네, 거기서 아마 식사를 해결 하셨을 것 같고요. 저녁은 댁에 가서서 드신다고 했는데, 어머님께 서 직접 해주셨나요?

수진 아빠    그렇죠 뭐. 저녁에는 어차피 집사람도 활동을 하고 분향소 나와 있다가 집에 갈 때는 항상 같이 가니까, 같이 가서 가 정활동 하고 저녁 먹고. 아침에는, 아침은 또 제가 안 먹거든요. 아 침은 뭐 7시, 8시에 일어나서 밥 먹고 나올 그거는 아닌 것 같애서, 그냥 그 시간에 잠을 더 자고 일어나서 씻고 나와서 아침 겸 점심 항상 먹고, 그다음에 저녁은 집에서 먹고. 그래서 하루 두 끼 생활이 참사 이후로 그렇게 된 것 같아요. (면담자 : 어머님도 그러신 거죠?) 네, 똑같이.

**면담자**　　　어머님들 말씀 들어보면 참사 이후에 아버님이 아까 말씀하셨던 대로 "집안 행사를 다 끊게 되더라"라는 이야기들을 많이 들을 수 있었거든요. (수진 아빠 : 거의 다 그래요) 그리고 어머님들은 손에 물 묻히는 거, 요리하거나 집안일 하는 걸로부터 또 많이 끊으시더라고요. "이게 그렇게 안 된다"고, "마음이 안 내킨다"고 그런 얘기를 많이들 하셨는데, 그런 점에서 어머님이랑 같이 생활한다거나 자녀분들이랑 또 생활하는 데 있어서 참사 이후에 좀 달라진 점이랄까요, 변화한 점이 없으셨는지요?

**수진 아빠**　　　그 생활 패턴이 그렇게 달라진 게 일단 한 가지고요. "손에 물 묻히는 게 싫다"는 얘기는 어떻게 보면 귀찮다기보다는 '이렇게 해서 뭐 해' 그거거든요. '내가 응? 이렇게 한들, 그런 일이 일어난 거부터 시작해서 우리 애가 살아 돌아오는 것도 아니고 대충 살면 되지. 굳이 아득바득 살아야 돼?' 이런 생각도 많이 하셨을 거예요, 특히 어머님들도. 그래서 '대충 먹지. 우리 애는 그렇게 가겠고 있는데 뭘 얼마나 진수성찬 먹겠냐, 그냥 있는 대로 먹지' 이런 생각도 있을 거고. 그래서 "물 묻히기 싫다" 그런 얘기 하시는 거예요. 그래서 뭐 하루에 한 끼 정도 하는 거야 집에서 하는 거지만은 일반 주부들 같이 아침, 점심, 저녁으로 하는 그런 거는 아마… 애 때문에라도 내키지 않을 거예요, 사실 엄마들은.

면담자　　　아버님 댁네 가정은 어떠했습니까?

수진 아빠　　　똑같죠 뭐. 굳이 세 끼 다 먹을 필요가 뭐가 있어요? "세 끼 먹어서 뭐 하냐" 이거죠. '하루에 두 끼, 한 끼만 먹어도 우리는 사는데, 애들 그렇게 응? 보지도 못하고 먹지도 못하는데……', 그런 생각하시는 부모님들도 있고. 그니까는 그냥 거의 뭐 귀찮다기보다는 반포기인 것 같아요, 반포기 상태. '그냥 어차피 죽지 않을 정도로만 먹지 뭐. 잘 먹고 잘 입을 필요가 있어?' 그런 생각….

면담자　　　제가 알기로 어머님이 음식 솜씨가 꽤 뛰어나신 걸로 알고 있는데.

수진 아빠　　　저는 모르겠어요, 몇십 년 동안 지내다 보니까 뛰어난지 안 뛰어난지는 이미 적응이 돼서.

면담자　　　네, 그럼 2016년 이때부터 사무처장 하시면서 어머님이랑 같이 나오시고, 어머님이랑 같이 들어가신다고 얘기를 하셨잖아요.

수진 아빠　　　처음부터 그랬죠, 사무처장 하기 전부터.

면담자　　　그럼 같이 들어가시면 같이 저녁, 어머님이 챙겨서 같이 드시고 (수진 아빠 : 그죠, 애들하고) 집안일은 여전히 그럼 어머님이 주로 하신다거나?

수진 아빠　　　집안일은 주로 참사 이전부터 제가 했어요. 화장실 청소라든가 그런 잡스러운 일은 제가 다 했고, 밥하고 반찬 만들고 이런 건 제가 못하니까 고것만 이제 집사람이 하면 나머지는 제가 다 했죠.

면담자        그럼 그런 일상적인 집안일 등의 분배는 예전과 똑같으신 거네요?

수진 아빠        네, 그렇죠. 그 빈도수가 좀 낮아졌다 뿐이지. 음식을 하는 빈도수가 하루에 한 번, 저녁에 한 번 정도로 낮아졌다 뿐이지 맡아진 일은 그대로 하고 있어요, 지금도. 저는 그 참사 이전에도 제가 청소라든가 그다음에 뭐 이런 잡다한 일은 제가 지금도 하고 있고.

## 9
### 참사 이후 경제적 상황

면담자        지금 2017년 당시 일을 여쭙고 있으니까 여쭙는 김에 더 여쭙도록 하겠습니다. 이후에 어머님, 아버님 두 분 다 밖으로 적극적으로 진상 규명 활동이나 아님 간담회 활동이나, 아버님은 특히 또 가족협의회 간부 역할도 하시고 그래서 경제적인 활동이 중지된 상태였었을 텐데, 이때 2017년 당시에는 어떠했는지 여쭙겠습니다.

수진 아빠        2017년도도 마찬가진데 (면담자 : 전반적으로 이야기해 주셔도 좋습니다) 14년도 10월까지가 아마 그 각 회사에서 유급이든 무급이든 아마 휴가를 줬을 거예요 6개월 동안, 참사가 일어나서. 그리고 저도 10월 달에 그런 얘기를 들었는데 "회사를 나올 거냐 말 거냐?" 그런 얘기들을 많이, 각 엄마들이나 아빠들이 회사로부터 연락을 받고 그만두든지 계속 나가든지 일하는 부모님들이 다 결정을 내렸을 것인데. 2014년도, 15년도는 어차피 경제활동을 안 했으니까 기존에 있던 걸로 유지를 했었고 활동하느라고, 그리고 기간이 그렇게 지나다 보면은 조금 어렵잖아요?

그때 당시에 얘기가 나온 게 국민성금이었어요. 국민성금 배분, 2015년도 4월 달에 해수부가 개인여행자보험 이것저것 다 해 가지고 "7억 받네, 10억 받네" 이렇게 언론에다가 언론플레이 할 때, 그때도 저희들은 저희 돈 써가면서 활동을 했었거든요. 그러다가 거의 가정마다 조금 경제적으로 어려운 상황에 다들 직면했을 때 사회복지공동모금회에서 성금 얘기가 나왔었고, 그래서 성금을 배분을 하게 된 거죠. "더 이상 갖고 있을 수가 없다"고 연락이 왔었어요. 자기들도 이거 모금한 목적에 따라 사용을 해야 되는데, 저희들이 14년도도 그렇고 계속 "우리는 진상 규명이 먼저다" 해가지고 계속 그걸 거부를 했었거든요, 성금을 받는 거에 대해서.

그랬다가 복지공동모금회에서 더 이상 미룰 수가 없다, 회계연도가 계속 넘어가면 안 된다고 그래 가지고 저희들한테 연락이 와서, 그러면은 그 내용을 보니까 생존 학생이 빠져 있더라고요. "생존 학생도 포함을 시켜달라" 그래 가지고 금액이 좀 다운된[줄어든] 거죠, 각 가정에 배분되는 금액이. 그래서 어떻게 보면은 저 같은 경우는 그렇게 생각했어요, '아, 진상 규명 활동을 계속하게끔 또 군자금으로 쓸 수 있겠구나'. 어떻게 보면 저희 군자금이라 표현했 거든요, 우리들한테는 전쟁이었으니까 박근혜 정부하고 싸우는 게. '좀 숨통을 틔워주는구나. 우리 애들이 엄마, 아빠 계속 싸워달 라고', 그렇게 저는 생각했어요. 그래서 그나마 조금 활동이[에] 더 전념할 수 있는 계기가 된 거죠, 그 국민 성금이. 그거만 해도 국민 들한테 굉장히 고맙게 생각하죠.

그래서 어떤 그때 북 콘서트 때 16년돈가? 북 콘서트 할 때 그 때 경상도 지방에 한 번 내려가서, 오신 분들한테 그 얘기를 들었 어요, "그럼 지금 생활은 어떻게 하십니까?" 하고. 아마 그런 뉘앙 스로 물어봤겠죠 그분들도. 그래서 제가 그런 얘기를 했죠. "저희 들은 여태까지 그렇게 우리 돈 써가면서 우리 애들 일이니까는 하 다가, 금방 얘기했던 대로 경제적으로 어려움에 처했을 때 국민들 이 주신 성금을 군자금 삼아서 활동을 계속할 수 있게 됐다". 그렇 게 말씀을 그때 답변을 했었고, 그분들도… 그때 질문을 하신 분이 그러더라고요. "함께하겠습니다" 그러더라고요, 그 얘기 들으시고. 그래서 더 힘을 얻었죠.

**면담자**　　　그러면 17년, 18년 현재까지 그때 받은 돈을 가지고 생활하신 건가요?

**수진 아빠**　　　그죠. 제가 인제 직장생활을 안 해서 수입이 없으니 까, 있는 걸로 쓰면서 활동을 해야 될 수밖에 없잖아요. 그렇다고 우리 집사람이 직장생활 하는 것도 아니고 제가 직장생활 하는 것도 아니기 때문에, 수입이 없기 때문에. 그렇다고 애들이 버는 거는, 애들이 벌어가지고 집에다 주는 건 아니고, 요즘 애들 다 그렇잖아요. 그니까 "니네들이 벌어서 니네들이 쓰는 거는 니네들이 알아서 해라". 그것만 해도 다행인 거예요. 그래서 그건 아예 생각을 안 했었고, 그래서 지금까지 그렇게 활동 자금으로 활동을 했었죠.

## 10
### 선체조사위 설치와 인양 그리고 탄핵 정국 이후의 변화

면담자　　　네, 이제 탄핵 정국이 이어지면서 2017년이 시작이 됐었습니다. 아까 말씀하셨던 내용들을 좀 이어서 보자면 2월 24일입니다. 2017년 4·16연대랑 가족협의회가 국회 정론관에서 국회 농해수위[농림축산식품해양수산위원회]에서 여야 합의로 통과된 선체조사위 설치 법안 여기에 대해서 문제를 제기했던 적이 있었습니다. 기본 기한 6개월, 연장 4개월에 수습 및 조사 기관 50명의 조사 인력 이런 것들이 갖는 이런 문제점들, "선체 보존에 대한 명확한 계획을 좀 제시해 달라" 이런 얘기들도 있었고요. 이 얘기들이 어떻게 준비되고 얘기되기 시작했는지, 그리고 4·16연대는 여기에서 어떠한 역할들을 담당했는지 이런 것들에 대해서 폭넓게 이야기해 주십시오.

**수진 아빠**    어쨌든 가족협의회뿐만 아니라 [4·16]연대도 저희들 하고 목소리를 맞춰서 가는 단체잖아요, 설립 목적이 그거였고, 그 래서 우리가 내는 목소리를 연대에서는 당연히 같이 해야 되는 거고. 또 여든 야든 선체조사위의 그런 법안을 봤을 때 사실은 가족들 마음에는 안 들죠, 기간도 짧고. 그랬을 때 저희들이 내놓은 거는 아마 1년 플러스 1년이었을 거예요, 활동 기간을. 그래서 최하 2년을 해야 된다, 그런데 그렇게 줄어든 거잖아요, 10개월로. 그럼에도 불구하고 그렇게밖에 할 수 없는 상황이었고, 그때 당시에는. 그래서 그런 기자회견을 했던 걸로 기억을 하고요. 근데 결국은 6개월 플러스 4개월 그걸로 통과가 됐긴 했지만, 일단 그때 당시에 자유한국당, 새누리당에서는 뭐… 그렇게 아니면은 안 된다고 이렇게까지 하던 상황이었기 때문에 저희들은 그렇게라도 해서 뭔가를 하고 싶었던 거예요. 1년 플러스 1년이 진짜로 통과되기 어렵다면은 진짜 마음에 안 드는 그 조사 기간이고 인원이지만 그렇게라도 해야 되고, 거기에 덧붙여서 선체를 어떻게 할 것이냐에 대한 의견도 저희들은 알고 싶은 거였거든요. 그래서 정론관에서 기자회견을 했었고 그래서 선체조사위가 출범하게 됐지만, 그런 상황에서 기자회견 한 거죠.

**면담자**    예, 선체조사위 위원은 국회가 선출하는 다섯 명, 희생자 가족 대표가 세 명으로 구성되었다고 하는데요, 그 당시 가족 대표 선정하는 과정에 대해 좀 기억나시는 게 있습니까?

**수진 아빠**     가족대표는 일단은, 이 선체조사위가 위원들이 직접 조사를 하는 건 아니거든요. 조사관들이 조사를 하는 거지만 그래도 이 가족들에 마음을 최대한도로 잘 알고 있는 사람이어야 되고, 그다음에 어떤 법적으로도 조금 잘 알고 있는 사람, 그다음에 이 세월호 참사에 대해서 경험이 있는 사람이어야 된다는 그런 또 생각도 있었어요. 그래서 세월호 1기 특조위 때 상임위원이었던 권영빈 위원을 저희들이 추천을 한 거였고, 권영빈. 그다음에 그뿐만 아니고 또 해양학 쪽으로도 전문가도 있어야 되니까 이동권 비상임위원하고 그다음에 공길영 교수까지 추천을 하게 된 거죠.

**면담자**     선체조사위가 또 [설치]되고 세월호 인양 모니터링을 위해서, 이 내용은 동거차도를 계속 방문하고 거기서 원거리 감시, 그리고 저번에도 얘기하셨지만 선박을, 작은 어선을 하나 구입해서 감시하는 형태, 이 두 가지로 인양 모니터링을 크게 진행된 것이라 보면 되겠죠?

**수진 아빠**     저희들이 그 상하이샐비지나 해수부에 요구를 했었죠, 상하이샐비지 바지선에서 좀 모니터링하게 해달라 했는데 그게 거절당했었고. 다만 특조위라든가 지금의, 옛날의 선조위죠, 선조위가 일단 조사를 행함에 있어서 같이 들어가는 우리 가족협의회 피해자들이 들어가는, 같이 들어가서 참관하는 그런 거를 항상 저희들이 요구를 했었어요. 선조위 배에 가서 1박 2일인가 하여튼 며칠 거기서 모니터링 한 적도 있었고, 인양하기 바로 직전에.

면담자 　　그 모니터링하시는 데도 아버님 같이 가시지 않았나요?

수진 아빠 　　저는 안 갔죠. 관련 선체 인양이라든가 진상분과 분과장이나 팀장, 많이 갈 수가 없으니까 몇 명 먼저, 두세 명만 해가지고 가서 모니터링하고 그랬었죠. 그게 아마 한 번인가 있었을 거예요. 인양하기 아마 몇 달 전에 그게 한 번인가 있었을 거예요. 상하이샐비지에서 그걸 허용을 한 거죠. 어느 정도 인양 작업이 진척이 되고 그 진척된 부분을 저희들한테 공개를 한 거죠, 아무래도.

면담자 　　탄핵 정국이 이어지고 인양을 전후로 해서 유가족이나 가족협의회를 대하는, 그러니까 말하자면 꽤 어느 정도의 시간, 관심에서 잠시 멀어졌던 시간이 있었잖습니까? 미디어에서 다루지 않던 시간이 있었고. 탄핵 정국이 되면서 촛불집회 정국이 되면서 다시 유가족이 미디어에 노출되기 시작했던 측면도 있었던 것 같은데요. 그 사이에 그렇게 일들이 변하면서 국회의원이나 정부기관이나 시민들이나 아니면 지식인들이 좀 태도가 좀 변화했다는 인상을 받으신 적이 있으셨나요?

수진 아빠 　　그때도 크게 뭐 변한 건 없었어요. 보수 언론이든 그동안에 죽 우리하고 같이했던 인터넷이라든지 진보언론이든 달라진 건 거의 피부로 느끼지는 못했죠, 그때 당시까지만 해도. 그걸 느낀 거는 정권이 바뀌고 나서. 정권이 바뀌고 나서도 그 전까지 촛불집회에 우리가 참석하면서 언론에 노출되고 또 국민들한테 앞장서서 같이하면서 격려받고 그럴 때는 뭐 한두 번 더 언론에 나왔을지는 몰라도, 그 언론의 태도는 크게 달라진 거는 못 느꼈죠.

면담자　　　언론사 기자들 중에 좀 여러 차례 접촉하시다 보니까 좀 알게 되시거나 친해지신 분들이 있지 않으신가요?

수진 아빠　　　근데 이름은 제가 기억을 잘 안 하는데, 몇몇 있었죠. 왜 그냐면 그 사람들도 인터뷰를 따야 되고 기사를 써야 되면은, 그걸 좀 제대로 파악하고 있는 사람들하고 인터뷰를 할려고 하는 그런 게 있더라고요. (면담자 : 아버님께서요?) 아니, 그 기자들이 (면담자 : 기자들이?) 네, 아무하고나 인터뷰를 하게 되면 원하는 대답을 못 들을 수도 있으니까 이 부분에 대해 어떤 일이 있으면 "이 부분에 대해서 어떻게 생각하십니까?" 하고 연락이 오는 수도 있어요. 그러면 가족협의회 입장이 좀 나온 얘기 같으면은 이렇게 얘기를 할 수 있는데, 입장이 안 나온 거는 제가 또 마음대로 할 수가 없잖아요? 그래서 그런 부분에서는 거절을 많이 한 기억도 있고, 입장이 나온 부분은 우리 입장에 맞춰서 설명을 해준 적도 있고, 뭐 그런 기억은 많이 있어요. 여러 가지 매체에서 많이 오죠. 신문 매체라든가 아니면 지상파 뉴스도 오고 인터넷 언론사에서도 오고.

면담자　　　인터넷 언론사 중에서는 어디가 좀 연락이 많이 오던가요?

수진 아빠　　　'오마이뉴스'나 '뉴스타파' 뭐 이런 데서도 많이 있고, 또 처음 들어본 지방언론사에서도 또 연락 온 경우도 있고 그래요.

그럴 때는 뭐 대답해 줄 수 있는 거는 해주는데 또 저희들한데 별로 좋은 내용으로 쓰지 않는 언론사들은 상대를 안 하거든요. 얘기를 해봤자 앞뒤 다 잘라먹고 자기네들이 필요한 내용만 싣는 경우가 많았어요, 그동안에.

**면담자**　　그래서 기피했던 언론사는 어떤 언론사셨습니까?

**수진 아빠**　　뭐, 조중동하고 뭐 딱 정해져 있잖아요. (면담자 : 방송사) 방송사든 조중동이든 (면담자 : 방송사는 전부 다 응하지 않으셨던 건가요?) 아니죠, 방송사는 MBC는 안 했었고 전에는. 그다음에 KBS나 SBS 정도는 했었지만 MBC는 다 거절했어요. 그때 당시에 MBC는 완전히 뭐 ≪조선일보≫하고 똑같았으니까.

**면담자**　　그 MBN이나 YTN 같은 곳은 응하셨고요?

**수진 아빠**　　MBN도 거의 잘 안 했죠. 근데 YTN은 그나마 좀 했어요. 근데 MBN, 채널A, 연합뉴스도 잘 안 했고 조중동은 아예 안 했고, 그다음에 MBC 안 했고. 기자회견 할 때 우리 세월호 관련해서 기자회견 할 때 MBC 기자들 잘 못 왔어요, 찍지 말라고 그랬으니까 우리가. ≪조선일보≫, MBC 다 나가라고.

**면담자**　　나가라고 얘기하는 그런 것도 사무처장의 일인 건가요, 아버님?

**수진 아빠**　　그건 아닌데, 저는 연대에서 저희들이 기자회견을 하든 뭘 할 때 연대하고 항상 같이하잖아요. 그러면 연대의 그 사무처 사람들이 알아서 커트를 시키니까. 근데 연락을 안 해도 어떻게 알고 취재하러 와요. 저희들이 취재 요청을 각 언론사마다 주거든요. 그러면은 뭐 조선이라든가 거기는 당연히 안 주잖아요. 그래도 알고 와요. 그럼 인제 뭐 현장에서 내쫓고, 그런 상황이 비일비재했죠.

근데 정권 바뀌고 나서 MBC 이사회 해체되고 사장 바뀌고 막하면서, 분향소에 와서 그 바뀐 사장이랑 무릎 꿇고 우리 애들 앞에서 사죄하고. 그동안의 잘못된 언론보도 행태에 대해서 진짜 MBC, 물론 본인이 그렇게 하진 않았지만 사장으로 취임을 해서 방문진 이사들하고 와가지고 우리 애들 앞에서 무릎 꿇고 눈물 흘리면서 사죄하는 거 보고, 저희들이 그럼에도 받아들이지 못하지만, "앞으로 MBC가 어떻게 하는지 두고 보겠다. 그것 보고 우리는 MBC하고의 관계가 어떻게 발전할지는 그 이후에 우리는 [판단]하겠다" 이렇게 했었는데 많이 변하드라고요. 많이 변해서 지금은 MBC가 어떻게 보면 또 가장 선호하는 언론사로 또 자리매김하고.

**면담자**    네, MBC가 그래서 정권이 바뀌고 나서 변화된 태도를 보여줬다고 말씀해 주셨습니다.

**수진 아빠**    보도 형태도 그렇고 이전의 MBC하고는 180도 달라진 보도도 하고, 그런 노력도 보이더라고요. 그래서 '아, 달라지고 있구나' 하는 걸 느꼈기 때문에 지금은 뭐 MBC를 배척하거나 그렇진 않죠.

면담자　　　　정권이 바뀌고 나서 고위 공무원이나 아니면 일선 공무원들이 유가족들을 대하는 태도도 변화가 있었다고 보시나요?

수진 아빠　　　사실 태도 변화는 있었지만…, 그 고위공무원들이 사실은 박근혜 정권 때 그 공무원들이거든요, 장차관은 바뀌었지만은 뭐 실국장들은 그대로기 때문에 (면담자 : 해수부라든지?) 그렇죠. 다만 정권이 바뀌다 보니까 하기 싫어도 하는, 해야 되는 건 있을 거예요, 그 사람들도. 박근혜 정권이었다면은 무조건 '노' 했을 사안도, 어쨌든 위의 장관, 차관이 바뀌고 대통령이 바뀌었기 때문에 '노' 할 수 없는 부분이 분명히 있을 거란 말이죠. 그런 부분에서는 변화가 감지가 됐지만, 기본적인 마인드는 아마 바뀌진 않았을 거라고 봐요.

면담자　　　　아버님이 보시기에 지금 말씀하신 '기본적인 마인드'라는 건 뭘 뜻하는 걸까요?

수진 아빠　　　그니까 이걸, 청와대나 정부, 해수부 위에서 시키는 대로 따라서 하는 그런 마인드는 그대로인데, 다만 내려오는 그 내용이 다르다 보니까는 거기에 맞춰서 하는 것뿐이지 진짜로 이걸 진상 규명이라든가 세월호 참사에 관계된 일이 제대로 풀려갔으면 하는 마음으로 하는 건 아니라고 보거든요, 지금도. 그니까 사실 그 사람들도 엄마고 아빠잖아요, 집에 가서는. 그러면 공무원이기 이전에 담당자이기 이전에 부모로서 어떤 그런 생각도 조금은 있어야 된다고 보거든요. 거기에 공무원으로서의 태도를 플러스시켜서 세월호 참사를 대했으면은 안 풀리던 문제도 풀릴 거고 진행이 안 된 부분도 진행이 됐을 거란 말이죠. 근데 단순히 이전 정권에선 이전 정권의 입맛에 맞게 그런 공무원의 행태를 보이고, 지금은 위에서 그렇게 시키다 보니까는 이전 행태는 못 하드래도 마인드는 안 바뀌었을 거란 말이죠. 그대로란 말이죠. 그랬을 때는 시키는 대로밖에 하지 않는 공무원이지 않을까….

진짜로 생각이 바뀌어서 하는 것 같으면 위에서 시키지 않드래도, 본인이 '어떤 부분이 세월호 참사의 진상 규명을 하는 데 문제를 풀어가는 데 맞는 것인가'를 본인 스스로 생각해서 아마 위에서 지시를 하지 않드래도 아마 할 거예요. 근데 그런 부분이 안 되고 다만 내려온 지시만 따르는 그런 정도 수준밖에는 저는 안 된다고 보거든요, 지금도.

면담자     전체적으로는 공무원들이, 아버님이 느끼셨을 때 공무원들은 그런 인상(수진 아빠 : 네)으로 다가왔다는 얘기셨고.

수진 아빠     그나마 반대하고 '노' 하지 않는 것만 해도 다행이라고 생각해요, 정권이 바뀌어서. 옛날에는 어떤 부분에 대해서, 예를 들어 해수부 같은 경우에도 "우리 상하이샐비지 가서 우리[가] 모니터링하겠다" 했을 때, 그때 당시에 이 문재인 정권이었다면은 갔을 거예요. 근데 그때 당시에는 박근혜 정권이었기 때문에 못 갔을 거고. 대신에 지금은 그런 부분이 본인은, 공무원 본인은 싫더라도 위에서 "아, 그거 해드려. 해줘" 하기 때문에 해줄 수 있는 부분도 있을 거란 말이에요. 그렇다고 봤을 때 본인 스스로가 '아, 이 부분은 필요하겠다'고 인식해서 하는 거하고, 위에서 시켜서 하는 거하고는 차이가 있단 이야기죠.

# 11
## 세월호 인양을 지켜보며

**면담자**　　　이어서 인양에 대해 여쭙도록 하겠습니다. 3월 말이었죠? 인양이 됐던 건.

**수진 아빠**　　　3월 아마 22일 (면담자 : 네) 그때는 시험이었어요, 그때도. 시험 인양이었거든요, 22일이. 그래서 한번 들어보고 괜찮으면은 날짜를 잡아가지고 완전 인양하겠다고 했는데 그날 인양을 한 거예요, 22일에서 23일로 넘어가는 새벽에. 그때 저희들이 어업지도선을 타고 상하이샐비지 근처까지 갔었거든요, "500미터 밖에 있으라" 그래 가지고. 어업지도선에서 밤을 새고 잠을 못 자고… 어업지도선이 크거든요, 거기 식당에 가서 TV를 보는데 시험 인양이 아니고 그냥 인양을 하더라고요. 그래서 계속 지켜봤죠 아침까지, 그래서 세월호가 떠오를 때까지. 22일, 23일 아마 그때 인양이 됐죠. 올라왔죠, 수면으로.

**면담자**　　　어떠셨습니까?

**수진 아빠**　　　안 믿겨졌죠, 처음에는. '아 이거 시험[일 꺼다' 생각하고 보고 있었어요. 그동안에 실패가 좀 많았었어요. 뭐 와이어 방식이니 부력제 방식이니 해가지고 여러 가지 실험이 다 실패했었잖아요. 그러다가 결국에는 리프트 빔 방식으로 해서 인양을 하게 된건데, 그날도 시험 인양이라고 해가지고 '시험이라도 잘됐으면 좋겠다. 그러면은 좀 며칠 더 걸리더라도 완전 인양을 할 거 아니냐' 그런 심정이었고 그런 마음으로 지켜보다가… 생중계를 계속 했잖아요, TV에서. 근데 계속 인양을 하더라고요, "시험 인양, 시험 인양"이라고 해놓고. 그래서 보니까는 점점 수면 위로 떠오르는 거보고 마음은 많이 졸였죠, '아, 제발 좀' [하면서]. 뭐 삐꺽하면은 또 한쪽이라도, 양쪽에서 들어 올리는 거기 때문에 리프트 빔 받쳐가지고, 한쪽만 삐끗해도 배가 기울으면은 굴러 떨어질 수도 있거든요. 그때 그런 조마조마한 감정도 있었고, '제발 성공해라, 성공해라' 하는 그런 마음도 있었고.

면담자        그때 분향소에서 가족분들이랑 같이 보셨던 건가요?

수진 아빠      아뇨, 어업지도선에서 봤어요.

면담자        아, 그러면 가신 거네요. 그죠? (수진 아빠 : 네) 그때 동거차도에 가 계셨겠군요.

수진 아빠      아뇨, 어업지도선. 어업지도선 안에서 잤어요, 저희들이.

면담자        아, 아예 뭐 뭍으로 나오시지도 않고?

**수진 아빠**　　네, 그 근처 500미터까지 접근해 가지고 어업지도선이 정박을 하고 거기서 가족들이 몇십 명이서 거기서 먹고 자고 하면서 봤죠. 그래서 그 수면 위로 떠오른 23일 날 아침까지 보고, 저희들이 오전에 다시 철수를 했죠. 그리고 3월 31일 날 [세월호가] 신항으로 들어왔으니까.

**면담자**　　맞습니다. 이제 신항에 배가 거치가 되고 다시 유류품들, 혹시 모를 유해 일부들 이걸 확인하는 과정들이 이후 전개되는데요, 정권이 또 그사이에 바뀌었고. 이런 과정에 대해서는 다음 면담을 통해서 추가로 더 여쭈어보도록 하겠습니다. 오늘 면담은 일단 이것으로 (수진 아빠 : 예) 정리하도록 하겠습니다.

# 6회차

2018년 12월 27일

## 시작 인사말

**면담자**　　　본 구술증언은 4·16 사건에 대한 참여자들의 경험과 기억을 기록으로 남김으로써 이후 진상 규명 및 역사 기술에 기여하고자 합니다. 지금부터 김종기 씨의 증언을 시작하겠습니다. 오늘은 2018년 12월 27일이며, 장소는 안산시 단원구 4·16기억저장소입니다. 면담자는 이봉규이며, 촬영자는 문향기입니다.

## 선체조사위 수습 방안과 세월호 인양 및 수습

**면담자**　　　저희가 구술을 9월 28일 날 시작해서 세 달 (수진 아빠 : 그러네, 석 달) 가깝게 하고 있습니다. 지난번에 세월호 인양하고 신항에 거치하는 문제를 이야기할 시점까지 왔었고, 그 내용부터 질문을 드릴까 하는데요. 이제 뭐, 그에 앞서서 2017년이에요, 2017년 3월 29일인데요. 선체조사위가 이제 첫 활동을 하는데 그때 수습 방안을 미수습자 가족이랑 사전에 합의하려고 했었다가 결렬됐던 날이 이날이거든요. 혹시 그 내용과 관련해서 기억나시는 게 있으신지 여쭙고 싶습니다.

**수진 아빠**　　　미수습자 부분에 관해서 모든 게 미수습자 가족들의 의견을 100프로 반영을 했거든요. 그게 저희들이 그 부분에 대해

303
·

서는 사실은 의견을 내지 못했어요. 왜냐면은 어차피 같이 아이를 잃었지만은 찾지 못한 부분과 찾은 부분에 있어서… 〈비공개〉 또 가족을 찾는 입장에서는 가족의 의견이 우선시돼야 되기 때문에 저희들은 주변에서 최대한도로 할 수 있는 일을 해야 되겠다는 그런 입장이었지, 수습에 대해서 의견을 낼 수는 없었죠. 다만 세월호 선체를, 선체에서 미수습자를 수습하는 그런 방법이라든가 그런 부분에 대해서는 저희 가족협의회도 세월호 선체가 미수습자 수습의 목적도 있지만 또한 진상 규명의 증거로서 굉장히 중요한 부분이기 때문에 그 부분은 또 저희들 나름대로 생각을 갖고 의견을, 저희들이 선조위에 의견을 냈었던 생각이…….

**면담자**    그러면 선체조사위와 미수습자 가족 사이에서의 이견이라든지 이런 내용들에 대해서는 그 외에 따로 아시는 것은 없으신가요?

**수진 아빠**    이견, 그때 당시에는 뭐 세월호 선체가 신항에 들어오지 않은 때였고, 세월호 선체를 거치를 하고 어떻게 수색, 수습을 할 것인가에 대해서는 아직 명확하게 정해진 게 없었어요 사실은요, 그때 당시에는. 그랬기 때문에 그 부분에 대해서는 크게 어떤 의견 차이는 없었던 것 같애요. 아마 적극적으로 미수습자의 가족들의 의견을 수렴하는 쪽으로 이렇게 진행이 됐었던 걸로 알고 있고. 그 이후에 세월호가 들어와서 육상에 거치되고 트랜스모듈 [모듈 트랜스포터] 위에서 신항에 안착이 됐을 때, 그러고 나서 미수

수진 아빠 김종기

습자 수습 방법에 대한 의견은 조금 차이가 있었을지 몰라도 29일 때는 뭐 그런 건 없었죠, 그때 당시에는.

〈비공개〉

면담자     아버님이 사무처장으로서 일을 하시면서 미수습자 가족들을 사무처장으로서 만나실 기회가 몇 차례 있었나요?

수진 아빠     거의 없었죠. 왜 그렇냐면 신항에서, 신항으로 배가 들어오기 전까지는 2014년도 11월 달에 수색 종료를 선언하고 실종자 가족들이 각자 생활하는 집으로 올라왔을 때 그때는 뭐 더더욱 만날 수도 없었고, 미수습자 가족들이 분향소에는 거의 안 나왔었거든요. 그나마 자주 나오는 가족이 다윤이네 가족, 그 외에는 거의 안 나왔어요. 그래서 '마음이 아파서 분향소에 있는 영정 사진도 못 보는가 보다' 이렇게 또 생각을 했었기 때문에, 또 어떤 '저희들이 전화를 한다든가 찾아가서 위로 아닌 위로를 한다고 해서 과연 얼마만큼 위로가 되겠냐[는 생각도 있었고]. 이미 저희들은 겪었기 때문에, 일반 시민들이나 국민들한테 위로 아닌 위로를 들었지만은 저희들은 그게 위로가 아니었던 경험이 있었기 때문에, '미수습자 가족도 그런 또 다른 상처를 받지 않을까' 싶은 마음도 있었고.

저 개인적으로는, 국민들이 "이미 떠나간 자식 그만 잊고 산 사람 살아야지" 이렇게 얘기를 했을 때도 저희들은 상처였거든요. 물론 그분들은 저희들을 위로한다고 한 말씀이어도 훨씬 그게 상처였어요. '어떻게 자식을 잊을 수 있을까? 가슴에 묻는다는데' [과연 그럴 수 있을까]. 그런 걸 개인적으로 생각하면은 '아… 실종자 가족들도 유가족이 찾아가서 그런 얘기 했을 때 과연 위로가 될까?' 생각하면은 가기가 좀 주저하게 되더라고요. 그래서 못 간 부분도 있고, 물론 그때 당시에 또 처음 사무처장을 맡고 좀 바쁜 부분도 있었고, 핑계 아닌 핑계로. 〈비공개〉

하여튼 여러 가지 요인이 있었던 것 같아요, 만나지를 못한 이유는. 그래서 거의 접촉을 못 했죠. 그랬다가 이제 신항에 배가 세월호가 거치되고 미수습자 가족들이 신항에 내려왔을 때 저도 3월, 4월, 5월 이렇게 6월까지는 거의 자주 갔었으니까요, 신항에. 가서 얼굴 보면 인사하고, 〈비공개〉 "식사는 제대로 하셨냐?"고 이렇게 그 정도의 인사만 했지, 깊은 얘기는 거의 안 한……. 밑에서 거의 상주하는 인양분과장이라든가 세월호 수습에 관련된 분과라든가 이 인원들이 내려가서는 인제 거기서 부대끼면서 생활을 같이하니까. 〈비공개〉

**면담자**　　　　지내는 곳은 같았나 보군요, 목포 신항 근처에.

**수진 아빠**　　　　미수습자는 거기 신항 세월호 거치 옆에 안에 있었고, 유가족들은 그 안에서 생활은 안 된다고 해수부가 그렇게 했기 때문에 신항 밖에.

**면담자**　　　　빌라인가 오피스텔인가를 얻었었다고 하던데….

**수진 아빠**　　　　그 앞에 컨테이너가 있었죠. (면담자 : 예, 컨테이너)

컨테이너[에] 있었고, 처음에는 거기 근처에 오피스텔을 하나 얻었었죠. (면담자 : 오피스텔) 네. 그래서 컨테이너가 설치가 안 되고, 또 부모님들이 많이 내려왔을 때 잠자리 공간이 부족하고 그런 데 대비해서 오피스텔 하나 얻었었거든요. 거기서 지낸 부모님들 대부분이 어머님들이 거기 계셨고, 씻는 게 좀 불편하니까. 그렇게 유가족들은 밖에 컨테이너에서 자고 또 세월호 참관 시간 때 들어가서 참관하고 이렇게 됐었죠(침묵).

**면담자**　　　네, 여기서 말씀하신 내용… 그렇죠, 4월, 5월, 6월, 4월 11일에 육상 거치가 완료가 됐었고 5월에 이제 고창석 교사, 허다은 양, 이영숙 씨 그리고 조은화 양 이렇게 또 확인이 됐었습니다. (수진 아빠 : 네) 이런 일들이 있었고, 목포 신항에 가보니까 유가족들이 선체 내부 수색하는 과정 그리고 청소한다거나 정비하는 과정 일체를 모니터링하는 시설을 컨테이너 안에 마련해 놓고 살펴보고 있는 것을 확인한 적이 있었는데요. 그러한 시설은 목포 신항에 거치가 되고 나서 바로 그런 시설들이 마련되게 된 것이었나요?

**수진 아빠**　　　그게 사실은, 한참 전이었죠. 신항에 거치, 신항 거치가 결정되고 신항에 어떻게 어떻게, 뭐 해수부라든가 그다음에 민간 기업의 기업 당직자들이, 당직자들이라든지 작업자들이 기거할 수 있는 컨테이너 이런 걸 다 논의를 하면서 미수습자 거치 장소라든가 식당이라든가 그다음에 뭐 우리 가족협의회 아니면 인천

일반인 대책위 컨테이너까지 이런 걸 다 얘기를 한 적이 있었어요, 여러 차례 미팅하면서. 그때 당시에 저희가 요구했던 게 그거였거든요. "작업을 모니터링할 수 있게 해달라. CCTV를 설치를 해서, 그리고 그걸, 그 자료를 우리가 백업할 수 있게 해달라, 일체". 그런 걸 저희들은 미팅 때 요구를 했었고, 현재 기본적인 컨테이너들은 그때 다 들어와 있었고 세월호가 31일 날 신항으로 들어오고 모듈 트랜스포터 위에서 육상으로 거치되고, 그 와중에 그게 다 설치가 된 거였죠.

그래서 거기서 관련 분과, 인양분과라든가 팀장들이 가서 모니터링하고 작업하는 내용 일체[를] 잡고[녹화하고] 그랬었죠, 백업받고. 처음에는 그게 또 잘 안 됐어요. 백업도 했다가 또 뭐가 고장 나가지고 안 해줬다가 막 이런, 얘기들이 좀 많았었거든요. 그런 부분에서도 좀 많이 해수부하고도, 그다음에 코쌀 작업 기업하고도 많이 트러블도 있었고… 하여튼 그런 게. (면담자 : 코쌀이요?) 코리아살베이지[샐비지], 그 선체 수습하는 기업이 코리아살베이지였거든요. (면담자 : 그쪽과도 좀 이렇게?) 거기는 아무래도 정부에, 정부하고 계약을 하고 작업을 하는 부분이었기 때문에, 물론 우리 얘기도 수용을 하지만은 일차적으로는 정부의 말을 수용해서 그대로 따를 수밖에 없는 거잖아요. 주체가 정부하고 계약이기 때문에 그래서 해수부라든가 선조위, 가족, 코쌀 이렇게 네 단체가 이렇게 서로가 논의를 하는 그런 구조였었어요, 회의할 때도 저희도 항상 들어갔었고. 이게 필요한 부분, 우리가 요구할 수 있는 부분 그런 거 전달을 많이 했죠, 그 자리에서. 그럼 그게 공유가 되고 진행이 됐었던 그런 상황이었었죠.

면담자 　그렇게 네 단위가 모여서 회의하는 자리에 아마 여러 차례 참여를 하시지 않았을까 하는 생각이 드는데요.

수진 아빠 　저는 3월 말일 날 돌아오고 4월 달에… 그 회의가 초창기 때는 진행이 처음부터는 안 됐었거든요. 왜 그냐면 선조위가 늦게 활동을 시작했기 때문에 신항에서… 3월 달이라든가 4월 달 이때는 선조위가 막 신항만에 사무실 차리고 막 할 때라서 그런 회의체가 없었어요, 초창기 때는 그런 회의 단위가 없었고 해수부라든가 코쌀하고 가족협의회 이렇게 그런 부분이 있었고. 저 같은 경우는 주로 안산에서 이렇게 가족협의회 사무처 일을 진행을 해야되니까 거기에는 전적으로 인양분과가 담당을 했었죠. (면담자 : 인양분과가 중심이 되어서) 네, 인양분과장이 가족협의회를 대표해서 회의에 들어가서 가족협의회 의견을 전달하고 그다음에 거기에서 나온 공유하는 내용을 가족협의회에 전달을 해서 저희들이 확대운영회의 때 논의를 하고, 그렇게 체계를 진행을 했었죠.


## 3
## 목포 신항의 합동위령제와 안산 합동장례식

면담자 　네, 알겠습니다. 그래서 2017년 11월 목포 신항에서 합동위령제가 있었고 서울이랑 안산에서 장례식이 있었는데, (수진 아빠 : 네) 그때 혹시 기억나시는 게 있으신가요?

수진 아빠 　　 저는 안 갔어요. 〈비공개〉 여기 제일장례식장에서 했었는데 그때는 못 갔어요. (면담자 : 어떤 점 때문에?) 글쎄요. 저도 왜 선뜻 그렇게 내키지 않았는지는 저도… 〈비공개〉 저는 또 반대 표를 했었기 때문에 더 자주 내려갔었거든요. 그때 당시 김병권 위원장하고 자주 내려갔었는데, 그럴 때마다 이것저것 요구를 하면 가족협의회에서는 최대한도로 할 수 있는 부분을 지원을 하고 진행을 했었거든요. 〈비공개〉 그래서 11월 달까지 그렇게 하다가 수색 종료하고 안산에 올라와서 대기실에 왔을 때 그랬거든요. "인제는 다른 거 생각하지 말고 인양을 해야 되겠다". 그대로 놔둘 수가 없으니까, "수색 종료하고 끝났는데 그대로 놔두면은 실종자도 못 찾고 이 세월호가 왜 그렇게 침몰했는지 이유도 모르니까 무조건 인양을 해야 된다". 수색 종료하기 전에는 인양이라는 얘기를 꺼내면은 안 됐거든요, 거의 금기였고. 이제는 인양밖에 방법이 없으니까 인양을 해야 된다고 얘기를 했었고. 〈비공개〉

# 4
## 4·16생명안전공원 부지 결정 과정과 반대 여론

면담자 　　 2018년 올해에는 세월호참사피해지원법 개정 정책

간담회가 2월 달에 있기도 했고, 사실 인양 과정에서 동거차도 어민들이 또 기름 유출로 피해를 입기도 했었거든요. 침몰 당시에도 그랬었죠. 또 민간 잠수사들도 특조위에서 증언해야 하셨던 분도 계시고, 이후 활동 과정에서 목숨을 잃은 분도 계시고. 이 4·16 세월호 참사를 둘러싸고 여러 고통받은 집단이 많이 있는데, 정책간담회나 여러 주체들과 관련해서 당시에 특별히 가지셨던 생각이 있으셨다거나 하면 말씀 부탁드립니다.

**수진 아빠**　　　당연히 있었죠. 동거차도 주민들한테는 진짜 감사함을 느꼈고, 그때 침몰 당시에 어선 끌고 나가서 물에 뛰어드는 아이들이라든가 승객들을 그렇게, 해경보다도 오히려 더 많이 구조했잖아요, 그런 걸 봤을 때는 진짜 감사함을 느꼈고. 특히 또 침몰 이후에 잠수사분들이 사실 우리 아이들을 데리고 올라와 주신 분들이잖아요, 그 부분에 대해서도 또 감사를 느끼고. 전부 감사한 분들이죠. 감사한 분들인데 그분들이 세월호가 침몰해서 또 피해를 보시고 고통을 당하시는 데 대해서는 정말 죄송함을 느껴요.

　물론 저희들이 뭐 의도해서 그런 건 아니지만, 그런 사건이 일어남으로써 또 어떻게 보면 선의의 피해자가 됐잖아요, 주민들 같은 경우는. 동거차도 근해에서 세월호가 침몰하면서 기름이 유출되고 또 어업이 제한되고 하는 그런 와중에 또 생계도 많은 지장을 받고, 그걸 또 정부가 제대로 보상을 안 해줬거든요. 그랬을 때는 저희들도 굉장히 미안하고 하지만, 그럼에도 불구하고 또 저희들 동거차도 감시 초소를 만들었을 때도 적극적으로 도와주시고 하는 부분에서 대해서는 정말 많은 감사를 느끼고, 그래서 그분들이 어떻게 하면은 조금이라도 피해를 보상받고 구제받을 수 있는가 그런 생각을 저희들도 많이 했어요. 그래서 피해자 범위를 조금 더 확대시켜야 된다[고] 꾸준히 주장을 했었고 저희들은.

'거기에는 민간 잠수사도 있어야 들어가야 된다, 민간 잠수사가 어떻게 보면은 자의에 의해서 와가지고 애들을 수색 구조해 주신 분들인데, 그분들이 그런 과정에서 겪는 발병이라든가 고통 이런 부분에 대해서 최소한도 정부가 책임 있게 그걸 지원을 하고 치료를 하고 대책을 강구해 줘야 된다'는 생각은 저희들은 항상 갖고 있었어요. 그래서 거기에 조금 그런 부분들이 확대돼서 법에 들어가면, 특별법에 들어가면 피해자지원법에 들어가면은 그래도 이분들이 보상을 받는 길이 되지 않을까 그렇게 생각을 해서 피해자지원법에 대해서 저희들이 많은 도움을 [주려고] 했었죠. 그게 국회에서 했던 것 중에 하나고.

**면담자** 네. 그리고 2월 달이기도 하고 사실 이후 계속 이야기 나오는 게 최근까지 이슈였기도 했고요, 4·16안전공원에 관련된 논의였습니다. 안산시장이죠? 제종길 안산시장이 화랑유원지에 이제 세월호 추모공원을 만들겠다고 얘길 했다가 이제 안산시의원 여덟 명이 반대하기도 했고, 또 안산 시민들 일각도 또한 반대하는 의견들도 있었던 것으로 저도 알고 있습니다. (수진 아빠 : 네) 그 과정을 겪으면서 어떠셨는지 궁금합니다.

**수진 아빠**　　(한숨) 화랑유원지로 저희들이 사실은, '우리 아이들이 모이는 장소로 어디가 좋을까?' 하는 사실을 생각을 했었어요. 그랬다가 '그중에서 제일 적당한 장소가 뭘까?' 생각을 했을 때 인근에 있는 공동묘지는 아니라고 생각을 했죠. 그렇게 생각하는 이유가 항상 저희들이 얘기하기를, "세월호 참사 이전과 이후는 바뀌어야 되고 세월호 참사는 잊혀지면 안 되겠다, 다른 사건들처럼 똑같이". 그렇게 되면은 똑같은 참사가 반복이 된다는 걸 저희들은 이미 수차례 경험으로 익히 알고 있기 때문에 세월호 참사만큼은 잊혀지지 않고 국민들이 기억을 하고 그 기억을 기본으로… 뭔가 안전하고 제대로 된 대한민국이 됐으면 하는 그런 생각에서, 분명히 세월호 참사는 기억돼야 되기 때문에 어디 보이지도 않는, 아니면 유가족들만 찾는 그런 곳에 아이들이 있어서는 '또 다른 참사와 똑같이 잊혀지겠다' 이런 생각을 했기 때문에.

　'분명히 세월호 참사 우리 아이들이 모이는 곳은 사람들이 많이 올 수 있고, 또 와서 안전에 대한 공부도 할 수 있고, 또 우리 애들과 비슷한 청소년들이 와서 문화와 공연도 즐기고, 또 가족들이 주말에 놀러 와서 도시락도 까먹고 예술 공연도 볼 수 있는 그런 곳으로 만들어야 되겠다, 그래야만이 세월호 참사가 계속적으로 사람들 뇌리에 살아 있고 그거와 더불어서 또 안전에 대한 그런 부분도 계속적으로 우리 국민들 의식에 남아 있겠다' 그런 생각 했을 때는 "화랑유원지가 제일 그래도 적당하지 않느냐" 하는 그런 가족들의 대부분의 의견이었어요. 왜냐면 단원고도 가깝고 우리 애들이 화랑유원지에서 많이 놀았었거든요. 그래서 "우리 애들의 그런 발자취가 있는 곳이고, 또 교통이 편해야지 전국에서 오신 분들이 찾아와 보기 편한 장소가 화랑유원지다", 이렇게 여러 가지 의견이 나오고, 그걸 결론으로 해가지고 화랑유원지를 저희들이 얘기한 거였고.

그래서 안산추모위원회가 만들어지고 거기에 20여 분의 추모위원들이 만나서 미팅하면서 용역 조사를 하고 타당성 조사를 했을 때 추모공원이 압도적으로 적정한 위치라고 아마 보고도 됐어요, 국조실[국무조정실]에. 그거와 더불어서 주민들 공청회라든지 경청회라든지, 지역 통해 지역발전위원인가 운영위원인가 그분들하고도 대화를 했었고, 하여튼 여러 가지 다방면에 시민들의 의견을 들을 수 있는 여러 가지를 많이 했었어요, 사실은 그런 미팅을. 그리고 최종적으로 화랑유원지가 최적의 장소라는 그런 용역 결과를 국조실에다 전달을 했었고.

그럼에도 불구하고 세월호 참사하고 관[련] 있는 자유[한국]당이라든가 옛날 새누리당, 그다음에 보수와 연관된 보수 단체들, 그리고 안산 주변에 또 집값을, 집값이 떨어질까 봐 반대하는 시민들 이런 사람들이 같이 반대의 목소리를 내는, 냈었던 거죠, 사실은. 그해 처음에 2017년도에 그런 반대의 목소리를 내고 활동을 하던 사람들의 행태가 얼마 전에도 나왔던 뭐 엄마부대, 어버이연합 이런 사람들의 행태하고 똑같았어요. 그니까는 나이 드신 분들이 동원이 되는 거예요. 우리가 전문가들의 의견을 듣는, 공청회라고 해야 되나? 그런 장을 마련해서 "전문가들의 의견을 한번 들어보자" 해서 마련했을 때, 나이 먹은 할머니, 할아버지를 동원해 가지고 그 장소를 점거하고 공청회를 방해하고 결국 무산시키고 이런 행동들을 했었거든요, 반대 서명도 받고. 보면은 거기에 동원된 분들이 다 나이 드신 분들이에요, 할아버지, 할머니들, 아줌마들. 그니깐 뭐 보수단체가 동원해 가지고 뒷돈 대주고 동원했던 어버이연합이나 엄마부대하고 똑같은 거예요. 〈비공개〉

그렇다고 봤을 때 거기에 관련 있는 자유[한국]당이라든가 보수단체를 떠올리지 않을 수 없었거든요. 그래서 그런 부분들이, 물론 주변에 집값 떨어져서 반대하는 시민들도 있을 수 있죠. 그치만은 그런 사람들이 조직적으로 움직일 수 있는 그런 매개체가 분명히 있다는 걸 저 개인적으로도 생각을 했었고. 그럼에도 불구하고 저희들은 이제 "안전공원이 단순히 당신들이 말하는 납골당이 아니다. 사실 납골당은 진짜 그 우리 애들이 모여 있는 봉안당은 화랑유원지 200분의 1밖에 안 되고, 그것도 지하로 조성되고 친환경적으로 만들 거고, 지상에는 우리 애들이 문화예술 공연도 할 수 있고 또 안전에 대한 교육도 받을 수 있고, 또 가족들이 놀러 와서 진짜 즐길 수 있는 그런 환경친화적인 공원으로 만들 것이다", 이렇게 저희들이 적극적으로 홍보했었죠.

처음에는 그게 좀 그런 부분이 없었어요. 어떠한 곳으로 만들겠다는 그런 내용들이 없어 가지고 이 안산 시민들한테 적극적으로 설명할 부분이 부족했었는데, 나중에는 그 부분을 '아, 이 부분이 필요하겠다' 싶어서 그런 부분을 청사진을 제시를 했었죠. 그래서 기회가 될 때마다 동 단위 체육대회라든가 모임이라든가 이런 부분들 있을 때 찾아다니면서 그런 부분들을 적극적으로 저희들이 설명을 드렸었죠, 어르신들한테.

## 5
## 세월호 가족대표 활동 중 특별한 기억과 사무처장이라는 자리

**면담자**　　지금까지 참사 이전부터해서 올해까지 이야기를 쭉 여쭈어왔는데, 사실 가족 대표가 아니었던 적이 없으실 정도로, 참사 초기부터 가족 대표의 일원으로 계속 참여해 오셨잖아요?

**수진 아빠**　　그렇죠. 활동 시작했을 때부터 반 대표도 했었고 반 대표장을 했었고 사무처장을 했었고, 지금까지 왔으니까요.

**면담자**　　여러 가지 활동이 있는데 그 활동 중에 특별히 기억나는 장면이랄까요? 굉장히 인상적이어서 마음이 아팠던 장면일 수도 있고, 그렇게 강렬하게 인상이 남는 장면 혹시 있으신가요?

**수진 아빠**　　거의 다죠. 2014년, 지금도 거의 뭐 어제의 일같이 생각나는 게 분향소 앞에서 침묵시위 시작하는 거서부터 시작해서… KBS 찾아간 거부터 해서, 5월 8일 날 어버이날[에]. 청운동 우리 이동해 가지고 밤새는 것도 시작해서, 국회 점거해 가지고 2박 3일 또 농성하는 거부터 시작해서, 7월 달에 또 전부 해가지고 11

월 달까지 단식하고… 농성하고 했던 것도 다 기억에 남죠. 청운동
에서 또 하수구 냄새 올라오는 그 주차장에서 생활한 거, 광화문에
서 비 맞아가면서 농성했던 거, 경복궁 문 앞에서 1박 2일 밤샌 거,
쭈그려 앉고 도로가에서 밥 먹고. 그때 뭐 그때 당시에 밧줄로 서
로, 아빠들은 서로 목 감고 강제로 해산시키는 거, 저항하기 위해
서 아빠들이 목을 감았거든요. '더 강제집행 하면은 우린 죽겠다'
거의 그런 심정으로 5월 1일인가 2일 날 1박 2일 철야 농성도 하고
하여튼, 그런 부분들이 어떻게 보면 마지막 남은 악이었죠, 저희들
은. '더 이상 우리는 물러설 데도 없고 우리가, 자식 잃은 부모가 못
할 게 있냐?' 거의 그런 심정으로 뭘 하든지 그렇게 했으니간요.

그래서 길바닥에서 잠자는 게 아무렇지도 않았었고 비 오는 날
김장 비닐 덮고 지낸 것도 뭐 다 지낼 수 있었던 거고, 겨울에 텐트
하나 가지고 지낸 것도 지낼 수 있었던 거고…, 그랬었던 것 같아
요. 그래서 보면은 다 이렇게 기억에 남아요. 지금 영사기 돌리듯
이 머릿속에서 다 기억이 떠오르거든요. 한 가지 그 와중에 사실
은… 그렇게 힘들게 하는 와중에, 물론 몸도 힘들고 마음도 힘들지
만, 그 중간중간에 우리 아이들이 그래도 '부모들이 목숨을 걸고 하
니까는 도와주는구나' 하는 거는 몇 번 있었어요. 그게 11월 달에
특별법 제정된 거라든가, 물론 반쪽짜리지만, 그다음에 삭발하고
영정 도보 하고 했을 때도 부모들하고 같이 있었다는 그런 느낌을,
짐작에 그런 게 있었어요. 그렇다고 봤을 때 우리가 또 '박근혜가
탄핵된 것도 우리 아이들이 그렇게 만들어주지 않았나' 이런 생각

들도 하게 되고. 세월호가 또 물론 기간은 많이 지났지만, 한 번에 이렇게 쑥 올라온 것도 우리 아이들이 지켜주지 않아서[지켜주어서] 그런 건 아닌가 이런 생각이 들고.

여튼 그렇게 생각나는 부분들이 힘들고 아픈 와중에도 한 번씩 있었거든요. '아, 우리 아이들이 엄마, 아빠를 도와주는구나' 하는 그런 부분들. 그래서 굉장히 마음은 아프지만, 우리가 사실 평범한 부모잖아요. 지금 이 세월호 참사 없으면 예전하고 똑같이 직장 다니고 휴일이라든가 기념일에 애들하고 있는 거 먹고 즐기고 그럴 상황인데, 아이를 잃어가지고 오히려 국가의 위로를 받아야 될 상황인데도 불구하고 오히려 거리로 나간단 말이죠, 국가에서 제대로 진상 규명해 달라고, 우리 아이들의 명예가 훼손되지 않게 우리 아이들의 명예를 지켜달라고. 오히려 국가가 해줘야 될 일을 우리가 피해자들이 나서서 요구를 하는 그런 상황이 돼버린 거에 대해서 어떻게 보면 '아, 내가 왜 이런 상황에 됐을까?' 원하지 않는 상황이잖아요, 저희들은. 그랬을 때 참 많은 생각이 들겠죠, 어처구니가 없고. '과연 이게 내가 그동안 40년, 50년 동안 살아왔던 내 조국이 맞는가? 그동안에 내가 생각해 왔던 그런 대한민국이 맞는가?' 하는 부분에서는 엄청나게 많은 회의가 들었었어요.

뭐, 그런 세월호 참사가 일어나기 전에는 당연히 '그래도 내가 세금 내고 날 때부터 살아오고 있는 이 조국이니까, 국민이 어려운 일에 처하면은 경찰이든 소방관이든 이렇게 어려운 일은 나서서 해주겠지' 하는 그런 마음들이 항상 있잖아요, 국민들이라면. 그래

수진 아빠 김종기

서 세금을 내고 살아가고 있는 나라니까. 그런데 그게 2014년 4월 16일을 기점으로 해서 그게 다 무너졌거든요. 그런 신뢰감이 하나도 없어져 버렸어요, 나라에 대한 신뢰감이. '국민으로서 과연 국민을 국민같이 생각을 하는 건가?' 그랬을 때는 뭐 '아니다'라는 부분이 이미 마음속에 자리를 잡아버렸고, '그러면은 우리가 어떻게 해야 되나?' 생각했을 때는 '부모들이 아이들을 위해 싸우는 거, 싸울 수밖에 없는 거 아니냐' 그런 생각을 하게 됐었던 거죠. 그래서 2014년 4월 26일부터 25일 날 발인하고 26일부터 그렇게 활동을 시작해서 지금까지 해왔던 계기가 된 것 같아요.

**면담자**　　　네, 아버님이 사무처장을 오래 하신 셈인데 다른 유가족들이랑 소통할 때 특별히 신경 쓰셨다거나 주의하셨던 점이 있었나요?

**수진 아빠**　　　저는 사무처장 하기 전에는 1반 대표를 했었고 반 대표장을 했었는데, 그래서 아마 다른 가족들보다는 조금 더 뭐랄까 가까워질려고 많이 노력을 했죠. 우리 1반뿐만이 아니고 전체 열 개 반을 다 봐야 되는 거였기 때문에, 단순히 1반뿐만이 아니고 2반, 3반, 4반, 10반까지 전체적인 부분에 대해서 조금은 가까워질려고 노력을 많이 했었어요. 1반 대표로서 1반에 대한 부분도 다 둘러봐야 되겠지만은 그 외에 나머지 반들에 대한 부분도 그 해당되는 반의 반 대표들하고도 논의를 해야 되는 자리였기 때문에, 그런 부분이 나머지 아홉 개의 반 대표들하고도 이렇게 소통을 했어야 됐고,

또 그 반에 대한 문제, 아니면 전체 우리 단원고 10개 반 반 대표들의 의견을 또 제가 확대운영회의에서 얘기를 하고 주장을 해야 되는 그런 위치였기 때문에, 그래도 다른 반 대표들보다는 우리 1반외 부모님들하고도 많이 어울리려고 노력을 많이 했어요. 그래서 대부분이 또, 나보다 나이가 많으신 부모님들은 몇 분 안 계셨거든요. 그러다 보니까 더 좀 허물없이 대할 수 있었고 장난도 또 더 많이 쳤고. 그래서 그런 부분에서는 아마 제가 좀 위치적인 측면에서 그랬었던 것 같고.

사무처장을 맡아서는 이제 아무래도 사무처장으로서의 할 일이 있거든요. 가족협의회가 원활하게 돌아갈 수 있도록 그 중심을 잡고 있어야 되는 부분이 사실은 사무처고 사무처장의 일이기 때문에, 그때는 이제 또 반 대표장으로서의 역할을 떠나서 사실은 가족협의회 전체적인 면을 보고 조율을 해야 되는 상황이기 때문에 그런 부분에 대해서도 조금은 노력을 많이 했었죠. 사실은 사무처장이란 직책을 해본 적도 없고 반 대표라는 것도 해본 적이 없고, 말하자면 어떻게 보면은 반장이잖아요. 그 반의 반장인데, 해본 적도 없는데 세월호 참사를 계기로 그런 것도 해야 되고, 그런 어떠한 부분에 대한 직책에 대한 부분도 수행을 해야 되는 경험을 하고 있었던 거기 때문에 사실은 모자라는 점도 많았죠. 생전 해보지도 않은 일을 해야 되는 거고, 그게 단순히 가족들을 대하는 것뿐만 아니라 대외적으로도 공무원들이라든가 시민단체라든가 이런 분들을 만나는 일도 사실은 뭐… 생전 낯선 거였기 때문에 그런 부

수진 아빠 김종기

분에 대해서 조금은 실수한 부분도 있었을 것이고, 그런 부분에서 많이 배우면서 아마 일했었던 것 같아요.

물론 모든 가족들이 다 그랬을 거예요. 법률적으로도 아는 게 없고 일단, 단체 활동에 대해서도 아는 것도 없는 일반 부모들이 모여가지고 단체를 꾸리고 직책을 맡고 활동을 하는데 얼마나 잘 하겠어요? 시행착오를 많이 겪고 실수도 하고 그러지만은, 그게 경험이 되고 밑거름이 돼서 그다음에 일을 함에 있어서는 원활하게 매끄럽게 실수 없이 할 수 있는 그런 부분이 됐었거든요. 그래서 2014년도, 2016년도 사무처장이 되고 지금까지 하고 있지만은 그런 부분에 대해서는 저도 어떻게든 조금 완벽하게 하려고 노력을 많이 했어요, 사실.

혈액형이 A형이다 보니까 조금 그런 면도 있는데 사실은 혈액형보다는 제 성격이 뭔가를 하면은 조금은 완벽하게 해야 되는 그러한 성격이었고, 한 번 할 때 꼼꼼하게 해야 되는 그런 성격이었고, 두 번, 세 번 손 안 가게끔 하는 그런 성격이었기 때문에 특히 또 사무처는 회계적인 부분이 있거든요. 회계적인 부분부터 그다음에 분향소가 있는, 화랑유원지에 있을 때는 분향소를 관리하는 부분, 그다음에 분향소 내에 있는 컨테이너 전반적인 관리 부분, 이런 부분부터 저는 쪼그마한 문제도 안 생기게끔 할려고 많이 노력을 했었어요, 사실은.

물론 잘 안되는 부분도 있지만, 워낙에 많은 사람들이 사실은 피해자 가족이 250가정이잖아요. 250가정의 입맛에 맞게 일을 할

순 없어요. 일을 하다 보면은 만족하는 가정도 있고 또 불만족인 가정도 있고 그럴 수밖에 없거든요. 그렇다고 봤을 때 '최대한도로 모든 많은 가정들이 인정할 수 있는 그런 부분으로 좀 가족협의회를 꾸려가야겠다' 그런 생각을 항상 갖고 있었죠. 그래서 많은 분들이 조금은 가족협의회 나와서 일을 할 수 있고, 활동은 못 하더라도 그래도 시간나면은 틈틈이 가족대기실이라든가 분향소에 나와서 커피라도 한 잔 마시고, 또 나와 있는 엄마, 아빠들하고 얘기도 하고, 그렇게 피해자 가족 간의 교류가, 유대감이 있어야지 나중에 또 그 힘을 집중할 때는 힘을 집중할 수 있는 원동력이 되는 거거든요. 그래서 그런 부분은 조금은 많이 생각을 했었어요, 사실.

각 분과가 일하는 데 대한 그런 지원 부분도 있고, 그 외에 부모님들이 어떤 원하는 부분, 그다음에 필요한 부분, 또 부모님들이 어떤 사람은 합창단, 어떤 사람은 연극, 어떤 사람은 교회, 어떤 사람 불교, 천주교 이렇게 다 각자 원하는 부분들이 있거든요, 자기가 속[해] 있는 단체라든가 그런 활동에 대해서. 그랬을 때 거기에 맞는 의논이라든가 지원이라든가 또 해줘야 될 부분도 있고. 그래서 저는 사무처장에 처음 당선됐을 때 한 얘기가 "가족들이 사무실에 막 놀러 와서 커피도 마시고 해줬으면 좋겠다" 하는 그런, '열린 사무'를 좀 원했었거든요. "가족대기실에 나온 것도 좋지만, 좀 거리가 멀어도 사무실에 와서 커피도 마시고 궁금한 거 있으면 물어보고 그랬으면 좋겠다"고 당선 소감에서 밝힌 적도 있고. 근데 그게 강제로 부모님들 데려다가 차 대접을 할 수 있는 건 아니고, "놀

322

수진 아빠 김종기

러 오시면 차를 대접해 드리겠다" 이렇게 말씀을 드렸던 부분이 있었었고.

그런 걸 중점으로 이전 사무국장하고는 좀 다르게 가족들하고 좀 가까운 그런 사무처장이 되려고 노력을 많이 했었죠. (면담자 : 많이 놀러 오셨나요?) 분향소 있을 때는 사무실은, 사무실이 좀 멀어요. 미술관 안에 있기 때문에 대기실에서 일부러 커피 마시러 사무실에 오기가 좀 그래요. 그래서 무슨 볼일 보러 오실 때는 사무실에 무슨 서류라든가 아니면은 뭐 또 필요한 부분이 있을 때는 사무실로 와서 문의를 하고 그럴 때는 오면은 반갑게 맞이하고 커피도 제가 또 한 잔 타드리고 그랬던 기억이 있어요. 그래서 저는 주로 사무실보다는 가족대기실에 더 많이 있었죠, 그래서. '부모님들이 안 오면 내가 가자'. (면담자 : 찾아가는 사무처군요?) 네, 그래서 굳이 사무실에서 결재할 일 있으면은 금방 걸어가서 하면 되니까. 근데 그 외에는 분향소 있을 때 가족대기실에서 나와가지고 가족대기실에 앉아서 있으면은 부모들이 많이 왔다 갔다 하잖아요. 가서 인사하고 커피 마시면서 얘기도 하고 그랬었어요.

면담자　　　간부로서의 활동 외에 혹시 따로 공동체 활동을 하시는 게 있으신가요? 공방이라든지 가족합창단이라든지?

수진 아빠　　　저는 그것까지 할 정도로 저기는 안 됐었어요. (면담자 : 시간 여유가?) 그렇죠. 그리고 그걸 하게 되면 다른 일을 또 제대로 못 하니까, 그렇다고 그것도 제대로 못 하고 이것도 제대로 못 하면 안 하니만 못하잖아요, 그래서.

**면담자**　　　하고는 싶으셨는데 시간이 안 될 것 같아서 안 하신 건가요?

**수진 아빠**　　　아니 할 자신도 없었어요. (면담자 : 할 자신도 없으셨 나요?) 제가 뭐 이런 걸 해본 적도 없고 그렇다고 합창단에 들어간, 노래도 잘 불러가지고 합창단에 들어가 본 적도 없고 하기 때문에 (면담자 : 내키지가 않으셨군요?) 제가 들어가면 민펜데, 제가 군이 사무처장을 하면서 들어가서 또 하기가 좀 그렇더라고요. 그래서 대신에 그런 합창단이라든지 연극단이라든지 활동하는 부분에 대한 지원은 어떻게든 해줄려고 제가 노력을 많이 했죠.

**면담자**　　　알겠습니다. 잠시 쉬었다가 이어가겠습니다.

(잠시 중단)

## 6
## 지속적인 활동이 가능했던 이유, 특히 활동 중 힘들었던 점

**면담자**　　　이제 한 4개월 있으면 5주기가 또 오는데요. 얼추 이제 뭐 4년, 5년? 정도 되는 시간이 흘렀습니다. 지난날을 돌아보실 때 이렇게 계속할 수 있었던 동력이 어디 있었다고 생각이 드시나요?

**수진 아빠**  당연히 아이들이죠, 내 자식들. 사실 (한숨) 일반적인 해상 사고였고 일반적인 교통사고 같은 그런 사고였다면은 할 이유도 없죠, 원인이 명확하니까. 원인이 명확하고 결과가 이미 나와 버렸기 때문에 뭐 할 건덕지도 없잖아요, 할 이유도 없고. 근데 세월호 참사는 제가 생각하기에는 하나에서부터 백까지 다 퀘스천 마크가 붙어 있거든요. 왜 출발을 했고 세월호 하나만, 왜 갑자기 그렇게 배가 기울었고…, 거기에 왜 국정원 기무사들은 관련이 돼 있고, 정부나 청와대는 그렇게 왜 그렇게 감추려고 했고, 해경은 그때 당시에 왜 선원들만 구조해서 나왔고, 다 하나같이 의문부호예요. 그때 당시에는 뭐 세월호 참사가 일어난 4월 16일서부터 애 찾을 때까지, 그때 당시에는 그런 생각은 못 했었거든요. 의문부호를 가지기에는 너무 상황이 열악했었고, 진짜 애가 살아 있는지 죽었는지도… 어떻게 보면은 인정을 못 하고 막 혼란스러웠던 그런 지옥 같은 시간이었었기 때문에 그 이면까지는 들여다보지 못했잖아요. 일단 애 찾는 게 급했고, 그 수백 명 애들 중에서 우리 애가 언제 즈음 우리 엄마, 아빠 품으로 돌아오려나 하는 그런 초조함밖에 없었기 때문에, 그래서 팽목항에서 24시간을 교대로 방송을 듣고 잠을 안 자고 기다렸었던 그런 기억이 있었고.

그리고 그때 당시에는 사실은 수십 미터 바닷속이라서 할 게 없었어요, 부모들이. 물론 해경에 요구하고 다른 수습, 수색 방안을 요청을 하고 여러 가지를 했지만 그거는 이미 참사가 일어나고 나서 구할 수 있는 시간을 지나고 난, 사후약방문 같은 그런 행동

뿐이었고. 그래서 그런 시간을 지내온 부모로서 생각을 해봤을 때, 생명을 구하지 못했다면 내 자식의 생명을 구하지 못했다면, 부모로서 '내 자식의 생명을 구하지 못하게 된 이유는 우리 애들한테 밝혀줘야지 그래도 하늘에서 우리 애들이 덜 억울하지 않겠냐' 그런 생각이 들었어요, 사실은. 그래서 '팽목항에서는 못 했지만 지금 여기 올라와서 할 수 있는 거는 해야 되지 않겠냐, 부모로서? 그게 뭐가 됐든' 그런 생각을 갖게 된 거고, 그래서 발인을 끝내고 바로 그 다음 날로부터 나갔던 거고, 그리고 우리가 할 수 있는 일을 최대 한도로 어떤 일을 해야지 우리 아이들이 그렇게 억울하게 한 명도 구조받지 못하고 죽었는가에 대한 의문을 풀어야 되고, 그 의문을 풀기 위해서는 어떤, 부모들이 어떠한 행동을 해야 되는지를 하나하나 배워가고 행동을 했던 거 같애요. 그래서 지금까지, 지금 5년이 몇 달 안 있으면 5년이지만은 5년 동안 힘들고 어려운 때도 많았었죠. 뭐 정신적으로나 육체적으로 굉장히 힘들었던 부분이 많이 있었음에도 지금까지 해왔었던 것 같애요, 그런 이유 하나로.

면담자    여러 힘든 일들에 대해서 말씀해 주셨는데요. 그중에서도 진짜 유독 이 일은 정말 힘들었다고 꼽으실 만한 일이 있을까요?

수진 아빠    (한숨 쉬며) 뭐 육체적으로 힘든 거야 뭐 많이, 저 같은 경우는 군대도 다녀왔고 그렇기 때문에 충분히 참을 수 있는데, 정신적으로 힘든 부분이, 정신적으로 공격을 받는 부분이 굉장히 힘들더라고요. 그래서 "애를 앞세워서 시체 장사한다"든가 "돈 더 받을라고 그런 거짓 쇼한다"든가 이런 부분, 말도 안 되는 그런 잘못된 걸로 정신적인 공격을 받을 때, 그 대상이 없잖아요. 우리가 반박하고 얘기할 대상이 없이 들려오는 거기 때문에 굉장히 그 부분에 대해서는 오히려 육체적인 것보다 더 쌓이는 거예요. 그럼에도 불구하고 우리들은 유가족이라는 그런, 또 어떻게 보면은 꼬리표라고 할까 그게 항상 따라다니기 때문에 오히려 행동이 더 조심해져야 되고.

진짜 농담 반 진담 반으로 우리 가족들이 모이면 얘기하는 게, "남 앞에서 웃어도 안 되고, 또 울면은 맨날 운다고 또 뭐라 하니까 울어도 안 되고" 그런 생활을 했었거든요, 어떻게 보면. 이웃 사람들이 보면은 '애 잃었다고 너무하는 거 아냐?' 그렇게 생각할 정도의 그런 생활을, 어떻게 보면은 감시의 눈초리가 아닌 감시의 눈초리를 느끼면서 살아야 됐었기 때문에, 그래서 가족 우리 유가족들이 대기실에 나오면은 오히려 웃을 수가 있었거든요. 동병상련이고 그 웃을 수 있다는 게 기뻐서, 행복해서 웃는 게 아니고 물론 어처구니없는 웃음이지만, 그래도 웃을 수 있는 사람들은 같은 유가족들밖에 없으니까. 그래서 "우리 애는 나올 때 뭐 진짜 깨끗하게 나왔"니 그런 얘기도 할 수 있고, "우리 애는 뭐 손톱이 다 시커멓게 나왔더라" 이런 얘기도 할 수 있고, 스스럼없이 할 수 있거든요, 가족들끼리… 유가족들끼리. 같은 형제간한테도 못 했던 얘기예요, 그런 건. 그런 부분이 굉장히 힘들었던 것 같아요. 정신적인…

공격 같은 거, 정신적인 부분이 어디다 풀 그런 대상도 없고 거기에 반박할 대상도 없고, 그런 부분 제일 힘들었던 것 같애요.

## 7
### 참사 이후 세상, 삶, 안산에 대한 관점의 변화

**면담자**          참사 이후 쭉 있었던 4·16의 경험이 아버님이 보시기에 세상에 대한 관점이나 삶에 대한 태도를 변화시켰다고 보십니까?

**수진 아빠**          당연히 변화시켰죠(한숨). 아까도 말씀드렸다시피 이 대한민국이라는 내가 살고 있는 내 조국이 나를 지켜줄 줄 알았고, 내가 억울한 일을 당하면 풀어줄 줄 알았고, 내가 힘들 때 나에게 힘이 돼줄 줄 알았고, 그런 생각으로 가정을 꾸리고 직장을 다니고 그랬었거든요. 그런데 그게 4월 16일을 기점으로 해서 180도 바뀌게 되고, '과연 내가 여태까지 살아온 대한민국이 나한테 뭘 해줄 수 있을까?' 하는 그런 생각을 다시 한번 하게 되는 계기가 됐고, 그랬을 때 '나 자신을 지키고 돌보는 거는 내 자신밖에 없구나. 누가 옆에서 도와주는 게 아니구나. 국가가 해줄 수 있는 게 아니구나' 하는 걸 느끼게 됐고, 어떻게 보면 나라에 대한 배신감이겠죠. 믿었던 사람에 대한 배신감처럼, 믿었던 이 대한민국 조국에 대한 배신감이 그때 엄청나게 들었었고…. 평범하게 살았던, 진짜 직장 다니고 애 키우고 평범하게 살았던 직장인에서 4년 넘게, 어떻게 보면… 싸운, 투쟁하는 그런 삶을 살아왔다고 해야 될까요? 국가가 피해자에 대한 당연한 권리를 [보장]해주지 못했을 때 피해자로서 권리를 주장하기 위한 싸움을 4년 넘게 해왔거든요. 거기에는 뭐 진상 규명도 포함이 되고 애들 명예 회복도 포함이 되고 그렇지만은, 그런 삶을 살게 된 세월호 참사가 돼버렸잖아요. 그래서 생전 해보지도 않은, 수십 가지 그리고 지구를 몇 바퀴 돌 정도의 거리를 이동하면서 했던 그런 행동들…. 그런 게 거의 4년 반, 거의 5년이 다 돼가는 시간 동안의 제 삶이었던 것 같아요.

그러면서 한 가지 더 변화가 된 건 뭐냐면 2014년 4월 16일에 그 팽목항은 아비규환이었거든요. 거의 뭐 지옥이었고 아수라장이었고 혼돈이었고. 그 와중에 전국에 그 많은 단체라든가 국민들이 자원봉사를 하러 팽목항으로 모여드는 걸 그 와중에도 저는 느꼈거든요, 사실은. 이 많은 단체와 이 많은 분들이 도대체 생전 듣도 보도 못한 단체들… 그런 분들이 자원봉사 하러 오셨을 때, 어떤 굉장히 가슴속에는 고마움과 미안함과 그런 부분을 공유를 했었거든요. 애를 찾아 올라오고…, 정부에 대한 그런, 어떻게 보면 싸움을 하면서 항상 주변에는 그런 분들이 계셨었거든요. 팽목항에서부터 정부랑 청와대 싸울 때도 지지해 주시고 같이 행동해 주시는 분들이 항상 계셨었어요. 그러면서 제가 한 가지 느낀 거는 '아, 나도, 내가 진상 규명에 언제까지 진상 규명할지는 모르겠지만 이게 어느 정도 걸릴지는 모르겠지만은 이게 어느 정도 밝혀지고 4·16

세월호 참사에 대한 일이 어느 정도 마무리가 돼간다면 그때는 나도 정상적인 생활로 돌아가서 이분들처럼 좀 봉사하는 그런 삶을 살고 싶다' 이런 생각을 하게 되는 계기가 됐거든요. 사실, 세월호 참사 이후 삶이…… 그게 아직은 언제일지는 가늠을 못 하지만, 나중에 그런 때가 온다면 그런 삶을 살고 싶어요.

면담자       말씀하시면서 국가에 대한 배신감이랄까요? 결국 믿을 건 나 자신이라고 말씀하셨는데, 가족도 아닌가요?

수진 아빠       가족이야 인제 나와 같은 존재들이니까, 어쨌든 피붙이잖아요. 내 자식들이고 내 배우자고 그렇기 때문에 나와 똑같은 생각을 하고 있기 때문에, '가족들은 나이고 내가 가족이고 가족이 나'라는 생각이지만은, 그 외에 나와 관계없는 사람들일 수도 있고, 그 대상자가 아니면은 이 세월호 참사를 부정적으로 자꾸 폄하하고 공격하는 그런 사람들일 수도 있고, 또 거기에 더 나아가선 관련 부처라든가 정부일 수도 있고. 그때 당시엔 그런 생각이 거의 지배적이었죠, 그런 상황이었으니깐요. 뭔가 하나도 제대로 진행되지 않는 상황, 그러면서 자꾸 거짓말로, 열심히 하고 있다는 최선을 다하고 있다는 그런 거짓말, 그리고 그 뒤에서 가족들을 공격하는 그런 행동까지…, 그렇다고 봤을 때 '과연 누구를 믿을 수 있을까' 했을 때는 믿을 사람이 없죠, 나와 내 가족밖에는.

면담자       안산에 대한 인상이 좀 변화하거나 그러시기도 하셨나요?

수진 아빠    변화가 됐죠. 참사 이전에는 뭐 '그냥 내가 사는 동네. 내가 밥 벌어먹고 사는 도시', 나 이외에 관련 없는 사람들이야 뭐 어떻게 살든 신경 안 쓰는, 보통 삶의 그런 인상이었다면, 참사가 일어나고 나서의 안산은 굉장히 어떻게 보면 차갑고… 비인간적이고… 우리 아이만 아니면은 떠나고 싶은? 그런……. 그게… 단적으로 총선 때 나타났잖아요. 단원구면은 고잔동, 와동, 선부동이 피해, 대다수 피해 지역이거든요. 그 단원구 지역에 국회의원들이 세월호 참사에 큰 책임 있는 새누리당 출신 국회의원들이 당선이 됐거든요. 그렇게 봤을 때 '아, 도대체 이 안산 시민들은 어떤 생각을 갖고 있는 사람들일까? 자기 이웃인데 한 다리 건너서 자기 이웃이고 이웃의 사람이 자식을 잃었고 그 자식을 잃음으로써 거의 4년 동안 이 거리에 나와서 싸우고 있는 걸 보면서도, 거기에 모든 책임 있는 당의 사람을 어떻게 지역 일꾼으로 뽑을 수 있을까?' 생각했을 때는 정나미가 떨어진 거죠.

# 8
## 요즘의 고민거리 그리고 수진이를 생각하면 떠오르는 것

면담자    요새 제일 좀 걱정하거나 고민하는 게 있으신가요? 2018년 겨울, 한 해가 지나가는 시점에.

수진 아빠    있죠. 안산생명공원도 부지만 결정이 됐고 용역한다고는 하지만 지금도 많은 부딪침이 있잖아요? 추모위원회 미팅 있을 때도 반대…하는 사람들의 농성 그런 걸 봤을 때, 생명안전공원이 진짜로 용역이 발주되고 설계 공모까지 들어가서 시공이 되어야만이 '아, 이제 어느 정도 되는구나' 하는 그런 마음을 놓을 수 있을 것 같아요. 기억교실은 뭐 안산교육지원청으로 해서 예산이 확보가 됐기 때문에 진행만 하면 되는 거지만, 생명안전공원은 아직까지도 미지수거든요. 그렇다고 봤을 때는 생명안전공원이 제일 걱정이 되고, 우리 아이들이 지금 여러 군데 흩어[져] 있는데 빨리 모여야 되는 게 또 제일 부모님들이 바라는 바거든요. 그렇다고 볼 때는 생명안전공원이 빨리, 어떻게든 진행이 돼서 착공을 하는 게 부모님들이 한시름 놓는 그런 계기가 될 것 같아요.

**면담자**　　　개인적인 걱정이나 이런 건 없으시고요?

**수진 아빠**　　　개인적인 걱정도 그거예요. 과연 내가 사무처장을 하는 동안에는 얼마 안 남았는데 이런 부분들이 많이 심화할 수 있을 정도로 매듭이 맺어지면 좋은데, 그게 안 됐을 경우엔 그 이후에 문제가 굉장히 또 힘들잖아요. 그리고 가족협의회 앞으로 또 새롭게 일을 해나갈 임원들이 과연… 나올까? 굉장히 힘든 거를… 많이 봤잖아요. 부모님들이, 임원들이 '임원 하는 게 굉장히 힘들다'는 거를 느껴요, 그래서 안 나오려고 하는 이유도 있고. 대신에 기존에 했던 사람들은 계속해야 된다는 그런 생각도 하고 계시거든요. 본인은 하기 싫은데 "너희들은 대신 좀 해. 이때까지 했으니까"

이런 부분들이기 때문에 그런 점도 굉장히 좀 어려워요, 걱정도 되고. '새로 하실 분들이 과연 있을까? 없으면은 앞으로 어떻게 해야 되나?'

지금 당장 뭐 한두 달 후에는 결정이 돼야 되는데, 일단 해결의 실마리도 안 보이고 다음 임원 구성이 걱정이 되는 것도 있고 뭐 여러 가지 그런 걱정들이 있더라고요. 그래서 그런 부분들이 하나 둘씩 좀 해결이 돼야지, 저도 꼭 직책을 안 맡고 활동을 하더래도 마음 편히 활동을 할 수 있는데, 그런 것들이 계속적으로 해결이 안 되고 있으니까 그런 부분에서는 걱정이 많이 되죠. 뭘 좀 크게는 생명안전공원, 그다음에 작게는 가족협의회 차기 임원들에 대한 문제, 그리고 또 하여튼 여러 가지 문제들이… 해결이라든가 해결의 실마리가 돼야 되는 문제들이 몇 가지 걱정이 되죠.

면담자　　　아버님은 허리도 좀 나아지셨나요?

수진 아빠　　허리야 뭐, 제가 스트레칭을 하고 있거든요. 병원에서는 수술, 주사 치료 그다음에 시술 다 받아서 효과가 없으니까 수술하자고 날짜 잡자고 하는데 제가 안 잡았어요, 사실은. '수술은 마지막 방법이니까 운동으로써 좀 노력을 해보고, 그래도 안 되면 수술하자', 그래서 운동 열심히 하고 있죠.

면담자　　　가족분들은 몸이 아프시다거나 그러시진 않으세요?

수진 아빠　　아프죠 뭐. 수진이 엄마도 〈비공개〉 병원 가서 몇 번 찍고 CT도 찍고 있는데 이상이 없다고 하는데…. 〈비공개〉 그래서 뭐 사실은 저희 부부뿐만 아니고 저희 집뿐만이 아니고 다른 집들도 다 거의 대동소이할 거예요. 열심히 활동한 가정들은 다 몸들이 안 좋아요. 인제 지금 막 많이 나타날 시기거든요, 지금 4년째 5년째 돼가기 때문에. 그런 부분들이 좀 안타깝고, 우리 집도 마찬가지고 건강에 문제가 조금 대두되고 있어요, 우리 집도. 저 같은 경우도 허리가 지금 올해 들어서 그렇게 많이 갑자기 나빠졌거든요. 그 전에도 뭐 조금 뻐근하고 하긴 했었지만 못 걸을 정도 아니었고, 1박 2일 도보도 하고 그런 정도로밖에 안 아팠지, 지금까지 지금과 같이 이렇게 있지도 못할 정도로 아프진 않았었거든요. 근데 5월, 6월서부터 막 이렇게 아프기 시작해 가지고, 지금 심해져서 건강이 조금 문제가 됐죠, 사실.

**면담자**        예 아버님, 가족협의회가 이후에도 잘 꾸려졌으면 좋겠다는 말씀과 함께 진상 규명에 대한 견해도 말씀해 주셨는데요, 만약 가족협의회 임원이 잘 꾸려지고 차후에 진상 규명도 잘 이루어진다면 그 이후에는 무엇을 하며 어떻게 살고 싶으세요?

**수진 아빠**        진상 규명이 당장 뭐 1, 2년 안에 될 거라고는 지금 기대하기 어렵고요. 물론 제2기 특조위가 활동을 시작을 했지만 얼마만큼은 이제 규명을 해낼지, 진상 규명을 해낼지도 지금 확신이 안 서는 상황에서, 그럼에도 불구하고 진상 규명은 돼야 되잖아요. 그래서 진상 규명이 되고 우리 아이들의 장소도 좀 해결이 되고, 그러면은 가족들은 더 이상 바랄 게 없잖아요. 기억교실도 마련이 됐고 그러면은 일상으로 돌아가야 되는데, 사실 저희들이 일상으로 돌아가기가 제일 애매한 나이에요, 사실은요. 벌써 제가 내일모레면 55인데 어디 가서 취직을 할 수도 없고(웃음) 젤 애매한 나이거든요, 사실은. 그렇다고 어디 경비직을 가서 할 수도 없는 나이고, 새롭게 취직을 할 수도 없는 나이. 물론 찾아보면 있겠지만 그래서 굉장히 애매한 나이인데, 그래도 어쨌든 활동을 해야죠.

가족협의회 활동이 아닌, 뭐 일반적인 모든 게 조금은 해결됐다고 가정을 하면, 저도 우리 아이들 생각하면서 남은 우리 애들 있잖아요, 수진이 언니들. 집사람[이] 이렇게 가정을 또 꾸려가면서, 아까 말씀드린 대로 제가 해보고 싶은 봉사활동도 하면서 집에만은 있지 않는, 그런 생각을 갖고 있어요. 뭐라도 해야 되겠다는 생각. 밥벌이를 하면서도 봉사활동을 할 수도 있고 또 그런 생각을 좀……. 근데 이게 아직은 시기상조라서 이런 생각을 깊게는 안 했는데, 나중이 되면 아마 그런 생각을 하게 될 것 같애요.

면담자　　　수진이 언니들은 어떻게 지내나요?

수진 아빠　　언니들도 좀 충격이 컸죠. 큰애 같은 경우에는 그때 장례식 치르면서 까무러치기도 하고 했으니까. 그래서 언니들도 어느 정도 시간이 좀 흘러서 그나마 조금은 정상적인 생활을 하고 있는데…. 〈비공개〉

면담자　　　아버님께서 충고를 하셨다거나 이야기하신 적이 없으신가요?

**수진 아빠**  특별한 충고는 제가 안 해요. 왜 그냐면은 본인들도 성인이고 또 '그게 다 부질없다'는 생각이 또 들었던 게 세월호 참사고. 주변의 부모님들도 그런 얘기를 많이 하거든요. "이렇게 될 줄 알았으면 그냥 공부하라고 닦달 안 하고, 공휴일 같은 땐 놀러 다니고 애들 좀 쉬게 해줄걸" 하는 그런 후회를 많이 하거든요, 닥치고 나니까. 지금 남은 애들도 마찬가지잖아요. 참사 이전에 수진이하고 똑같은 상황인 거잖아요. 애네들이 만약에 아무 일이 없었을 때 닦달했다가 또 무슨 일이 있으면 '아' 괜히 후회하고 이러는 거보다는, 똑같은 일을 반복하기보다는… 하고 싶은 거 하고, 물론 남들하고 똑같은 정상적인 생활을 해야 되겠지만은, 그렇다 그래서 그걸 억지로 강요한다거나 그러고 싶은 생각은 없거든요.

수진이 때도 그랬지만은, 수진이 살아 있을 때도 "공부해라, 공부해라" 강요한 적은 없고 자기가 "그림에 소질이 있으면 그림 쪽으로 한번 생각해 봐라" 이렇게 얘기한 적은 있어도 공부하라고 닦달한 적은 없으니까. 지금 수진이 언니들도 마찬가지예요. "하고 싶은 거 하되 대신에 다른 사람들하고 똑같은 정상적인 패턴에서 해야지, 집에서 그냥 일도 안 하고 놀고먹는 그런 거는 좀 아니다. 그런 생활 자체가 조금은 안 좋은 거니까 정상적인 패턴에서 생활하는 게 좋지 않을까" 이런 정도 얘기는 하죠. 그치만은 굳이 뭐라고 타박한다든가 뭐 심리적인 압박을 준다든가 그렇지는 않아요.

**면담자**  수진이 언니들과 아버님 사이의 관계가 세월호 참사 전후로 변화했다고 생각하십니까?

**수진 아빠**  크게 변한 건 없어요. 오히려 그런 부분에서는 제가 조금은 무신경한 건 아닌데 조금은 진보적이거든요. 뭘 한다고 했을 때 그 부분에 대해서 아버지의 권위를 내세운다든가 "하지 마", "너 이거 해" 그런 적은 없었어요, 참사 이전에도, 그거는 참사 이후에도 마찬가지고. 다만 이제… 심리적으로 그런 생각은 좀 있어요. 얘네들이 쪼금은 내 마음에 안 들게 한다 해도 그걸 가지고 아빠가 바로잡을려고 하는 그런 생각은 크게 안 드는 것 같애요, 참사 이후로.

**면담자**  대화량이 좀 더 많아졌다든가 적어졌다거나 이런 건 없으실까요?

**수진 아빠**  대화량은 좀 더 늘었죠. 대화량은 좀 더 늘었고, 또 제 성격이 조금은 강한? 강한 쪽에서 조금은 중간적으로 변한 것 같애요. (면담자 : 조금 부드러워지셨다고요?) 네, 전에는 내 마음에 안 들게 하면 굉장히 내가 뭐라, 내 기준에 의해서 생각을 했을 때 "야, 니네 방은 당연히 니네가 치우고 관리해야 되는 거 아니야?" 이렇게 하고, 그게 조금이라도 잘 안 되면은 막 뭐라고 했었거든요. 근데 지금은 "그냥 좀 치워, 치워야 되지 않냐? 이게 뭐냐 집이, 방이. 니네 방인데, 니가 쓰는 방인데" 이 정도였지, 그 이상은 안 하는 것 같애요. 그게 조금은 부드러워진 것 같애요, 제가 생각하기에도.

요새 수진이를 생각하면 어떤 생각이 드시는지요?

수진 아빠 불쌍하죠, 안타깝고. 말 그대로 17년 수진이 생일이 빨라서 주민등록증도 나왔으니까 18년 살았는데…. 근데 성격이 너무 무던해서 수진이는 크게 요구한 것도 없고 해서… 큰언니나 둘째 언니같이 옷도 이렇게 자주 사주지도 않았고, 물려 입었으니까. 그렇다고 봤을 때 굉장히 안타까워요, 불쌍하고. 막내로 태어나 가지고 언니들, 아들이면 몰라도 딸이니까 또 언니들 옷도 물려 입고. 제 언니들이 나중에 잘 취직해서 잘해주긴 해줬지만 나도 뭐 그런 부분에서…. 차라리 애가 그냥 까불까불하고 지가 하고 싶은 거 다 하고 그랬으면은 그나마 좀 덜한데, 부모, 부모님, 언니들 말 잘 듣고 맨날 막내로서 그 손해 보는 거 있잖아요, 집안에서. 손해를 봐가면서 진짜 맨 밑에 쫄따구로서 그냥 심부름 다 하고, 엄마, 아빠 심부름 다 하고 언니들 심부름 다 하고, 언니들이 해달라는 거 다 해주고, 라면 끓이라 하면 끓이고. 그러다가 제대로 그냥… 성인이 돼서 하고 싶은 것도 못 해보고….

사실은 16일 10시까지, 9시 오십몇 분까지 사실은 카톡을 했어요, 수진이하고. 저는 10시에 일어나서 그 카톡에 참여를 못 했지만, 언니들하고 지 엄마하고 카톡 한 그걸 읽었을 때 억장이 무너지죠(한숨), 제일 안타깝고…. 문득문득 생각이 나요. 어떤 계기로 생각나는 게 아니고, 어떤 때는 까맣게 잊어버릴 때가 있어요. 그게 4월 16일 이후로 수진이 장례 치르고 나서 그게 조금 심했었거든요, '수진이가 없다'는 생각이 전혀 안 들었으니까. 그래서 수진이 생각을… 안 했었어요. 있다고 생각을 했으니까 따로 생각을 안 했는지 몰라도, 생각을 안 했었는데 언뜻 보면은 없고, 또 여름휴가 때 보면은 또 없고, 명절 때 보면 없고, 생일 때 보면 없고…. 그니까 있다고 생각했는데 어떤 때 딱 보면 없는 거예요.

그래서(한숨) 내가 '아, 왜 이럴까. 왜 수진이를 기억을 못 하나? 무의식중에 수진이가 살아 있다고 생각을 하는 건가' 하는 그런 생각도 가끔 들더라고요. 그럴 때는 내 자신이 이해가 안 되는 거예요. 수진이가 없는데 있다고 생각하는 내 자신이 이해가 안 되고, '내가 수진이한테 무관심한 건가' 그런 자책감도 드는데 또 그건 아닌 것 같고, 굉장히 혼란스러웠죠 14년도, 15년도 초까지만 해도. 그래서 수진이 있을 때 뭐, 발렌타인데이라든가 화이트데이 때라든가 그런 이벤트도 해줬었고, 빼빼로데이 때도 몰래 사다가 이벤트도 해줬었고, 여자가 네 명이잖아요, 남자가 나 혼자고 그랬을 때. 그런 때 생각하면 어떻게 보면 웃음도 나지만, '아, 내가 이렇게 수진이를 까먹고 있으면 안 되는데' 하는 생각이 막 문득문득 들어요. 물론 뭐 협의회 일 한다고 자주 가보지를 못하지만 수진이한테, 그럴 때마다 '미안, 미안하다'는 생각도 들고…. 왜, 그 이유를 잘 모르겠더라고요, 왜 자꾸 까먹는지. 내 마음은 안 그런데, 그게 아마 무의식중에 '수진이가 살아 있을 거야' 하는 그런 바람인지도 모르겠어요. '우리 수진이는 안 죽었어', 그런 바람.

**면담자**　　뭐, 혹시 더 미처 얘기를 못 했다거나 좀 따로 기록을 남겨두고 싶으신 이야기가 있으실까요?

**수진 아빠**　　(한숨 쉬며) 따로 기록을 남겨두고 싶은 얘기는 없는데 저는 수진이를 굉장히, 수진이가 키도 크고 날씬하고 이뻤거든요. 그래서 '수진이를 어떻게 잘 키워볼까' 하는 생각이 있었어요, 사실은. 막내다 보니까 엄마, 아빠 벌고 두 언니가 버는데 한 명 뒷바라지 못 할 리는 없잖아요. 하다못해 대학을 가서 뭐 집이 멀면 서울에서 대학을 다닌다면 자취방도 얻어주고 자기가 필요한 거 다 해주고 그런 생각을 하고 있었거든요, 사실은. 수진이 2학년 때 언니들은 다 취직해서 돈 벌고 있었으니까, 알바하고. 그래서 수진이가 하고 싶은 거 다 해주고 싶었거든요. 그래서 "야 수진아, 키 좀 더 커. 모델 시켜줄게" 이런 농담까지 하고 그랬었으니까. 눈도 크고 수진이가 젤 이뻤거든요.

　　그런, 어떻게 보면 제 꿈일 수도 있고 수진이 꿈일 수는 뭐 알 수는 없지만은, 또 엄마 꿈일 수도 있고, 우리 가족의 꿈일 수도 있거든요, 사실은. 수진이는 막내기 때문에, 또 제일 이뻤고, 제일 챙겨줘야 되는 막내고…. 근데 그 꿈이 없어져 버렸잖아요. 순식간에 눈앞에서 사라져버렸기 때문에 그런 부분이 조금은 너무 안타깝고… 좀 그래요. 제 생각엔 지금 생각해도(한숨) '지금 있었으면은 어떻게 변해 있었을까, 우리 수진이가', '어떤 모습으로 지금 학교를 다니고 있을까', '무엇을 하고 있을까', '전공은 뭘 어떤 걸 하고 있을까' 굉장히 궁금하기도 하고, 보고 싶어요.

면담자   네. 여러 차례에 걸쳐서 아버님을 뵈었습니다. 벌써 3개월 지났고 쉽지 않은 이야기를 해주셔서 정말 감사드립니다. 이상으로 김종기 씨의 구술증언을 마치도록 하겠습니다.

수진 아빠   네, 수고하셨습니다.

4·16구술증언록 단원고 2학년 1반 제8권

그날을 말하다 수진 아빠 김종기

ⓒ 4·16기억저장소, 2019

**기획 편집** 4·16기억저장소 | **지원 협조** (사)4·16세월호참사가족협의회
**펴낸이** 김종수 | **펴낸곳** 한울엠플러스(주)
**초판 1쇄 인쇄** 2019년 4월 1일 | **초판 1쇄 발행** 2019년 4월 16일
**주소** 10881 경기도 파주시 광인사길 153 한울시소빌딩 3층
**전화** 031-955-0655 | **팩스** 031-955-0656 | **홈페이지** www.hanulmplus.kr
**등록번호** 제406-2015-000143호

Printed in Korea.
**ISBN** 978-89-460-6708-0 04300
　　　　978-89-460-6700-4 (세트)
* 책값은 겉표지에 표시되어 있습니다.